CB038078

LEI DE INCENTIVO À CULTURA

Ministério da **Cultura**

GOVERNO FEDERAL
BRASIL
PAÍS RICO É PAÍS SEM POBREZA

APOIO CULTURAL:

ALVENIUS

FIAT

RAÍZES DO MITO

ROOTS OF THE MYTH

DANIEL ROSA
ISABELA FERNANDES

WEIZZ BRAND

1ª EDIÇÃO SÃO PAULO 2013

CARTA DA ALVENIUS
LETTER ALVENIUS

É com muita alegria e satisfação que a Alvenius apoia o projeto *Raízes do Mito*, especialmente pelo valor que esta obra traz à cultura brasileira.

O mundo esportivo está com os olhos voltados para o nosso país, pelo advento da Copa do Mundo de 2014 e os Jogos Olímpicos de 2016. Estádios modernos estão sendo construídos, investimentos em infraestrutura são concretizados e as pessoas estão se qualificando. A modernização e a busca pelo futuro são essenciais para o desenvolvimento de uma nação, porém a história brasileira não pode ser perdida em meio a essa nobre e importante evolução. História essa que foi eternizada neste livro e que pretende deixar para as futuras gerações uma parte da própria história, contada por meio do futebol.

A Alvenius está no mercado nacional desde 1954, e se sente honrada de participar do progresso brasileiro ao fornecer seus produtos para relevantes empreendimentos gerados a partir desses eventos. E por saber da importância da história para a memória de um povo e para a construção de sua identidade é que a Alvenius apoia este projeto cultural. Acreditamos que, para criar cidadãos com consciência de seu passado, devemos apoiar iniciativas como *Raízes do Mito*, que conta a história de vida do povo brasileiro em torno da bola – quase uma parceira inseparável de milhares de cidadãos país afora.

Para quem aprecia esporte, cultura, arquitetura e história, esta obra, com certeza, torna-se uma excelente literatura.

A Alvenius está envolvida ainda em diversas obras relacionadas aos eventos esportivos que serão realizados no Brasil nos próximos anos: hotéis, aeroportos, hospitais, shopping centers, centros logísticos e edifícios comerciais. Além disso, os principais estádios da Copa do Mundo de 2014 contam hoje com tubulações da companhia em suas redes de proteção contra incêndio e, em alguns casos, linhas de ar-condicionado.

It is with great joy and pleasure that Alvenius supports the project *Raízes do Mito*, especially for the value that this work brings to the Brazilian culture.

The eyes of the world are upon our country, due to the advent of the 2014 World Cup and the 2016 Olympic Games. Modern stadiums are being built, infrastructure investments are being realized and people are becoming qualified. Modernization and the search for the future are essential for the development of a nation, but the Brazilian history can't be lost in the midst of this noble and important development. Our story has been immortalized in this book and will be left to future generations, told through football.

Alvenius has been operating in the domestic market since 1954, and is honored to participate in the Brazilian progress by providing its products to relevant projects generated for these events. And by knowing the importance of history to the memory of people and the construction of an identity, Alvenius supports this cultural project. We believe that to make citizens aware of their past, we need to support initiatives like *Raízes do Mito*, which tells the life story of the Brazilian people around the ball - almost an inseparable partnership of thousands of citizens with football, across the country.

For those who appreciate sport, culture, architecture and history, this book is certainly a great literature.

Alvenius is still involved in several projects related to the sporting events to be held in Brazil in the coming years: hotels, airports, hospitals, shopping centers, logistics centers and commercial buildings. Moreover, the main stadiums of the 2014 World Cup are using the company's pipelines in their fire protection system and, in some cases, the air conditioning system.

APOIO CULTURAL:

ALVENIUS

APRESENTAÇÃO
PRESENTATION

DANIEL ROSA
Fotógrafo
Photographer

ISABELA FERNANDES
Jornalista
Journalist

Paixão se explica? Difícil. Paixão se sente, se grita, se esbanja. Paixão leva o homem pra qualquer lugar. Se é paixão de futebol então, meu amigo, aí impregna, gruda no sangue do cidadão e acaba até se tornando uma devoção. Ou vício.

Foi em busca dessa paixão que seguimos pelo Brasil. Praia, restinga, caatinga, poluição, estrada de asfalto ou de chão batido... ou até a pé. Os caminhos foram diversos e as recompensas, também. Nesses mais de 22.600 quilômetros rodados, voados, andados ou navegados, buscamos a vida. A vida em forma de futebol.

Fomos atrás de informações e imagens que pudessem demonstrar um pouco da grandiosidade do futebol na cultura do brasileiro. Por todos os 12 Estados por onde buscamos a raiz dessa paixão, encontramos sempre o amor incondicional do torcedor pelo seu time ou apenas pelo futebol, sempre grandioso e vibrante e que, muitas vezes, ultrapassa a importância da família, do trabalho, dos amigos ou até de doenças graves. Passa por cima de tudo. E une. Une um país inteiro em torno da bola, mesmo com as peculiaridades, detalhes e convicções de cada região.

Nas nossas andanças pelo Brasil, fizemos novos grandes amigos. Por onde passamos, sempre havia uma magia no ar que nos levava a lugares e pessoas extremamente especiais que, de uma forma ou de outra, nos apresentaram um "futebol" diferente.

Mas quem é o mais apaixonado? O torcedor do Flamengo, do Tiradentes, do Bahia, do Alecrim, de tantos outros times grandes, pequenos ou minúsculos? Não importa o tamanho ou a região do Brasil, a paixão pelo clube é inexplicável, imensurável e inigualável... cada um tem o amor dentro do peito, do seu jeito. Nenhum é maior ou menor, melhor ou pior. É simplesmente amor.

E toda essa paixão se tornou o *Raízes do Mito*. Um livro feito com muito carinho, na companhia de muita gente. Não teríamos espaço suficiente neste livro para agradecer todos que cruzaram nossos caminhos e que nos ajudaram na busca por uma boa foto ou por uma bela história. Essa obra marcou nossas vidas para sempre e nos fez ficar ainda mais apaixonados pelo nosso Brasil e pelo nosso povo maravilhoso.

Dedicamos esta obra aos nossos filhos, Kauê, Yan e João, que com certeza foram nossas inspirações para cada clique e cada letra deste livro....

Can passion be explained? It's difficult. Passion is felt, screamed and squandered. Passion can take anyone anywhere. And if passion is football my friend, then it pervades, sticks to one's blood and ends up becoming a devotion or addiction.

It was in the pursuit of this passion that we travelled around Brazil passing through big cities, beaches, sandbanks, caatinga, asphalt or earthen roads. The paths were many and the rewards too. We drove, flew, walked and sailed over 22,600 miles looking for life. Life in the shape of football.

We went after information and pictures that could show a bit of the grandeur of football in the Brazilian culture. In all 12 states where we sought the root of this passion, we always found an unconditional love of the fans for their team or just for football, always great and vibrant and often surpassing the importance of family, work, friends or even serious diseases. It goes beyond everything. It puts together an entire country, even with the peculiarities and convictions of each region.

In our wanderings around Brazil we made new and great friends. Wherever we were, there was magic in the air and that would lead us to special places and people who would present us a different football.

But who are the most passionate? Flamengo, Tiradentes, Bahia or Alecrim's fans? Fan clubs of big, small or tiny teams? No matter the size of the team or the region of Brazil, the passion for a club is inexplicable, immeasurable and unparalleled... each one in love with one's team, differently, but all the same. None love is greater or smaller, better or worse. It is simply love.

And all this passion became *Raízes do Mito*. A book made with love, in the company of many people. We would not have enough space in this book to thank everyone who crossed our path and that helped us in the search for a good photo or a beautiful story. This work marked our lives forever and made us become even more passionate about Brazil and the wonderful people who live here.

We dedicate this work to our children Kauê, Yan and João, who were certainly our inspiration for each "click" and every word of this book.

SUMÁRIO
SUMMARY

SÃO PAULO
01
ARENA
SÃO PAULO

Pág. 07

RIO GRANDE DO SUL
02
ESTÁDIO
BEIRA-RIO

Pág. 21

BRASÍLIA
03
ESTÁDIO NACIONAL
MANÉ GARRINCHA

Pág. 43

MATO GROSSO
04
ARENA
PANTANAL

Pág. 59

MINAS GERAIS
05
ESTÁDIO
MINEIRÃO

Pág. 69

PERNAMBUCO
06
ARENA
PERNAMBUCO

Pág. 85

RIO GRANDE DO NORTE	CEARÁ	PARANÁ	AMAZONAS	BAHIA	RIO DE JANEIRO
07	08	09	10	11	12
ARENA DAS DUNAS	ARENA CASTELÃO	ARENA DA BAIXADA	ARENA AMAZÔNIA	ARENA FONTE NOVA	ESTÁDIO MARACANÃ
Pág. 103	Pág. 121	Pág. 145	Pág. 157	Pág. 177	Pág. 199

01

SÃO PAULO

ARENA SÃO PAULO

Pág. / 7

AS PRIMEIRAS RAÍZES
THE ROOT

O BERÇO DO FUTEBOL NO BRASIL
THE BIRTHPLACE OF FOOTBALL IN BRAZIL

A porta de entrada do futebol no Brasil foi o Estado de São Paulo. Em 1894, o filho de um engenheiro ferroviário escocês, Charles Miller, voltou de uma temporada de estudos na Inglaterra trazendo na bagagem um acessório diferente: uma bola de futebol. Depois, bastou introduzir as primeiras regras e pronto! A semente do que se tornaria o esporte mais popular do país já estava plantada.

Os clubes tradicionais da época, como o Mackenzie, não perderam tempo para iniciar o processo de disseminação da modalidade, que passou pelas fábricas até chegar ao profissionalismo nos anos 1930. O primeiro jogo realizado em São Paulo aconteceu em 14 de abril de 1895, entre funcionários das empresas inglesas Companhia de Gás e Cia. Ferroviária São Paulo Railway, na Várzea do Carmo.

São Paulo was the gateway to football in Brazil. In 1894, the son of a Scottish railway engineer, Charles Miller, returned from a period of study in England and brought a different accessory: a soccer ball. Then all it took was to introduce the rules and voila! The seed of what would become the most popular sport in the country was already planted.

The traditional clubs of the time, like Mackenzie, wasted no time to begin disseminating the sport, which started in the factories until it became professional in the 1930s. The first game held in São Paulo took place on April 14th, 1895, between the British employees of Gas Company and Ferroviária Railway Company, in Várzea do Carmo.

RAÍZES
ROOTS

Charles Miller na Banister Court School em Southampton, Inglaterra, 1892; dois anos mais tarde, Miller volta para o Brasil com o "start" da paixão nacional

Charles Miller at Banister Court School in Southampton, England, 1892. Two years later, Miller returned to Brazil with the 'start' of a national passion

Além do Mackenzie, outros clubes foram criados e aderiram ao esporte vindo da Inglaterra. São Paulo Athletic Club, Sport Club Internacional, Clube Atlético Paulistano e Sport Club Germânia foram os primeiros a praticar o futebol na cidade de São Paulo.

Esses mesmos clubes da elite paulistana criaram a Liga Paulista, antecessora da Federação Paulista de Futebol. Mas foi com os times de várzea e as equipes formadas nas fábricas que o futebol se popularizou de verdade. Desses times de empresa são exemplos São Paulo Railway (ferrovia), The Gas Co. (companhia de gás da cidade), Votorantim Athletic Club (empresa de cimento), The São Paulo Tramway, Light & Power (hoje AES Eletropaulo) e Indústrias Reunidas Fábricas Matarazzo.

A Liga Paulista de Futebol, fundada em 14 de dezembro de 1901, estreitou as relações entre os clubes de elite e organizou os primeiros campeonatos. Também houve competições de clubes de várzea, que estavam espalhados pelos bairros do Brás, Belém, Santana, Ponte Grande, Ipiranga e Bom Retiro. De certa forma, esses campeonatos concorriam com os jogos promovidos pela Liga.

Besides Mackenzie, other clubs were formed and adopted the sport from England. São Paulo Atletic Club, Sport Club Internacional, Clube Atlético Paulistano and Sport Club Germânia were the first to play football in the city of São Paulo.

These clubs, which were formed by the elite of São Paulo, created São Paulo Football League, the predecessor of Paulista Football Federation. But it was with the football played in the streets and the teams formed in the factories that sport became popular. Examples of these teams are São Paulo Railway (railroad), The Gas Co. (city gas company), Votorantim Athletic Club (cement company), The São Paulo Tramway, Light & Power Co (today Eletropaulo), and Indústrias Reunidas Fábricas Matarazzo.

Paulista League, founded in December 14th, 1901, narrowed the relationships between the elite clubs and organized the first championships. There were also competitions among those teams that played in the streets, which were scattered through the neighborhoods of Brás, Belém, Santana, Ponte Grande, Ipiranga and Bom Retiro. In a way, these championships competed with the games promoted by the Paulista League.

ONDE TUDO VAI COMEÇAR

Durante um mês, o Brasil vai respirar Copa do Mundo. Se a grande final será no Maracanã, a abertura também merecerá um espaço nobre: o novo estádio do Corinthians, no bairro paulistano de Itaquera, na Zona Leste da cidade, onde se concentra a maior parte da massa alvinegra. É lá que a seleção brasileira dará o pontapé inicial da competição mais importante do planeta. Trata-se de um estádio à altura de sua grandeza, um antigo sonho do Corinthians, que há muitos anos não joga mais no humilde Parque São Jorge, modesto demais para acomodar a "Fiel" torcida.

No passado, o Corinthians tentou mais de uma vez iniciar as obras de um gigantesco estádio. Virou folclore a quantidade de maquetes encomendadas por diretorias anteriores na tentativa de atrair investidores. O ex-presidente Vicente Matheus, por exemplo, chegou a anunciar um estádio para 200 mil pessoas que nunca saiu do papel. Mas o futebol ainda não vivia o profissionalismo de hoje, com a injeção de capital das empresas, e o clube jamais pôde concretizar seu sonho.

Com a arena, porém, foi diferente. Tendo o ex-presidente Lula – que é corintiano – como padrinho, o clube fechou contrato com a construtora Odebrecht, responsável pela obra, em 2010, como parte das comemorações dos cem anos do Timão. Segundo cifras oficiais, a arena custará 820 milhões de reais. Para a Copa, o Itaquerão, como está sendo chamado, terá capacidade para 68 mil pessoas, em razão das rigorosas exigências da Fifa. Mas, depois da competição, as arquibancadas serão readequadas e a lotação definitiva será de 48 mil torcedores. A partir daí, o Corinthians finalmente terá uma casa que poderá chamar de sua.

OS PILARES DO FUTEBOL PAULISTA

São Paulo é o maior centro do futebol brasileiro. Para se ter ideia, de 42 Campeonatos Brasileiros disputados (de 1971 a 2012), os times do Estado conquistaram 18. Muitos clubes foram criados – e extintos – depois que Charles Miller introduziu o esporte por aqui. O mais antigo é a Ponte Preta, fundada em 1900. Mas os quatro maiores pilares do futebol paulista são Corinthians, Santos, Palmeiras e São Paulo.

O Corinthians nasceu em 1910 no bairro do Bom Retiro. Sempre foi um clube popular e conta com a segunda maior torcida do país, perdendo apenas para a do Flamengo. Os momentos mais difíceis de sua história foram os 23 anos sem título (de 1954 a 1977) e a queda para a Série B do Campeonato Brasileiro, em 2007. Em compensação, em 2012 ganhou a tão sonhada Libertadores da América e o Mundial Interclubes.

O Santos surgiu em 1912, mas pode-se dizer que se tornou verdadeiramente grande nos anos 50, quando um fenômeno

WHERE EVERYTHING WILL START

For a month, Brazil will breath the World Cup. If the final will happen in Maracanã, the opening also deserves a noble venue: the new Corinthians' stadium in São Paulo in the neighborhood of Itaquera, in the east part of the city, which concentrates a huge number of Corinthians' supporters. It is there that the Brazilian team will kick off the most important competition in the world. It is a stadium worthy of its greatness, an old dream of Corinthians that hasn't played in the humble Parque São Jorge stadium for many years for being too modest to accommodate Corinthians' fan club, the 'Fiel'.

In the past, Corinthians tried more than once to begin the construction of a huge stadium. Many models were ordered by previous boards, in order to attract investors. Former President Vicente Matheus, for example, announced a stadium for 200,000 people, which never got off the ground. But football was not as professional as today, with the investment of companies. So, the club wasn't able to fulfill its dream.

With the Arena, however, everything was different. Having former President Lula, who cheers for Corinthians, as its godfather, the club signed a contract with Odebrecht Construction Company, responsible for the project in 2010 as part of the celebration of the 100th anniversary of 'Timão'. According to official figures, the Arena will cost R$ 820 million. For the World Cup, Itaquerão, as it is being called, will have capacity of 68,000 people, meeting the requirements of FIFA. But after the competition, the stands will be retrofitted and the capacity will be of 48,000 fans. So, Corinthians will finally have a home that it can call its own.

THE PILLARS OF SÃO PAULO FOOTBALL

São Paulo is the largest center of Brazilian football. To get an idea, teams from São Paulo have won 18 of the 42 Brazilian championships played from 1971 to 2012. Many clubs have been created - and extinguished - after Charles Miller introduced the sport here. The oldest club is Ponte Preta, founded in 1900. But the four major pillars of São Paulo soccer are Corinthians, Santos, Palmeiras and São Paulo.

Corinthians was founded in 1910 in the neighborhood of Bom Retiro. It has always been a popular club and has the second largest fan club of the country, second only to Flamengo. The hardest time in its history was the 23 years without titles (1954-1977) and the team's relegation to Série B of Campeonato Brasileiro in 2007. In contrast, in 2012, it won Libertadores and the Intercontinental Cup.

Santos came in 1912, but it can be said that has become truly great in the 50s, when a phenomenon called Pelé emerged in Vila Belmiro. With the best player of all time, Santos assembled a squad with Gilmar, Coutinho, Mengálvio,

MITO
MYTH

chamado Pelé despontou na Vila Belmiro. Com o melhor jogador de todos os tempos, o Santos montou um esquadrão, bicampeão mundial em 1962 e 1963, que tinha ainda Gilmar, Coutinho, Mengálvio, Pepe e tantos outros. Celeiro de craques, o clube revelou também Robinho e Neymar.

Fundado como Palestra Itália, em 1914, o Palmeiras foi obrigado a mudar de nome em 1942, em função da 2ª Guerra Mundial. Virou Palmeiras, mas sua caminhada de títulos continuou, com o tetracampeonato brasileiro, a Copa Rio de 1951 e a Libertadores de 1999. A lamentar apenas as duas participações na Série B, em 2003 e 2013.

O São Paulo é o caçula do quarteto. É de 1935 e nem por isso deixou de ganhar uma coleção de títulos importantes. Tem seis Campeonatos Brasileiros, três Libertadores e três Mundiais. Essa galeria de troféus está muito bem guardada no Morumbi, o maior estádio de São Paulo, de propriedade do Tricolor.

A VERDADEIRA SUPERAÇÃO CORINTIANA

A torcida corintiana sempre fez jus ao apelido de Fiel, porque não mede esforços para acompanhar o Timão seja onde for. E há um torcedor que sabe muito bem o que é não poupar sacrifícios para ver as partidas do Corinthians: Bruno Flavio de Azevedo, de 23 anos. Ele nasceu com uma patologia chamada *osteogenesis imperfecta*, uma doença óssea. Os médicos disseram que ele teria dois anos de vida, mas Bruno contrariou o prognóstico.

Aos 7 anos, já era cadeirante. "Sempre tive muitos amigos. Eles jogavam futebol e eu era juiz", recorda-se. Bruno passou por um problema no pulmão, pois sua caixa torácica é menor que o normal. "Com 9 anos fui para a UTI do hospital, mas pensei 'aqui é Corinthians, vou sair dessa'. E saí", diz.

A partir de então, foram longas sessões de fisioterapia, com direito a 2 litros de oxigênio diários e um aparelho respirador chamado BiPAP. Certa vez, o médico disse que ele nunca mais sairia do oxigênio. "Respondi: 'esse pulmão ainda vai me dar muito fôlego para gritar o nome do Corinthians'. Foi o que aconteceu", lembra.

Bruno afirma que a trajetória do clube é um espelho da sua vida. "Corinthians é superação, garra, vontade de vencer as dificuldades. Não havia time melhor para me identificar", salienta. Quando ficou na UTI, pediu uma televisão: desejava assistir a uma partida do Corinthians, porque podia ser a última. "Pude ver o Timão derrotando o Palmeiras por 2 a 1", revela. E, o melhor de tudo, não foi a última vez.

Bruno é figura cativa no Pacaembu. Desde 2008, quando o clube disputou a Série B do Campeonato Brasileiro, poucos jogos ele perdeu. E a cadeira de rodas nunca foi um obstáculo. O amor pelo Alvinegro fala mais alto. "Sempre vou com um amigo, o Bruno Cori, que me busca e leva para casa em todos os jogos. Ele me diz que sou um exemplo de superação", afirma. Assim como o Corinthians.

Pepe and many others, and it was twice world champion in 1962 and 1963. A storehouse of superstars, the club also revealed Robinho and Neymar.

Founded as Palestra Itália in 1914, Palmeiras was forced to change its name in 1942, due to World War II. It became Palmeiras, but its conquests of titles continued, winning for the fourth time the Brasileiro, Copa Rio in 1951 and Libertadores in 1999. The only facts to be regretted are the relegations to Série B in 2003 and 2013.

São Paulo is the youngest of the quartet. It was founded in 1935, and even so, didn't fail to win a series of major titles. It won six national championships, three times Libertadores and three times the Mundial. This gallery of trophies is kept in Morumbi, the largest stadium in São Paulo and the headquarters of the team.

A TRUE CORINTIANA OVERCOMING

Corinthians' fan club always lives up to the nickname 'Fiel' (which means loyal) because it doesn't measure efforts to follow the team wherever it goes. And there is a fan who knows very well what is to do anything to see Corinthians' matches: Bruno Flavio de Azevedo, 23. He was born with a condition called osteogenesis imperfecta, a bone disease. The doctors said he would live two years, but Bruno contradicted the prognosis.

At the age of 7, he was already on a wheelchair. "I have always had many friends. They played football and I was the referee", he recalls. However, Bruno also had a lung condition because his ribcage is smaller than the ideal". When was 9, I ended up in the ICU of a hospital, but I thought: "Here is Corinthians, I will get over this. And I did", he says.

From then on, long sessions of physiotherapy, two liters of oxygen daily, and a breathing apparatus called BiPAP. Once the doctor said he would always need to use the oxygen. "I said: that lung will still give me enough breath to scream the name of Corinthians. And that was what happened", he recalls.

Bruno says that the trajectory of the club is a mirror of his life. "Corinthians is resilience, determination, will to overcome difficulties. There was no better team to identify with". When he was in the ICU, he asked for a TV: he wanted to watch a match of Corinthians, because it could be the last one he would see. "I could see Corinthians beating Palmeiras 2-1", reveals. And the best of all, it was not the last one.

Bruno is an assiduous frequenter of Pacaembu. Since 2008, when the club competed in Campeonato Brasileiro - Série B, he has missed a few games. And the wheelchair has never been an obstacle. His love for the team prevails. "I always go with a friend, Bruno Cori, who picks me up and takes me back home every time. He tells me I'm an example of overcoming". As it is Corinthians.

TURCÃO ENTROU NUMA GELADA

Na década de 1940, geladeira era artigo de luxo nas casas brasileiras e demorava para ser entregue depois da compra. De família abastada, o zagueiro palmeirense Turcão encomendou uma numa grande loja de São Paulo. O vendedor, palmeirense, disse que passaria o pedido de Turcão na frente tão logo chegasse o carregamento.

Na ocasião, a Rádio Panamericana (hoje Jovem Pan) e o jornal *A Gazeta Esportiva* promoveram um concurso: quem marcasse um gol no goleiro do Palmeiras, Oberdan, ganharia uma geladeira. Isso porque Oberdan vivia uma grande fase, e vencê-lo não era tarefa das mais fáceis naqueles tempos. Depois de oito ou nove partidas, Oberdan continuava intransponível. E nada de alguém levar a geladeira para casa.

Veio o clássico contra o Corinthians. O Palmeiras vencia por 2 a 0 quando o atacante alvinegro Milani fez um cruzamento para a área. Ao tentar afastar o perigo, Turcão marcou um gol contra. Jogo encerrado – 3 a 1 para o Verdão –, a gozação começa no vestiário: "Aí, Turcão, vai ganhar a geladeira!", caçoavam os colegas. As rádios entraram na onda e afirmaram que ele havia feito o gol contra de propósito.

Dias depois, quando todos achavam que a brincadeira tinha terminado, um caminhão encostou na porta da casa do zagueiro. Era a entrega da geladeira comprada bem antes do jogo com o Corinthians. Na hora, alguém foi até a padaria – único estabelecimento que tinha telefone – e ligou para a Panamericana e para *A Gazeta Esportiva*: "Olha, a geladeira que vocês prometeram acaba de chegar na casa do Turcão". E para explicar a verdadeira história? Não teve jeito. A partir daquele dia, Turcão passou a andar sempre com a nota fiscal do eletrodoméstico no bolso.

SOFREI E MULTIPLICAI-VOS

Um dos maiores fenômenos sociológicos registrados na história do futebol brasileiro foi o crescimento descomunal da torcida do Corinthians durante a fase de quase 23 anos sem títulos – de 1954 a 1977. Quanto mais o time perdia, mais a Fiel se multiplicava, se apaixonava e lotava os estádios. Quem não se lembra ou nunca ouviu falar da famosa invasão do Maracanã, quando 70 mil corintianos foram ao Rio de Janeiro para torcer pelo Alvinegro contra o Fluminense na semifinal do Campeonato Brasileiro de 1976? Naquele domingo, as ruas da Cidade Maravilhosa foram banhadas por um mar de bandeiras nas cores preto e branco.

Por que a massa alvinegra cresceu tanto nesse período? Dois corintianos fanáticos têm suas teorias: o escritor Carlos Moraes e o jornalista e historiador Celso Unzelte.

Carlos Moraes: Penso que o futebol refletia a dura realidade

TURCÃO GOT INTO TROUBLE

In the 1940s, refrigerators were a luxury in Brazilian homes and used to take long to be delivered. Belonging to a wealthy family, Turcão, Palmeiras' defender, ordered a refrigerator in a large store in São Paulo. The seller, a Palmeiras' supporter, said that Turcão's order would be the first one to be delivered, as soon as the shipment arrived.

On that occasion, Rádio Panamericana (Jovem Pan nowadays) and the newspaper Gazeta Esportiva promoted a contest: the one who scored a goal against Palmeiras' goalkeeper Oberdan, would win a refrigerator. Oberdan was living a great moment and it wouldn't be an easy task. After eight or nine games, Oberdan was still insurmountable. And no one was taking the refrigerator home.

Then the classic against Corinthians happened. Palmeiras was winning by 2-0 when the attacker Milani crossed the ball into the area. When trying to get rid of the ball, Turcão scored an own-goal. The game ended 3-1 for Palmeiras and the tease began in the locker room: "So Turcão, the refrigerator is yours!" The radio stations got into the joke and claimed that he had scored the own-goal on purpose.

Days later, when everyone thought the joke was over, a truck pulled up at the door of the defender. It was the delivery of the refrigerator purchased before the game with Corinthians. At the time, someone went to the bakery – the only establishment with a phone - and called the radio station and the newspapers saying: "Look, the refrigerator you promised has just been delivered at Turcão's home". And to explain the real story? There was no way to do so. From that day on, Turcão would leave home carrying on his pocket the refrigerator's invoice.

SUFFER AND MULTIPLY

One of the greatest sociological phenomena registered in the history of Brazilian football was the enormous growth of Corinthians' fan club during the 23 years without titles - from 1954 to 1977. The more the team lost, the more loyal the fan club 'Fiel' became by packing the stadiums, multiplying, and falling in love with the team. Who does not remember or never heard of the famous invasion of Maracanã, when 70,000 Corinthians' supporters went to Rio de Janeiro to cheer for the team against Fluminense in the 1976 Brazilian Championship semi-finals? On that Sunday, the streets of the Marvelous City were full of black and white flags.

Why did the fan club grow so much in that period? Two Corinthians' fanatics have their theories: the writer Carlos Moraes and the journalist and historian Celso Unzelte.

Carlos Moraes said: "I think that football reflected the harsh reality and sometimes the joy of life, the fairness and

e, às vezes, o alegre jogo da vida, o justo e o injusto, o quase desespero e, de repente, o milagre. O Corinthians reflete tudo isso mais do que qualquer outro time, porque o tempo inteiro brinca com o coração da gente entre o céu e o inferno. Por isso, quando colaborei com um livro sobre os cem anos do Timão, escolhi duas epígrafes bíblicas que expressam a condição corintiana. O salmo 127, que diz: "Os que semeiam entre lágrimas cantando colherão", e um trecho da carta de Paulo Apóstolo aos coríntios, que se resume a isto: "O amor é paciente".

Celso Unzelte: Acho que o aumento da torcida coincidiu com uma série de coisas. Uma delas foi a migração para São Paulo de milhares de pessoas das classes populares, que sempre se identificaram com o Corinthians. A outra seriam alguns aspectos cultuados na época, como a valorização de um sofrimento que hoje não "cola" mais, principalmente entre os jovens, que só querem vencer.

UM CANHÃO DE GOLS

Só existe uma pessoa no mundo que afirma que Pelé não é o maior artilheiro da história do Santos: o ex-ponta-esquerda Pepe. Com mais de 400 gols com a camisa do time da Vila Belmiro, José Macia é o segundo maior goleador do clube. Mas ele faz uma ressalva: "O Pelé não conta. Ele não era um jogador comum, era um extraterrestre", brinca. Pepe defendeu o Peixe durante 15 anos e levantou uma série de títulos ao lado de estrelas como Gilmar, Lima, Dorval, Coutinho, Mengálvio e, claro, o Rei Pelé.

Pepe se diverte com as histórias do passado. Brincalhão, adorava pôr apelido nos companheiros. O ponta-direita Dorval, por exemplo, era "Macalé". Nem Pelé escapava: "Nas brincadeiras que fazíamos no aquecimento, ele sempre ficava no gol. Daí passamos a chamá-lo de 'Julião', por causa do goleiro do Noroeste da época", conta.

José Macia, que começou nas categorias de base do Santos, tinha como característica o fortíssimo chute de esquerda que fazia a bola disparar a 122 quilômetros por hora. Por isso ganhou o apelido de "Canhão da Vila". O jogador do São Paulo Alfredo Ramos "experimentou" a potência do foguete. "Certa vez, acertei uma 'caçambada' no nariz dele, que desmaiou em pé! Muito espirituoso, ele disse que não sentiu nada, apenas viu borboletas voando e passarinhos cantando", diverte-se Pepe.

Pepe foi convocado para as Copas do Mundo de 1958 e 1962, mas não foi titular por causa de lesões. Dos tempos de Santos ele guarda as melhores recordações, principalmente das excursões do clube. "Numa boate em Paris, Dorval estava dançando com uma mulher que foi ao banheiro masculino quando a música terminou. Nós o chamamos no canto e dissemos que ele estava sendo enganado. Mas o Dorval prontamente respondeu: 'Tudo bem, ela pensa que sou o Pelé, então está elas por elas!'", relembra, com uma sonora gargalhada.

unfairness, almost despair, and suddenly, the miracle. Corinthians reflects all this more than any other team for playing with people's hearts, always between heaven and hell. So when I collaborated with a book about the 100 years of Timão, I chose two biblical inscriptions that express the condition of Corinthians' supporters: Psalm 127 says: "Those who sow in tears will reap singing." And an excerpt from the letter of Apostle Paul to the corinthians, which boils down to this: "Love is patient."

Celso Unzelte said: I think the increase of supporters coincided with a number of things. One was the migration of thousands of people from the popular classes to São Paulo, which have always identified with Corinthians. The other reason would be some aspects worshiped at the time, as the appreciation of suffering that today doesn't work anymore, especially among young people, who just want to win, but doesn't want to suffer.

A CANNON OF GOALS

There is only one person in the world who says that Pelé is not the greatest scorer in the history of Santos: the former left-winger Pepe. With over 400 goals wearing the shirt of the team of Vila Belmiro, José Macia, known as Pepe, is the second biggest scorer in the club. But he says: "Pelé doesn't count. He was not an ordinary player, he was an alien", he jokes. Pepe defended the 'Fish' (as Santos is known) for 15 years and raised a number of titles alongside stars like Gilmar, Lima, Dorval, Coutinho, Mengálvio and, of course, Pelé.

Pepe has fun with the stories of the past. Playful, he loved to give his friends nicknames. The right winger Dorval, for example, became Macalé and not even Pelé would escape. "In the warm-ups, Pelé was always the goalkeeper. Then we started calling him Julião, which was the name of Noroeste's goalkeeper at the time."

José Macia began in the base category of Santos and had a powerful left kick which could reach 122 km/h. That's why his nickname was 'Canhão da Vila' (the Cannon of the Village). Alfredo Ramos, a São Paulo's player, "experienced" the power of his kick. "I once hit a ball on his nose. He passed out standing! Very witty, he said he felt nothing, only saw winged butterflies and birds singing", laughs Pepe.

Pepe was selected for the 1958 and 1962 World Cup, but he didn't play because he was injured. He keeps the greatest memories from the time he played for Santos, especially from the club's excursions. "In a nightclub in Paris, Dorval was dancing with a woman and when the song ended she went to the men's room. We called Dorval and said he was being deceived. He promptly replied: "I think we're even then. She thinks I'm Pelé!" he recalls with a hearty laugh.

176

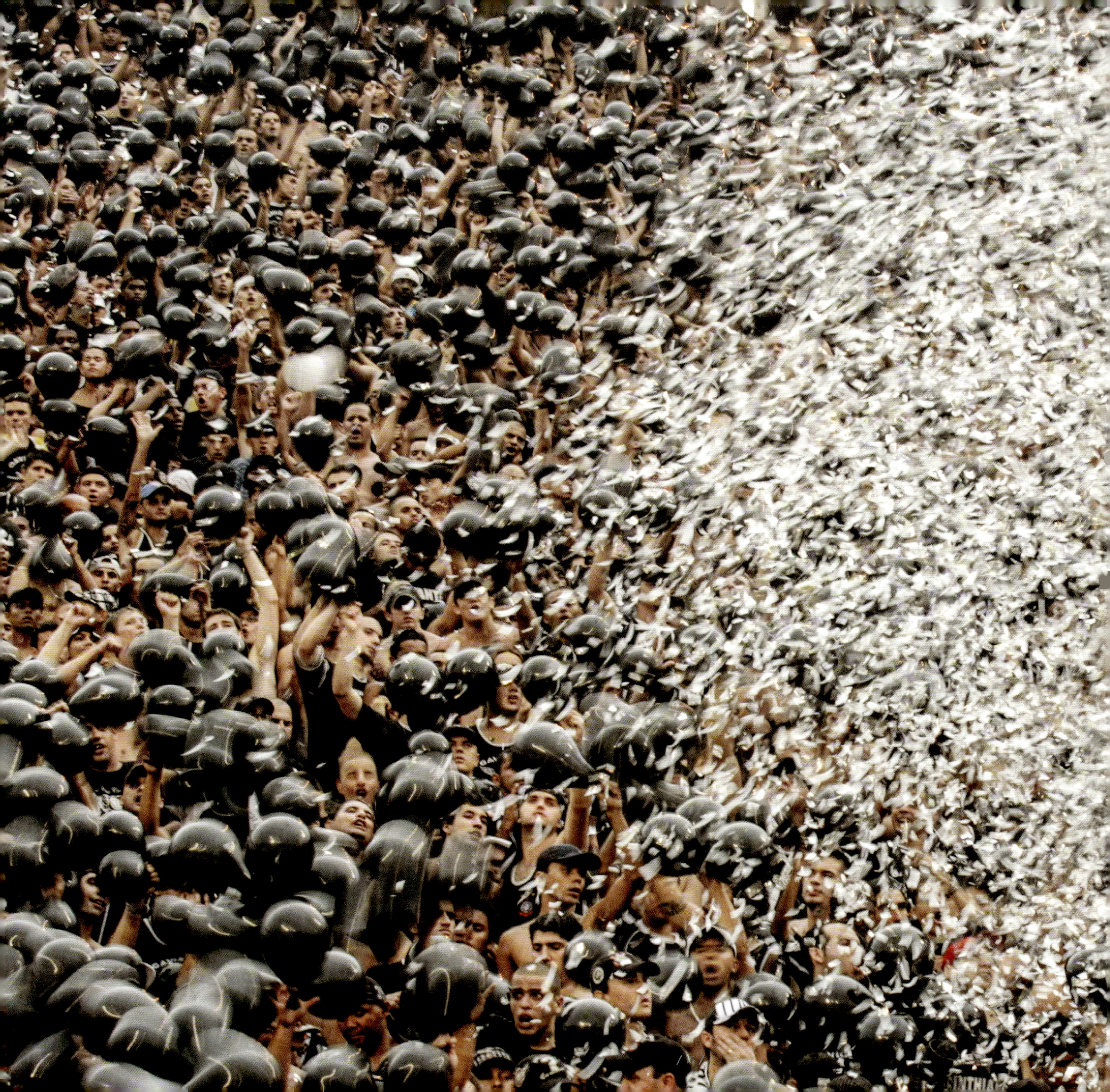

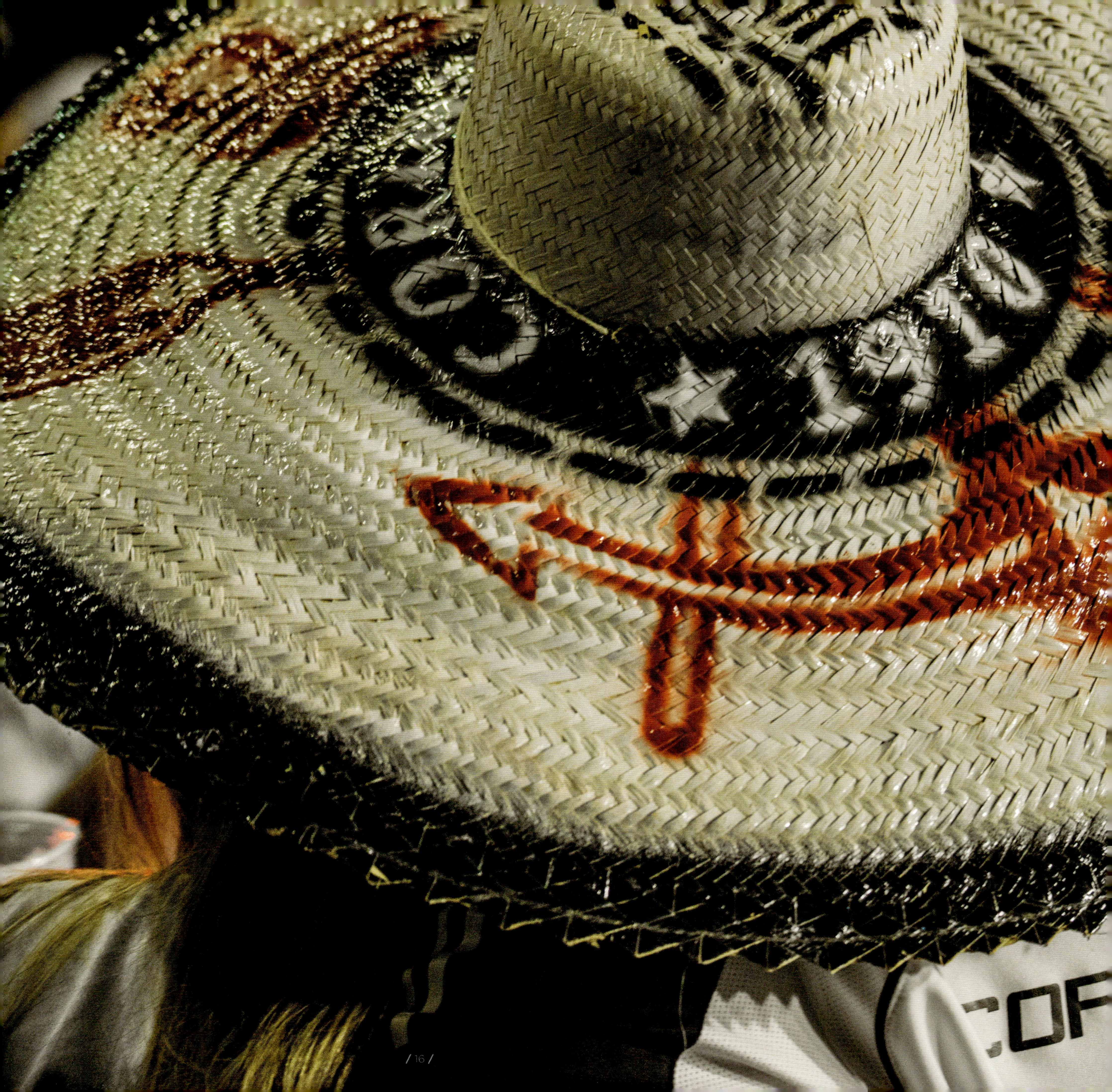
COF

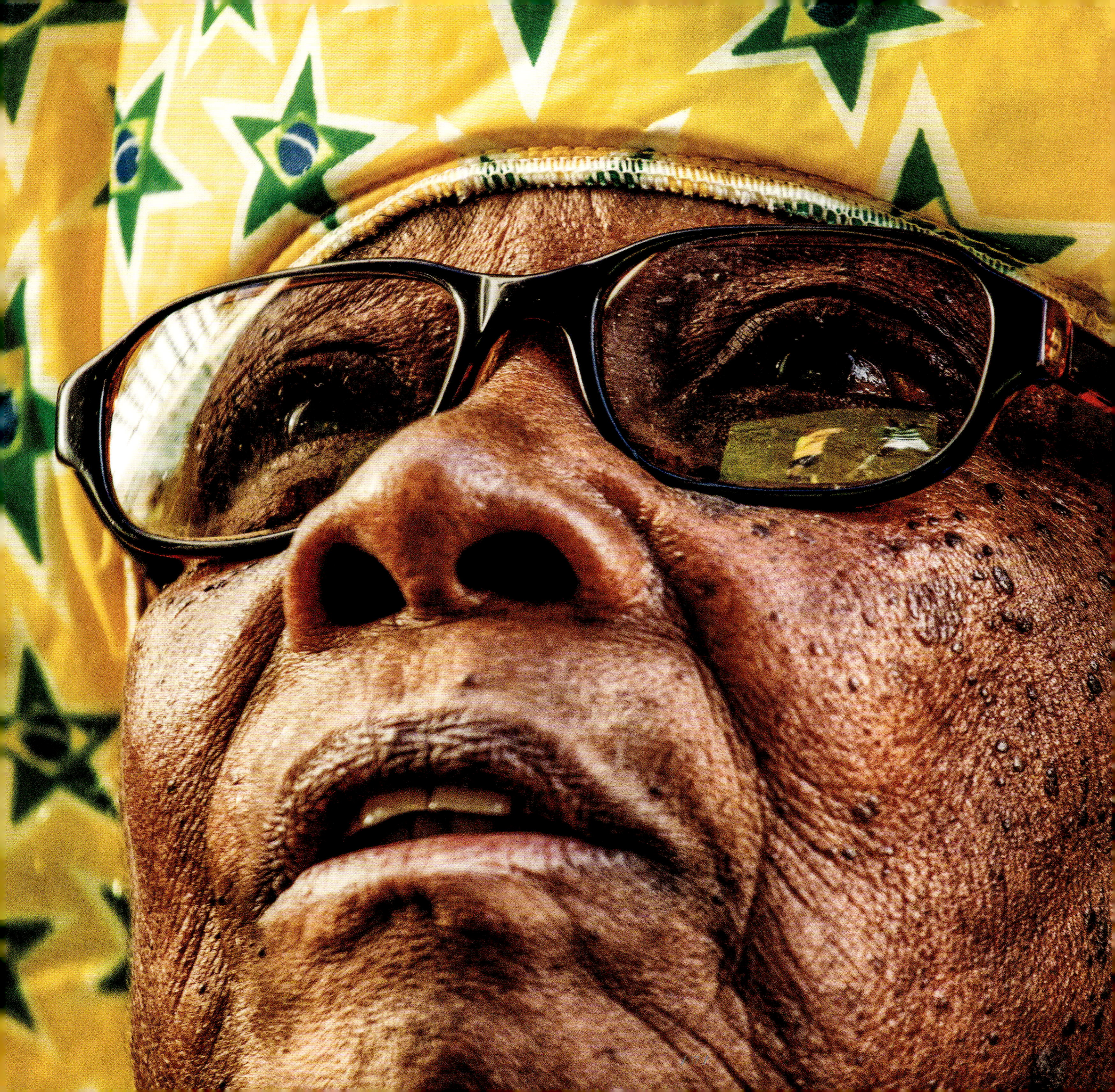

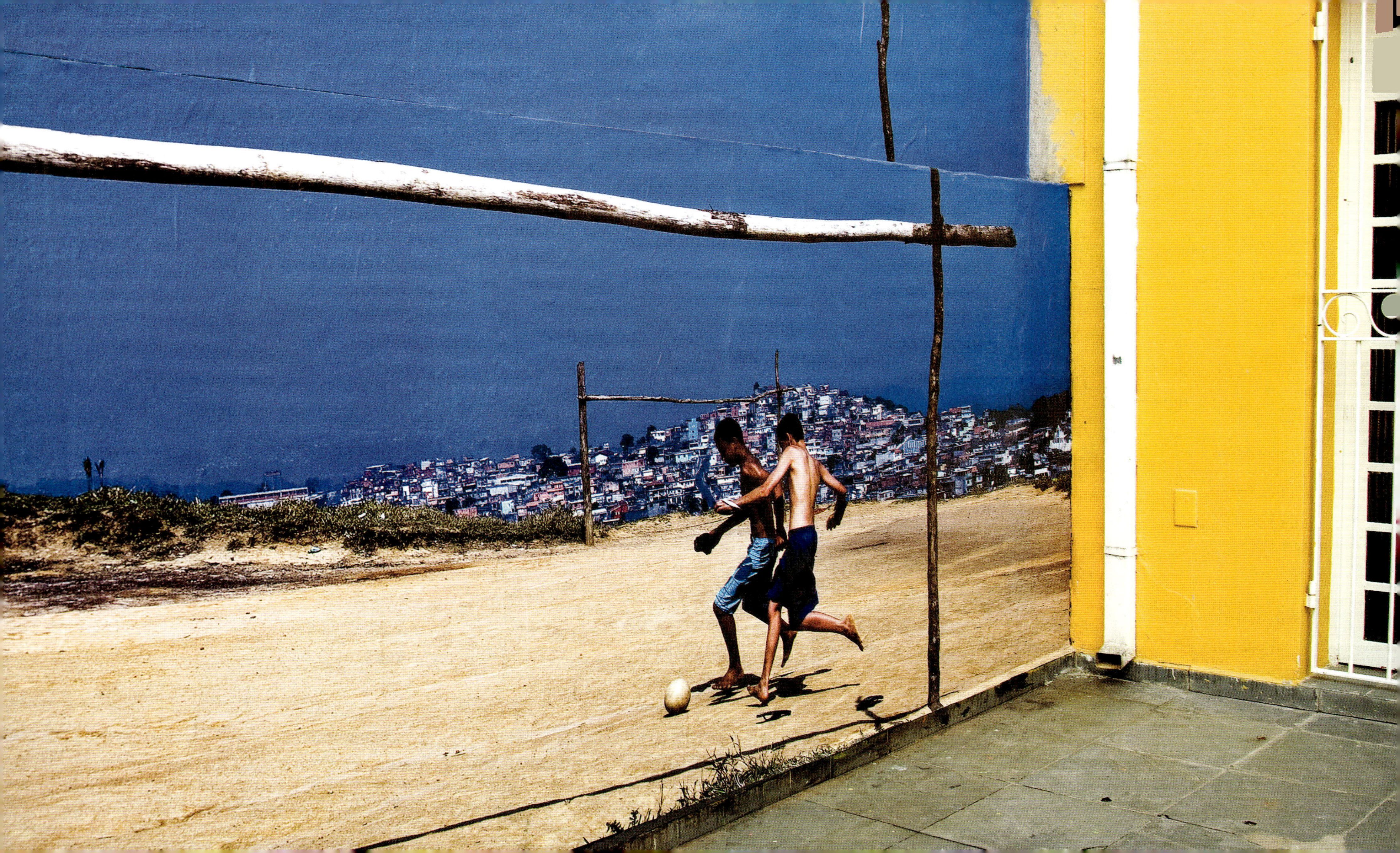

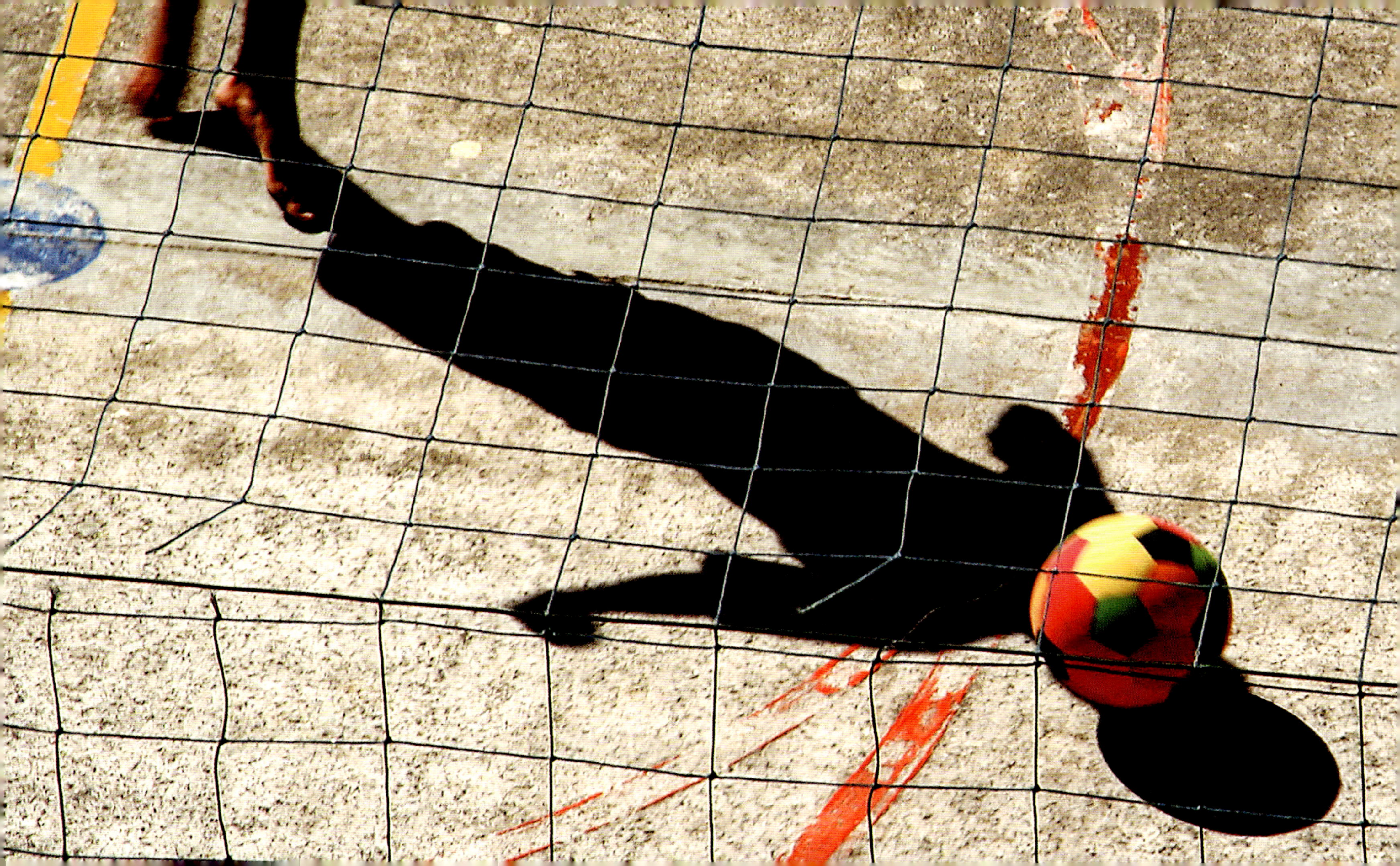

O2

ONDE A GA
DÁ O TOM

WHERE THE
GUTS SET T
TONE

O PRIMEIRO TIME
THE FIRST TEAM

A história do futebol gaúcho começou na cidade portuária de Rio Grande, no início do século 19. Em 19 de julho de 1900, um grupo de amigos fundou o Sport Club Rio Grande, o time mais antigo em atividade no Brasil.

A partir daí, a prática foi se espalhando para outras cidades. Em 1903, Cândido Dias da Silva, um paulista de Sorocaba, tinha uma bola de couro e, com ela, deu origem a uma verdadeira febre gaúcha. No feriado de 7 de setembro, ele acompanhava o jogo-exibição entre o primeiro e o segundo quadros do Rio Grande até que houve um imprevisto: a bola furou. O jogo seria encerrado não fosse Cândido ter emprestado a sua bola.

Depois da partida, Cândido e alguns amigos perguntaram aos anfitriões o que era preciso para criar um clube. Com essa ideia na cabeça, uma semana depois, 32 entusiastas fundaram o Grêmio Football Porto Alegrense.

No mesmo dia, 18 ciclistas de origem alemã criaram o Fussball Club Porto Alegre, responsável pelo primeiro jogo na capital, em novembro. Já em março de 1904, Fussball e Grêmio disputaram o primeiro confronto entre times porto-alegrenses, com vitória gremista por 1 a 0.

Os dois times não demoraram a fazer sucesso e começaram a participar de jogos com equipes de outras cidades do Rio Grande do Sul. Só em 1909 outro clube seria fundado na capital. Em 4 de abril, os irmãos José e Henrique Poppe Leão, ao lado do primo Luiz Madeira Poppe, criaram o Sport Club Internacional. O Inter alavancou a criação de outros clubes, como Cruzeiro, São José, Militar, 7 de Setembro, Americano, Força e Luz, Frisch Auf e Nacional.

Em 18 de julho de 1909, Grêmio e Inter fizeram o primeiro Gre-Nal. Com maior rodagem, o Tricolor goleou por 10 a 0. Com o surgimento de outras equipes em Porto Alegre, nasceu o Campeonato Portoalegrense, que, em 1919, deu lugar ao primeiro Campeonato Gaúcho. Nascia ali uma das maiores rivalidades do futebol brasileiro.

The history of football in the south of the country began in the port city of Rio Grande, in the beginning of the 19th century. On July 19th, 1900, a group of friends founded Sport Club Rio Grande, the oldest team in activity in Brazil.

From there on, the practice started spreading gradually to other cities. In 1903, Cândido Dias da Silva from Sorocaba, a city in São Paulo state, gave rise to a veritable fever in the south of the country with his ball made of leather. On September 7th, Cândido was watching a game between the line-up and the backup players of Rio Grande when something unexpected happened: the ball broke. The game would have finished if Cândido hadn´t lent his ball for the match to continue.

After the game, Cândido and some friends asked the hosts what was necessary to create a club. With the idea in mind, a week later, 32 football enthusiasts founded Grêmio Football Porto Alegrense.

On the same day 18 German bike riders founded Fussball Club Porto Alegre which was responsible for the first game in the capital, held in November. In March 1904, Fussball and Grêmio played the first game between teams in Porto Alegre. Grêmio won by 1-0.

Both teams didn't take long to make success in Porto Alegre and began to play games with teams from other cities of Rio Grande do Sul. Only in 1909 another club was founded. On April 4th, the brothers José and Henrique Poppe Leão, together with their cousin Luiz Madeira Poppe, created Sport Club Internacional. Inter influenced the creation of other clubs such as Cruzeiro, São José, Militar, 7 de Setembro, Americano, Força e Luz, Frisch Auf and Nacional.

On July 18th, 1909, Grêmio and Internacional played the first 'Gre-Nal' classic. With more experience, the Tricolor won by 10-0. With the emergence of other teams in Porto Alegre a new league was organized. In 1919, the Portoalegrense Championship was born and it gave place to the first Gaúcho Championship. It was born one of the biggest rivalries in the national football scene.

RAÍZES
ROOTS

Estádio dos Eucaliptos, 1945, palco de grandes conquistas coloradas
Eucaliptos Stadium, 1945. The stage of major Coloradas achievements.

O PALCO DOS PAMPAS NA COPA

Com o avanço do futebol na capital gaúcha, era evidente a necessidade de um local apropriado para as pelejas, principalmente entre Grêmio e Inter. A casa colorada era o Estádio dos Eucaliptos, construído com arquibancadas de madeira bem próximas ao gramado.

O Eucaliptos foi o palco do Inter entre 1931 e 1969 e serviu de sede para a Copa do Mundo de 1950. Em 1956, o Internacional se viu impelido a construir uma nova casa, já que o arquirrival Grêmio acabara de inaugurar o Estádio Olímpico. Começava então a construção do Gigante da Beira-Rio, em 1956.

O terreno estava dentro do Rio Guaíba, o que exigiu uma grande obra de aterramento, inserida no processo de ampliação de vias que seria realizado em Porto Alegre.

O Beira-Rio ficou pronto em 1969 e a inauguração foi um amistoso entre Internacional e Benfica, com vitória de 2 a 1 para os donos da nova casa. O centroavante Claudiomiro foi o autor do primeiro gol do Beira-Rio.

Mas o Gre-Nal de estreia no Beira-Rio não foi exatamente um clássico. Em 20 de abril de 1969, Grêmio e Inter ficaram no 0 a 0 e a partida nem chegou a terminar: depois de uma briga generalizada, 20 dos 22 jogadores acabaram expulsos.

A casa colorada foi escolhida para ser a sede gaúcha na Copa do Mundo de 2014. Para isso, o Beira-Rio passou por reformas estruturais que adequaram o estádio aos padrões exigidos pela Fifa. A reforma mexeu com o lado azul de Porto Alegre. O Grêmio buscou novos ares e, desde o final de 2012, a casa tricolor passou a ser a nova Arena do Grêmio, e não mais o histórico Estádio Olímpico, que guarda grandes e importantes conquistas.

CRÔNICA DE UMA PAIXÃO COLORADA

Em 1943, o guri foi para os Estados Unidos, onde morou por dois anos até retornar ao Brasil. No regresso, sentiu que era necessário se reintegrar às coisas da sua terra e percebeu que o futebol era o melhor instrumento para isso. Nascia, então, a paixão de Luis Fernando Verissimo pelo Internacional. "Decidir-se por Inter ou Grêmio é uma definição de caráter", afirma o famoso escritor, cujos textos são temperados de humor e irreverência.

A escolha pelo Inter se deu porque o Colorado estava mais em evidência na época. Era chamado de "Rolo Compressor", tamanha a intensidade com que arrasava os adversários. O Inter era o time do povo, e o Grêmio representava mais a elite. "O Grêmio não aceitava jogadores negros, ao contrário do Inter", diz.

Verissimo era um típico torcedor de arquibancada. Assistiu a muitos clássicos de perto e virou fã de vários craques. Um deles, o ponta Tesourinha, que cometeu a "he-

THE STAGE OF PAMPAS IN THE CUP

With the advancement of football in the capital of the state, it was clear that an appropriate location for the matches was needed, particularly the games between Grêmio and Inter.

Casa Colorada (Colorada House) was the nickname of Eucaliptos Stadium, built with wooden bleachers close to the field.

Eucaliptos Stadium was Inter stage between 1931 and 1969 and the host of the 1950 World Cup. In 1956, Internacional found itself compelled to build a new home, as arch-rival Grêmio had just inaugurated the Olympic Stadium. Then the construction of the Giant of Beira-Rio began in 1956.

The land was within the Guaiba River, which required solid foundations and the expansion of the roads in Porto Alegre.

Beira-Rio was inaugurated in 1969 with a friendly match between Benfica and Internacional. The owners of the new house won 2-1. The striker Claudiomiro was the author of the first goal in Beira-Rio.

But the first 'Gre-Nal' in Beira-Rio wasn't what we call 'a classic'. On April 20th, 1969, Grêmio and Inter ended in a draw, but the match did not even finish because after a brawl, 20 of the 22 players on the field were given the red card.

The 'Casa Colorada' was chosen to host the 2014 World Cup. For this, Beira-Rio has undergone structural reforms to adapt the stadium to the standards required by FIFA, which organizes the event.

The refurbishment shook the pride of the blue side of Porto Alegre. Grêmio decided to recreate and since the end of 2012 the Tricolor home has became the new Grêmio Arena and not the historic Olympic Stadium anymore, where big and important accomplishments were achieved.

CHRONICLE OF A COLORADA PASSION

In 1943 Luis Fernando Veríssimo went to the United States, where he lived for two years before returning to Brazil. In his return he felt it was necessary to get close to his country again and realized that football was the best tool for this. That's when the passion of Luis Fernando Veríssimo for Internacional was born. "The person who comes here needs to decide whether one is cheering for Inter or Grêmio. It is a definition of character", said solemnly the famous writer. Sometimes timid, he becomes another person when produces humorous texts full of irreverence, many of them dedicated to football.

The choice of Veríssimo for Inter was because Colorado was in evidence at the time. It was called 'Rolo Compressor' (Steamroller) such was the intensity with which it defeated its opponents. Inter was the team of the people and Grêmio was the team of the elite. "Grêmio wouldn't accept black players, unlike Inter".

"O torcedor tem esse amor à camiseta sempre, é uma paixão que a gente traz da infância e continua pela vida toda (...)"

"A fan loves a team forever, is a passion that comes from one's childhood and continues throughout life."

MITO
MYTH

resia" de jogar também no Grêmio. "Ele era fenomenal e foi convocado para a seleção brasileira em um período em que se privilegiava jogadores do eixo Rio-São Paulo", lembra.

Verissimo também destaca outros times do Inter. "Em 1975, fomos campeões brasileiros pela primeira vez com um esquadrão que tinha Manga, Falcão, Figueroa, Paulo Cesar Carpegiani, Valdomiro... Mais recentemente, em 2006, o Inter ganhou o Mundial, a maior conquista colorada até hoje, em cima do poderoso Barcelona. E eu achava que naquela decisão o ideal era perder de pouco", ressalta.

A conquista do Inter muito se deve à garra herdada de uruguaios e argentinos que caracteriza o futebol dos Pampas. "O Rio Grande recebeu uma influência do Uruguai e da Argentina. Temos um futebol mais aguerrido, mais combativo, até mais truculento. Não por acaso, Inter e Grêmio conseguiram se projetar no cenário brasileiro depois que começaram a contratar jogadores desses dois países", salienta.

HEGEMONIA DIVIDIDA

As cores dos clubes do coração regem a rotina de tricolores e colorados. Essa rivalidade é muito clara nos relatos históricos, uma vez que cada um expõe os fatos da maneira que mais lhe convém. Gremistas contam vantagem para cima dos fanáticos do Inter, que, por sua vez, se dizem os maiorais em relação aos azuis.

Na época do futebol-arte, do futebol-paixão, Grêmio e Internacional se revezavam no primeiro lugar dos campeonatos. Nos anos 1930, os jogadores começaram a receber os primeiros trocados para defender seus clubes. O Grêmio deslanchou nessa época.

Na década seguinte, a hegemonia tricolor começou a sofrer os primeiros revezes. O Internacional inaugurou uma fase de vitórias e massacrava tanto os rivais que recebeu o apelido de "Rolo Compressor". Esse período seguiu até 1948, com oito títulos estaduais em nove anos. Em 1945, o Colorado conquistou um inédito hexacampeonato.

Nessa fase nascia um dos grandes ídolos da torcida colorada, que até hoje provoca doces lembranças nos torcedores: Tesourinha. Ele formou o ataque do Rolo Compressor ao lado de Carlitos, Alfeu e Nena de 1939 até 1950, só perdendo os Campeonatos de 1946 e 1949.

O apelido foi dado por Vicente Rao, um incentivador do futebol e do clube que escolheu para torcer. Para ilustrar as reportagens sobre os jogos, ele mesmo fazia o desenho para as publicações da época. Em uma delas, desenhou o Inter passando por cima dos adversários como um rolo compressor.

Nesse período de vacas magras, o Grêmio passava por readequações e, com a entrada do técnico Oswaldo Rolla,

Veríssimo was a typical bleacher fan. He watched many classics and became a fan of several players. One of them was Tesourinha, who committed the "heresy" of playing also for Grêmio. "He was a phenomenal forward and he joined the Brazilian team in a period where most players were from Rio de Janeiro and São Paulo," he recalls. Veríssimo highlights other Inter moments in history. "In 1975, we were Brazilian champions for the first time with a team that had Manga, Falcão, Figueroa, Paulo Cesar Carpegiani, Valdomiro ... More recently, in 2006, Inter won the World League against the mighty Barcelona, the greatest Colorado achievement up to now. "I thought we could win... "says.

If Inter confounded the most pessimistic prognosis and won the World League over Barcelona, it was because of the determination inherited from its neighbors Uruguay and Argentina, teams that characterize the football of the Pampas. "Rio Grande has a very strong influence from Uruguay and Argentina. We have a more warlike, combative football. I would even say more truculent. Not coincidentally, Inter and Grêmio managed to project themselves in the Brazilian scenario after they started hiring players from those countries".

THE HEGEMONY WAS DIVIDED

The colors of the clubs govern the routine of Tricolores and Colorados. This rivalry is very clear in the historical accounts, since each one tells the story the way that suits one better. Grêmio's supporters boast about their team while Inter's supporters say that their team is better than the 'Blue' one.

At the time of the football-art, soccer-passion, Grêmio and Internacional took turns in winning championships. In the 30s players started earning salaries to play for the clubs. During this period Grêmio took off and won several titles.

In the 1940s, the Tricolor hegemony began to feel the first setbacks. Internacional started a new phase full of victories and as it was massacring the rivals got the nickname of "Steamroller". This period of victories lasted until 1948, having gotten eight state titles in a nine-year period. In 1945 Colorado won its sixth title.

In this period one of the great idols of Colorado's supporters was born: Tesourinha. He formed the 'Steamroller' attack alongside Carlitos, Alfeu and Nena from 1939 to 1950, losing only the 1946 and 1949 Championships.

The nickname 'Steamroller' was given by one of the greatest supporter of football and the club he chose to cheer for: Vicente Rao. To illustrate articles about the games, he used to draw the players. In one of them he drew the Inter players rolling over opponents like a steamroller.

In this difficult period, Grêmio was passing through adaptations starting with the hiring of Oswaldo Rolla as a coach, who introduced an explosive style which became

o estilo explosivo e característico do Tricolor gaúcho começou a se formar. Assim, conquistou o pentacampeonato de 1956 a 1960. Mesmo com sua saída, em 1961, a herança do trabalho do técnico garantiu o heptacampeonato, de 1962 a 1968, somando 12 Campeonatos Estaduais em 13 disputados.

ATÉ A CABRITA "TORCIA"

A garra que os gaúchos demonstram em campo contagia seus torcedores. Que o diga Nesy Oliveira Farias. Dos tempos da bola de couro e da chuteira de travas de prego, ele abre um sorriso simpático e acolhedor ao falar do Internacional.

O amor pelo futebol começou em 1938, aos 10 anos. Nesy morava no interior e acompanhava os jogos pela galena – espécie de receptor que os irmãos montaram em casa para receber o sinal das rádios.

Ao longo dos anos, Nesy colecionou relíquias e *causos* e se lembra de uma personagem peculiar da década de 1940: a cabrita Chica. O animal pertencia a um amigo de Nesy e, durante quatro anos, acompanhou seu dono no bonde que o levava ao estádio. O problema é que a cabrita engordou demais e o condutor passou a proibir que ela entrasse no coletivo. Barrada no bonde, Chica começou a ser levada aos jogos de táxi. Enquanto todos assistiam à partida, a mascote ficava embaixo das arquibancadas comendo grama.

Em nome do Internacional, Nesy quase perde o nascimento da própria filha. Em 6 de julho de 1955, Inter x Flamengo seria mais um jogo que Nesy acompanharia sem problemas. No entanto, no hospital a parteira disse: "Olha, a criança pode nascer a qualquer momento". Nesy retrucou: "Não dá para ir ao futebol antes?". Hoje, ele se diverte ao contar a história: "O Inter venceu por 6 a 3, e a minha menina chegou ao mundo 15 minutos depois".

Os gaúchos fazem as coisas com intensidade. Juliano Franczak é louco pelo Grêmio. "Já vem de berço. A família toda é gremista. Mas você pode escolher: Grêmio ou Grêmio", brinca.

Juliano ganhou notoriedade no meio da torcida tricolor por conta de suas vestes. Vai aos jogos com a roupa típica gaúcha: a pilcha. Bota, bombacha, chapéu, lenço... e a bandeira do Estado do Rio Grande do Sul.

Pelo Grêmio já fez vários sacrifícios, mas, em uma partida que acompanhou no Rio de Janeiro, os hábitos gaúchos quase o levaram para a prisão. No aeroporto, ele foi questionado sobre o que carregava na bolsa de couro. Juliano disse: "Tenho erva, bomba e cuia. E eles ficaram bravos. 'Tu não tem vergonha de ficar tirando assim com a nossa cara? Com tanta violência nas torcidas, você fica tirando onda com a gente desse jeito?'. Até eu explicar que tipo de erva e bomba eram, já tinha tomando uns dez cascudos", relembra Juliano. Essa foi apenas uma das muitas histórias que Juliano viveu por amor ao seu Grêmio.

EVEN THE GOAT "CELEBRATED"

The 'Gaúchos's (as people from the south of the country are called) strength and determination drive the fans crazy. So would say Nesy Oliveira Farias. He is from the time of the leather ball and football boots made of nails. He opens a warm and friendly smile when talking about Internacional.

His passion for the team began in 1938 when he was 10. Nesy lived in the countryside and used to follow the games on the 'galena' - kind of receiver built by his brothers to get the radio signal.

Over the years Nesy preserved relics and stories and he remembers a peculiar character of the 40s: the goat called Chica. The goat belonged to Nesy's friend and for four years it accompanied its master on the tram to the stadium. The problem is that the goat got too fat and the driver of the tram prohibited the goat to get on the tram. Then Chica started to be taken to the matches by taxi. While everyone was watching the game the mascot was under the standing eating grass.

On behalf of Internacional Nesy almost missed the birth of his daughter. On July 6th, 1955 Inter x Flamengo was a game that Nesy wanted to see really badly. However, in the hospital the midwife said, "Look, the child may be born any time." Nesy replied: "Is there time to go to the football game before?". Today he enjoys telling the story: "Inter won 6-3 and my girl was born 15 minutes after."

Gaúchos do things with intensity. Juliano Franczak is completely crazy about Grêmio. "It comes from the cradle. The whole family supports Grêmio. But you can choose: Grêmio or Grêmio", he jokes.

Juliano gained notoriety because of his clothes. He goes to games wearing typical clothes from the south: a pilcha. boots, bombachas, a hat, a scarf ... and the flag of Rio Grande do Sul State.

For Grêmio he has already made several sacrifices, but in a match that he followed in Rio de Janeiro, the habits from the south almost led him to prison. At the airport, he was asked about what he was carrying in his leather bag. Juliano said: "I have grass, a bomb and a bowl. And they were angry. 'Are you not ashamed to mock about that, with so much violence among the supporters? When I had the chance to explain that the 'grass' was tea and the 'bomb' was a pump to drink the tea, I had already gotten some slaps", recalls Juliano. This was just one of many stories that Juliano experienced because of his love for Grêmio.

Em nome do Inter, seu Nesy quase perde o nascimento da própria filha.

Because of Inter, Nesy nearly missed his own daughter's birth.

Grêmio e Inter: uma das maiores rivalidades do Brasil

Grêmio and Inter: one of the main rivalries in Brazil

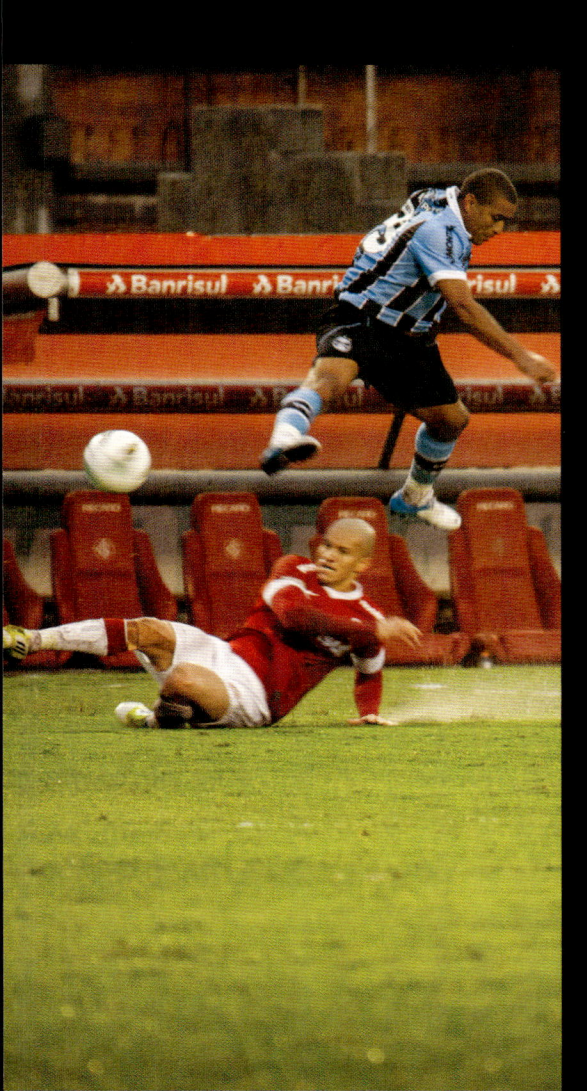

ICONES DOS LADOS AZUL E VERMELHO

Grêmio e Internacional devem muito de suas conquistas aos grandes jogadores que passaram pelas suas fileiras. Mas dois nomes se destacam: Renato Portaluppi e Paulo Roberto Falcão.

Nascido em 16 de outubro de 1953 em Abelardo Luz, Santa Catarina, Falcão começou logo cedo a atuar nas categorias de base do Inter no final dos anos 1960. Estreou no time profissional em 1973, jogando como volante na equipe então comandada por Dino Sani.

Não por coincidência, sua ascensão ao time de cima representou a fase mais gloriosa do Colorado: em 1975, ajudou Manga, Figueroa, Valdomiro, Flávio, Lula e companhia a levar o Inter ao inédito título brasileiro, contra o Cruzeiro. No ano seguinte, teve um desempenho destacado no bicampeonato, contra o Corinthians. Em 1979, foi o capitão e principal jogador do time no tricampeonato invicto sobre o Vasco.

Falcão deixou o Inter em 1980 para defender a Roma, logo após o vice-campeonato da Libertadores, em que os gaúchos perderam a final para o Nacional, do Uruguai. Ele só regressou ao clube como treinador, em duas ocasiões: 1993 e 2011.

Já Renato Portaluppi é o maior símbolo do Grêmio. Nascido em 9 de setembro de 1962 em Bento Gonçalves, na Serra Gaúcha, o ponta-direita surgiu para o futebol no Esportivo, tradicional clube da cidade. Foi contratado pelo Grêmio em 1980, completou sua formação nas categorias de base e estreou no time profissional em 1982. Imediatamente fez prevalecer suas características marcantes: velocidade, habilidade, malandragem e personalidade forte.

No ano seguinte, comandou o Grêmio na conquista da Copa Libertadores sobre o Peñarol e, meses depois, marcou os dois gols da vitória por 2 a 1 sobre o Hamburgo em Tóquio, na decisão do Mundial Interclubes. Renato deixou o Grêmio em 1987 para defender o Flamengo, voltou ao clube em 1991 e depois virou treinador.

'BLUE' AND 'RED' ICONS

The great players who played for Grêmio and Internacional are responsible for the accomplishments of these teams. But two names stand out in particular: Renato Portaluppi and Paulo Roberto Falcão.

Born on October 16th, 1953 in Abelardo Luz, Santa Catarina, Falcão was young when he began playing in the basic category of Inter in the late 60s. He debuted in professional team in 1973 playing as a defensive midfielder in the team that was coached by Dino Sani.

Not coincidentally, his rise to the top team represented the most glorious phase of Colorado. In 1975 he helped Manga, Figueroa, Claudio, Valdomiro, Flávio, Lula and the whole team to win the unprecedented Brazilian title against Cruzeiro. The following year he had an outstanding performance in the championship, this time against Corinthians. In 1979 he was the captain and leading player of the undefeated team in its third Championship against Vasco.

Falcão left Inter in 1980 to defend Rome shortly after Copa Libertadores in which the gaúchos lost the final to Nacional from Uruguay. He only returned to the club as coach on two occasions: 1993 and 2011.

Renato Portaluppi is the greatest symbol of Grêmio. He was born on September 9th, 1962 in Bento Gonçalves in Serra Gaúcha and started his career as a right winger in Esportivo, a traditional club in the city. He was hired by Grêmio in 1980, completed his training in the basic category and started playing for the professional team in 1982. His remarkable features immediately prevailed: speed, skill, trickery and irreverence.

In the following year he led Grêmio to a historic conquest in Copa Libertadores against Peñarol and months later he scored both goals in the 2-1 victory over Hamburg in Tokyo in the final of the World League. Renato left Grêmio in 1987 to defend the colors of Flamengo. He returned to the club in 1991 as coach.

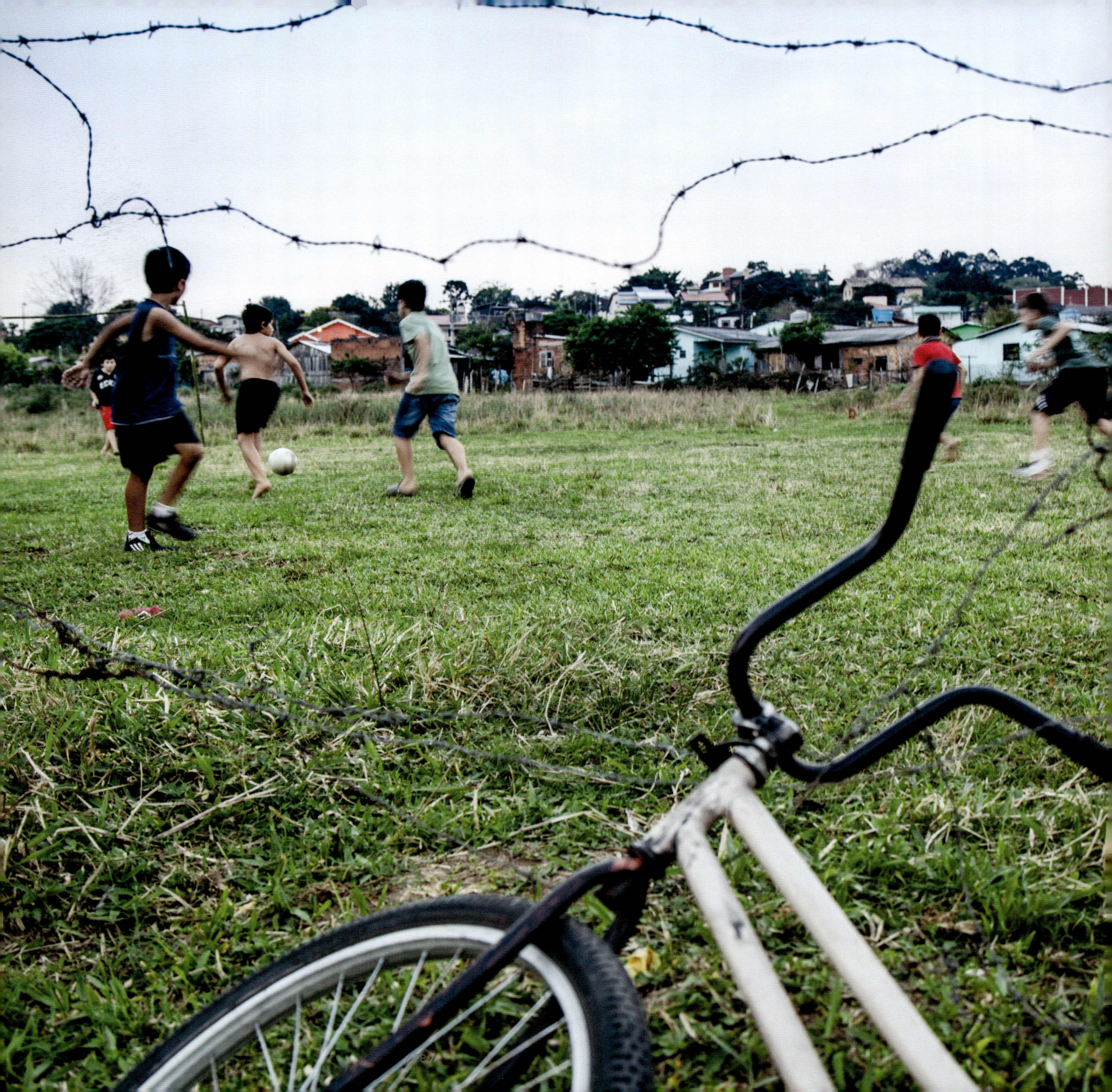

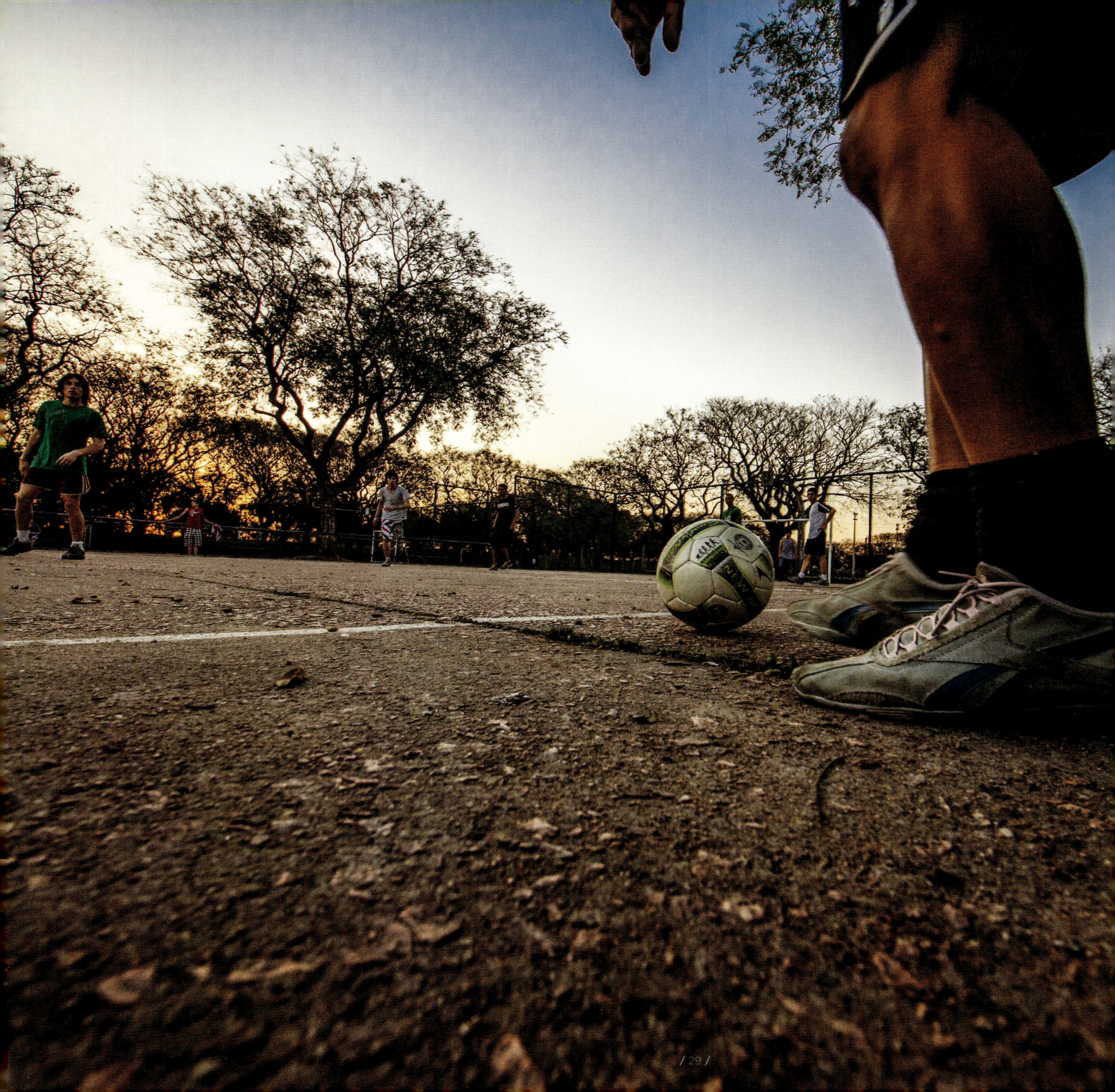

Muito antes da histórica rivalidade ente Grêmio e Internacional, outro ideário pôs frente a frente duas correntes antagônicas no Sul: maragatos e chimangos, durante a Revolução Farroupilha, entre 1835 e 1845.

Quem diria que, em 1992, o conflito, também conhecido como Guerra dos Farrapos, serviria de inspiração para a criação de um jogo curioso: o futebol de bombachas. O mentor da modalidade, Nilson Mendes, explica a origem desse clássico dos Pampas com um dialeto típico do Rio Grande: "Depois dos rodeios, nós nos recreávamos jogando futebol com a nossa pilcha. Isso foi chamando atenção, aí eu disse: 'Bah, vamos fazer um jogo diferente, o futebol contando a história da região'. Então surgiu o futebol de bombachas", lembra.

É como reescrever o passado através da bola, com os jogadores usando a pilcha gaúcha: bota, bombacha, guaiaca, faixa na cintura, lenço e chapéu. Algumas regras foram criadas, mas Nilson Mendes fez questão de impor ao jogo um caráter de disseminação da cultura local. "Queríamos explicar às novas gerações o que eram chimangos, maragatos, como se faz o nó no lenço branco de um grupo e vermelho do outro", afirma.

Uma das particularidades da recriação de Maragatos x Chimangos é a comemoração. A cada gol marcado, todos os jogadores celebram tomando um copo de choppe. No final da partida, que sempre deve acabar empatada, ocorre a disputa de pênaltis. A regra para isso também foi adaptada, pois o jogador deve bater o pênalti do meio do campo – e sem goleiro.

O fim do jogo é sempre pacífico. "O objetivo é simbolizar que chimangos e maragatos têm de lutar por um Rio Grande melhor", diz Nilson Mendes. Depois, os dois times assinam o simbólico Tratado do Poncho Verde, nome do pacto que encerrou a Revolução Farroupilha. Quando isso acontece, encerra-se mais uma aula dada pelo futebol de bombachas.

Long before the rivalry between Grêmio and Internacional other ideologies put two antagonistic currents face to face in the south of the country: maragatos and chimangos, during the Farroupilha Revolution, between 1835 and 1845.

Who would say that in 1992 the conflict, also known as Guerra dos Farrapos, would be the inspiration of a game that was at least curious: the 'bombachas' football. The mentor of the modality, Nilson Mendes, explains the origin of this classic of the Pampas with a typical dialect from Rio Grande: "After the rodeo, we enjoyed ourselves playing soccer with our pilcha (typical clothing used by people from the south of Brazil). It started catching the attention of people. Then I said: 'Bah, let's do a different game, a football match that tells the history of the region'. That's how the 'bombacha' football started, "he recalls.

It was like rewriting the past through the ball. They wouldn't wear the traditional uniforms of football teams but pilchas: boots, breeches, a guaiaca (a small leather bag), a waistband, a scarf and a hat. Other rules were created, but Nilson Mendes didn't want the game to be a competition, but a way to spread the local culture. "We wanted to explain to future generations who were the chimangos and the maragatos. Moreover we wanted them to know how we knot the white and the red scarf," says.

One of the particularities of recreating Maragatos x Chimangos is the celebration. After each goal the players celebrate drinking a glass of bear. In the end of the game that always ends in a draw, there is a penalty dispute. The rule for that was adapted as well, since the player must kick the ball from the middle of the pitch – and no goalkeeper. The end of the game is always pacific. "The objective is to symbolize that chimangos and maragatos have to fight for a better Rio Grande", says Nilson. After the match both teams sign the symbolic Tratado do Poncho Verde, the name given to the pact that ended the Farroupilha Revolution. When this happens, another lesson given by the 'bombacha' football is finished.

O FUTEBOL DE BOMBACHAS
THE 'BOMBACHAS' FOOTBALL

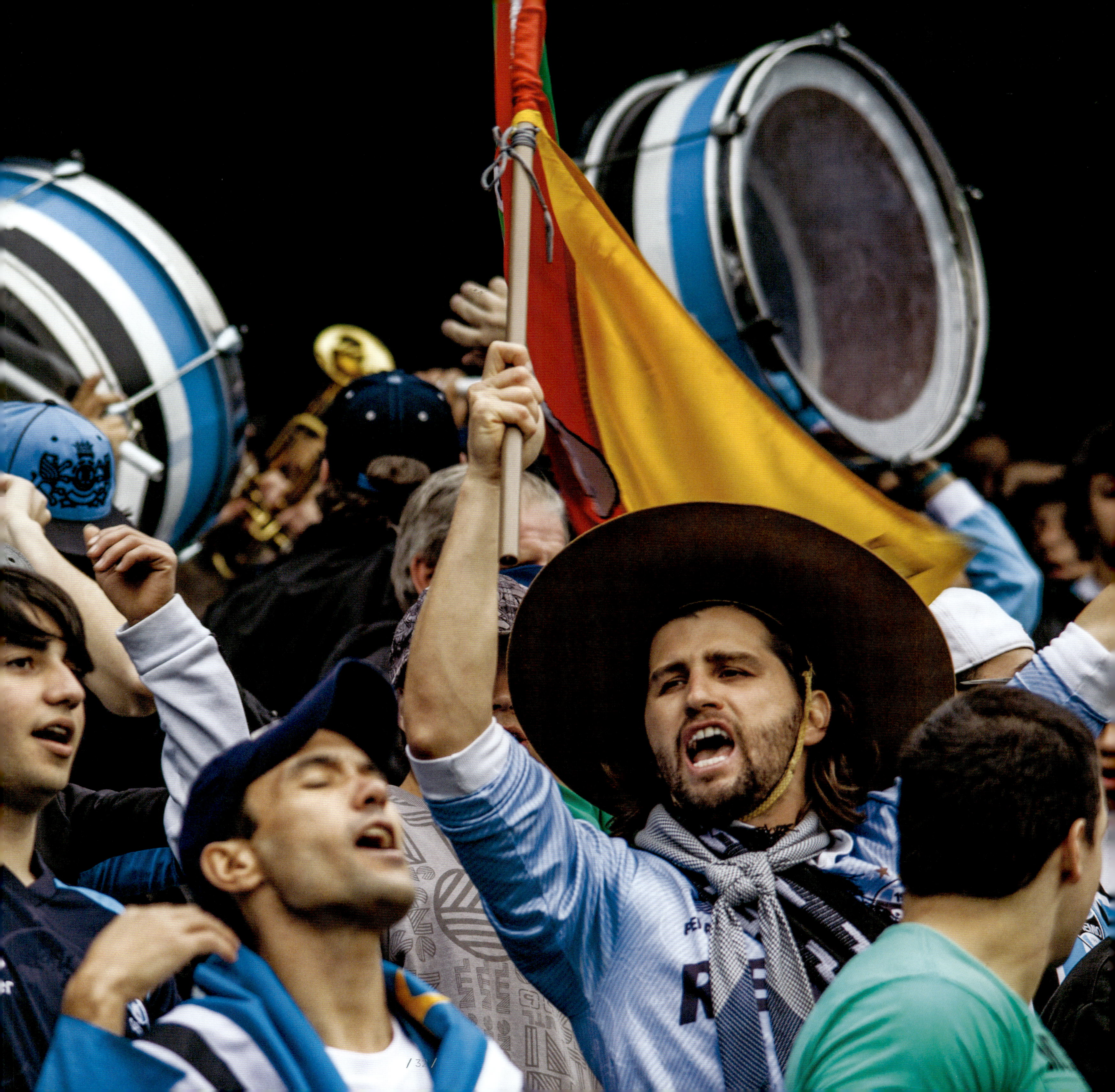

/33/

/ 34 /

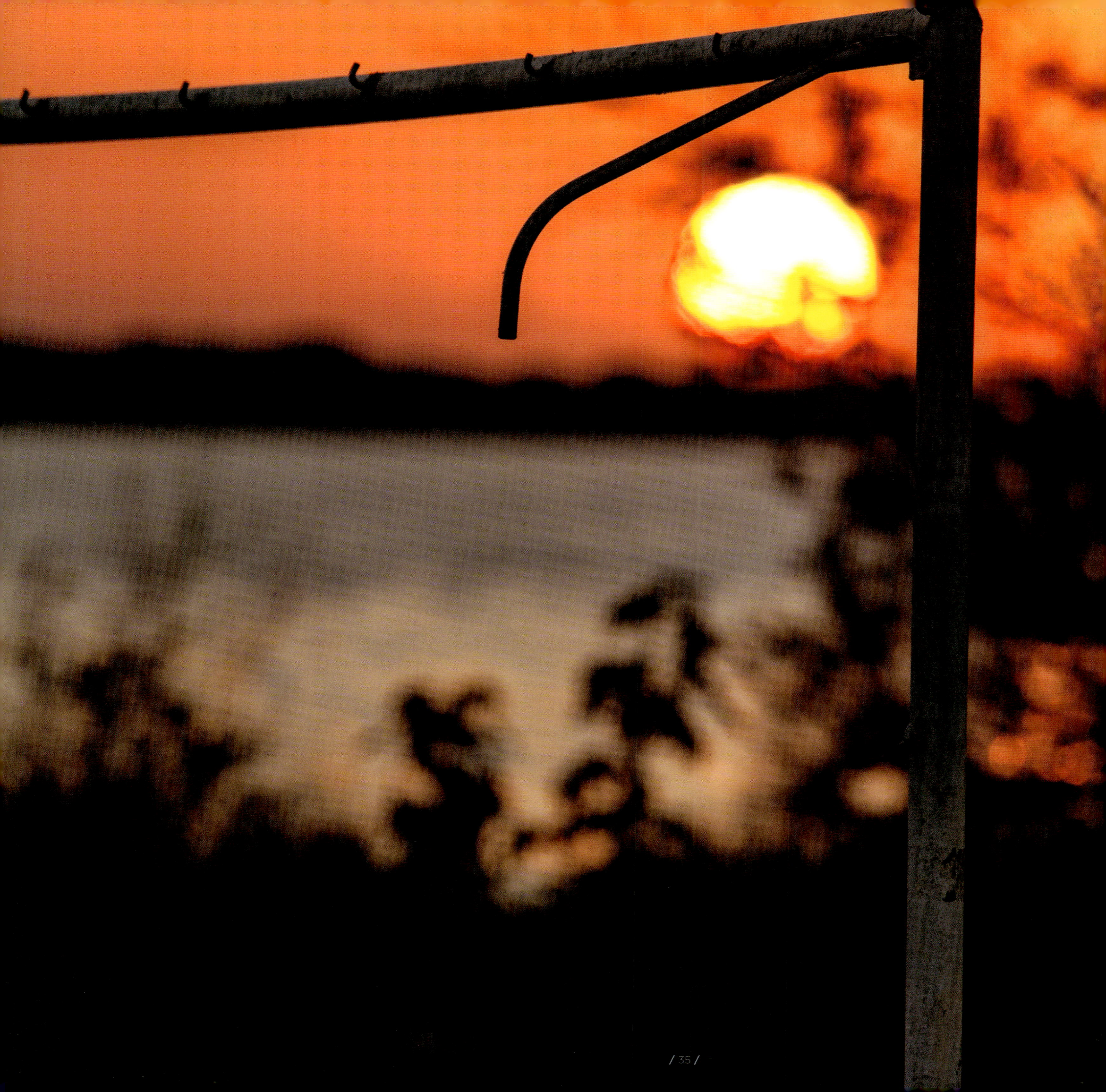

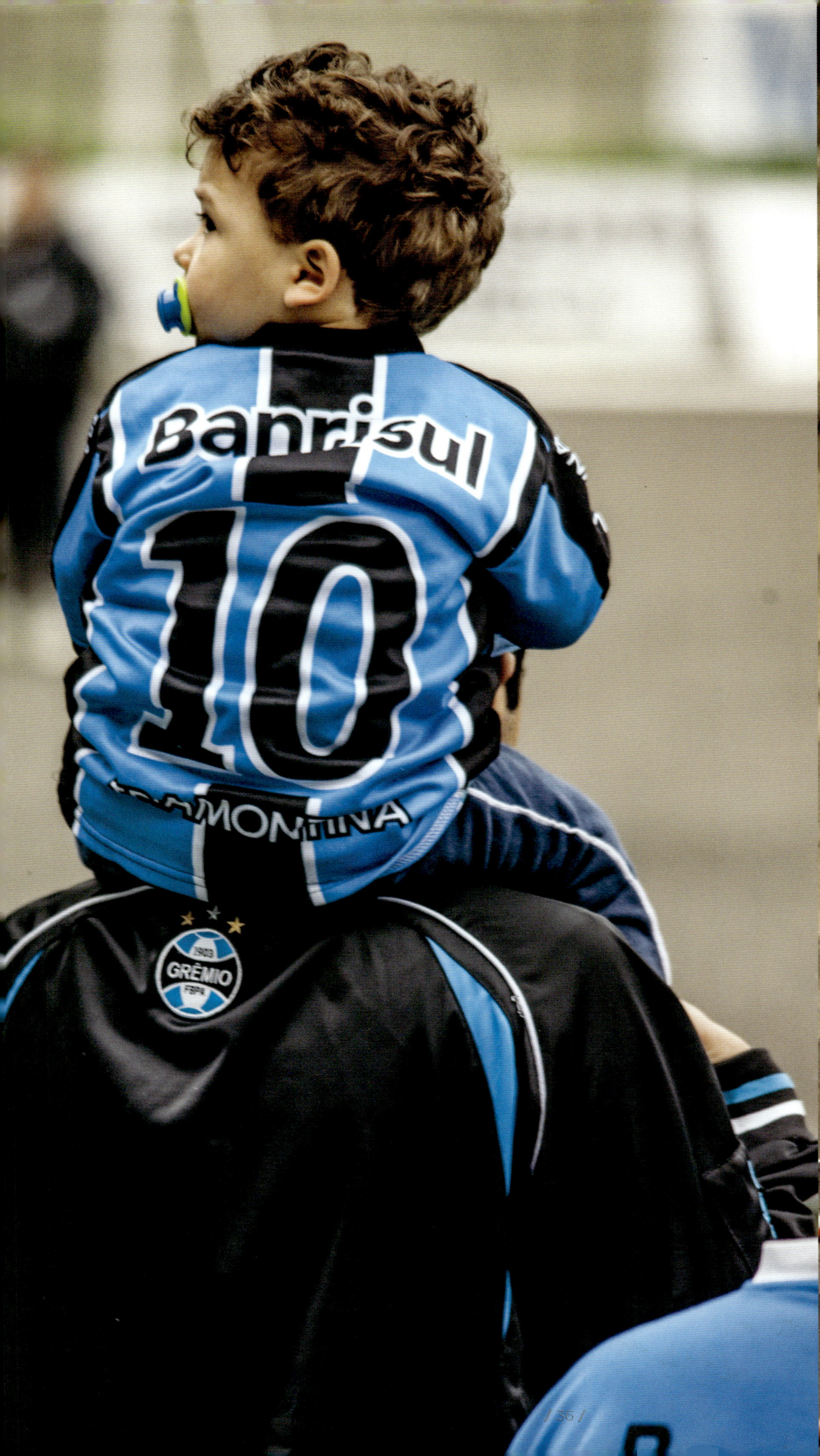
Banrisul
10
GRÊMIO

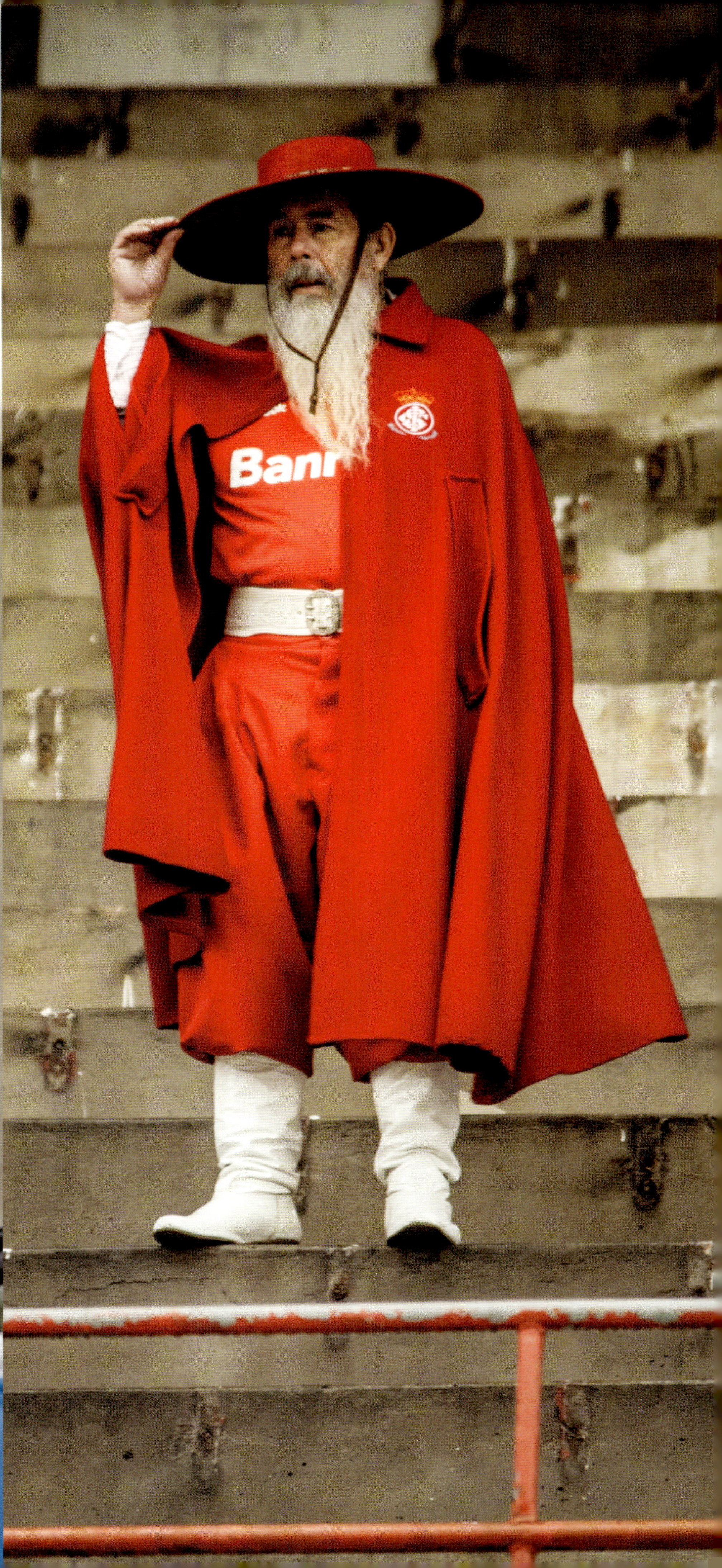

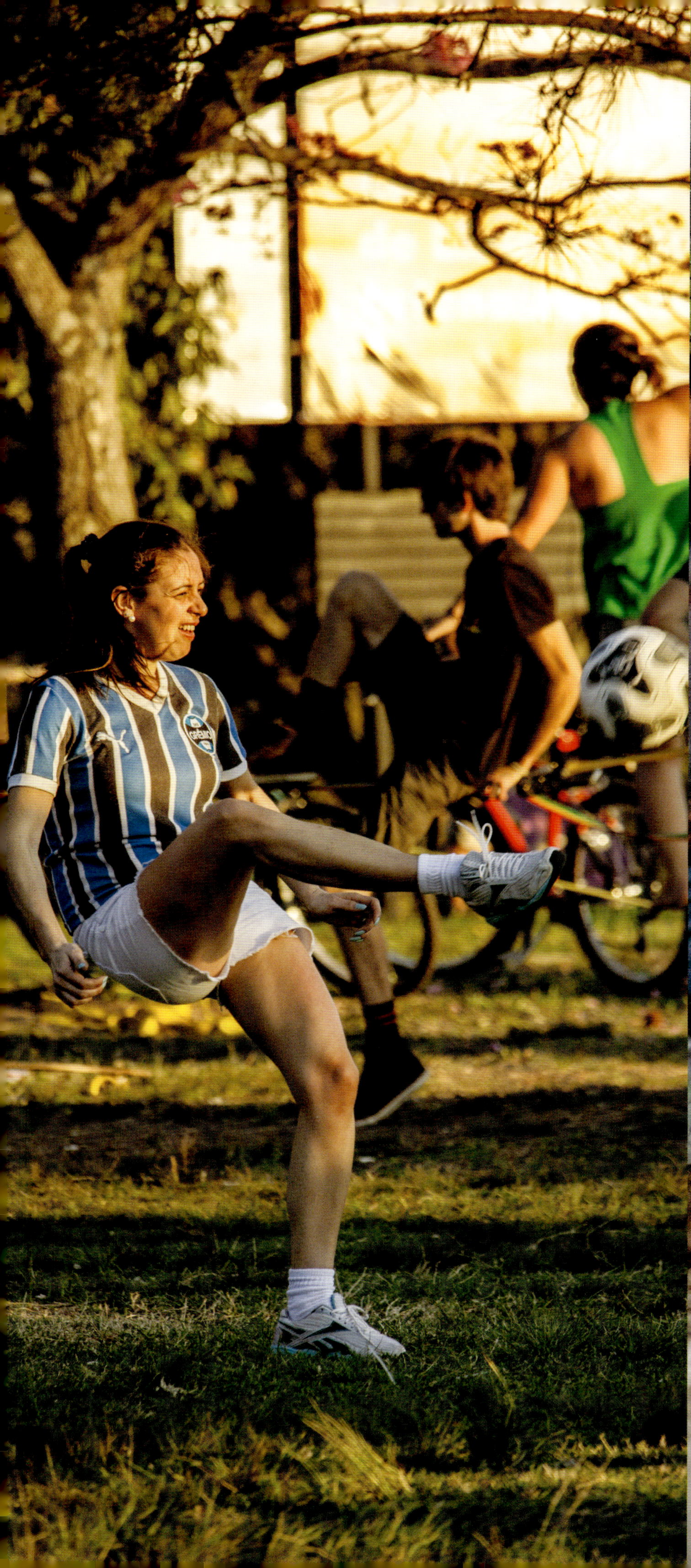

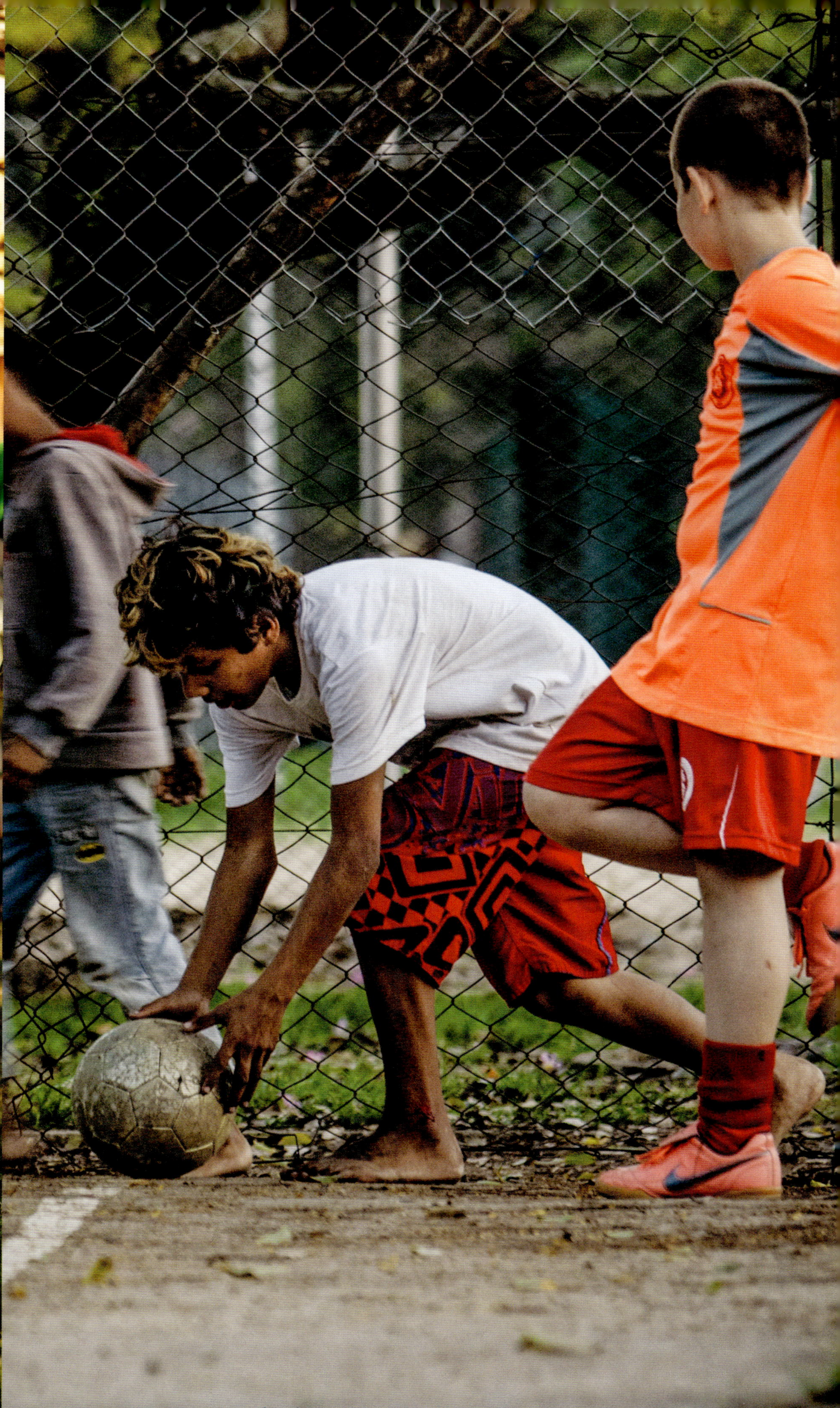

O EQUILÍBRIO DE DUAS FORÇAS

Quando se fala de futebol no Rio Grande do Sul, uma palavra resume tudo: Gre-Nal. É um dos maiores clássicos do futebol mundial e divide o Estado de forma apaixonante. Os dois clubes contam glórias, dramas e triunfos. Mas é claro que outros clubes também enriquecem a trajetória do esporte na velha Província de São Pedro.

A origem do Grêmio se confunde com a história do futebol em Porto Alegre. O primeiro jogo do Tricolor (então com as cores havana, preto e branco) foi contra o "irmão-gêmeo" Fussball Club Porto Alegre, também fundado no dia 15 de setembro de 1903. Em julho, veio a mudança mais significativa na história gremista: em vez do havana, tecido de difícil confecção, o clube adotou o azul e passou para a história com o azul, preto e branco que apaixonam os seus torcedores.

Em 1909, os irmãos Poppe decidiram fundar o Sport Club Internacional, um clube para jogar futebol – os dois times existentes até então eram restritos aos seus sócios. A intenção dada com o nome era clara: não restringir o clube apenas aos sócios de ascendência germânica, como no Fussball.

A força de Grêmio e Inter pode ser medida pelas taças que brilham nos seus museus: ambos são campeões do Brasil, da América e do mundo, com muitas conquistas regionais pelo caminho e vitórias grandiosas contra os principais clubes do planeta.

Mas a aldeia gaúcha conta também com clubes do interior, que propagam a tradicional raça dos Pampas. Em Pelotas, Brasil e Pelotas são conhecidos pelo aguerrido clássico Bra-Pel. O Xavante, como o Brasil é chamado, foi semifinalista do Campeonato Brasileiro em 1985.

Em Caxias do Sul, as paixões são divididas entre Caxias e Juventude, com o clássico Ca-Ju. Os dois quebraram a hegemonia Gre-Nal com títulos gaúchos no final da década de 1990.

THE BALANCE OF TWO FORCES

When we talk about football in Rio Grande do Sul one word sums it up: Gre-Nal. It is one of the greatest classics in the world of football and divides the state passionately. Both clubs tell beautiful stories full of glories, tragedies and triumphs. But it is clear that other clubs also enrich the history of the sport in the old São Pedro Province.

The origin of Grêmio is intertwined with the history of football in Porto Alegre. The first Tricolor game (by that time using the colors havana, black and white) happened against the "twin brother" Fussball Club Porto Alegre, which was founded on September 15th, 1903. In July the most significant change happened in the history of Grêmio: instead of havana, the club adopted the blue color and it became history using the colors blue, black and white.

In 1909, the brothers Poppe decided to found Sport Club Internacional, a club for the practice of football - the two existing teams were restricted to its members. The intention of the given name was clear: do not restrict the club only to members of Germanic descendent, as Fussball.

The strength of Grêmio and Inter can be measured by cups that glow in its museums: they are both champions in Brazil, America and in the world, with many regional achievements and outstanding victories against opponents who are among the top clubs in the world.

But Rio Grande also has clubs in the countryside, which propagate the traditional strength that marks the football from the Pampas. In Pelotas, Brasil and Pelotas teams are known for the classic 'Bra-Pel'. Xavante, as it is known the red-black Brasil, was a semifinalist in the 1985 Brazilian Championship.

In Caxias do Sul, the passion is divided between Caxias and Juventude with the classic 'Ca-Ju'. The two broke the 'Gre-Nal' hegemony by getting titles in the late 90s.

M-180
M-178
M-176
M-174
M-172
M-170
K-164
K-162
K-160
K-156
K-154
J-192
J-190
J-188
J-186
J-184
J-182
J-180
J-178
J-176
J-174
I-194
I-192
I-190
I-188
I-186
I-184
I-182
I-180
I-178
I-176
I-174
H-196
H-194
H-192
H-190
H-188
H-186
H-184
H-182
H-180
H-178
H-176
G-224
G-222
G-220
G-216
G-214
G-212
G-206
F-224
F-222
F-220
F-218
F-214
F-210
F-208
F-206
E-226
E-224
E-222
E-220
E-218
E-214
E-210
D-228
D-226
D-224
D-222
D-220
D-218
D-216
D-212
D-208
C-224
C 216

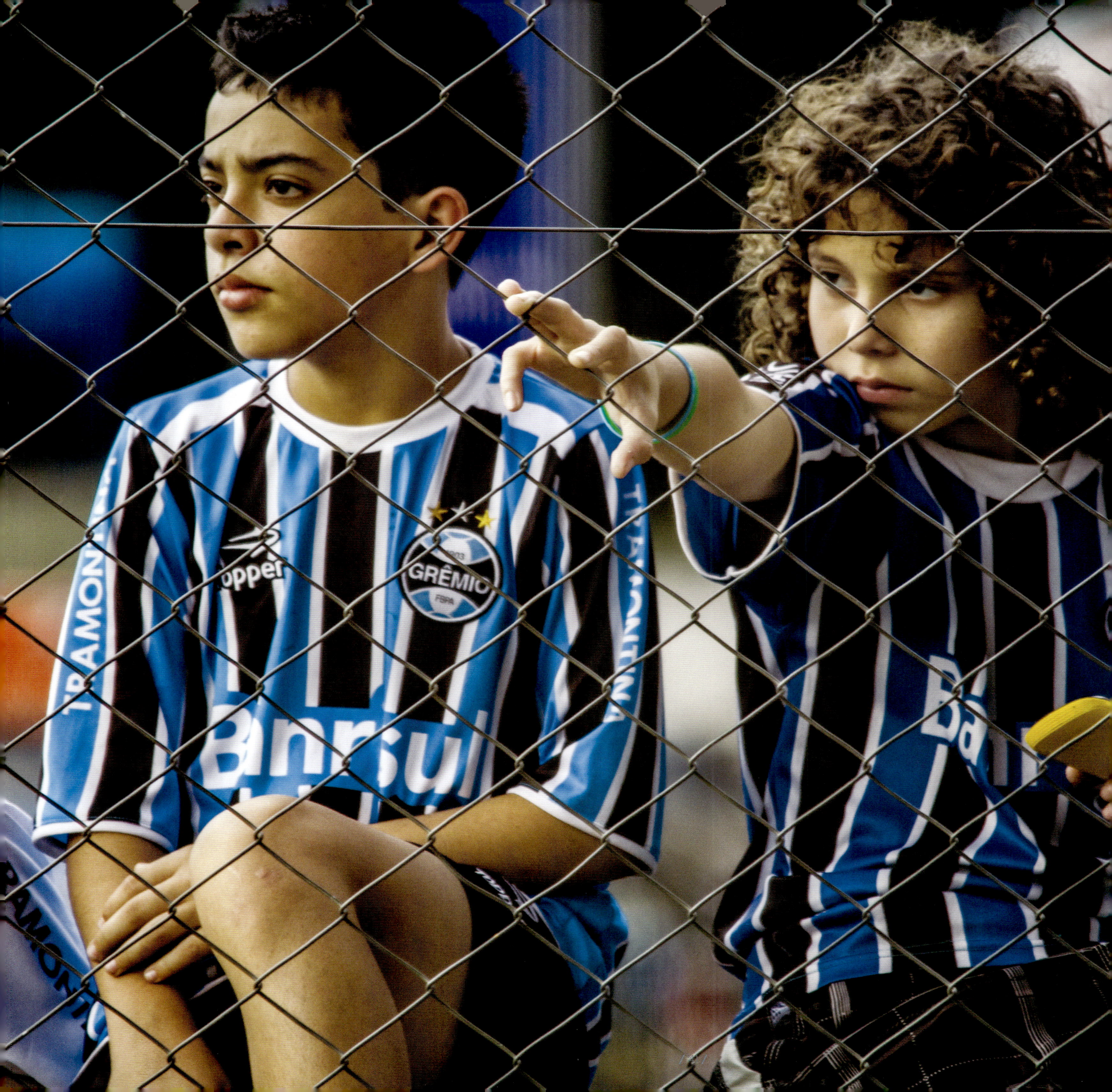
GRÊMIO
Banrisul

03

BRASÍLIA
ESTÁDIO NACIONAL
MANÉ GARRINCHA

Pág. 43

PAIXÃO DEMOCRÁTICA NO PLANALTO
A DEMOCRATIC PASSION IN THE UPLAND

O FUTEBOL CANDANGO
THE CANDANG FOOTBALL

O futebol em Brasília surgiu antes mesmo da inauguração da nova capital federal, em 1960. Quatro anos mais cedo, quando os primeiros trabalhadores que ergueriam a cidade desembarcaram no imenso canteiro de obras, a bola já rolava em peladas organizadas pelas empreiteiras contratadas.

Em 1958, ainda de maneira precária, aconteceu o primeiro clássico local. Mesmo sem arquibancada, o público se aglomerava em torno do campo – desprovido de grama e muitas vezes de marcação – para acompanhar as partidas entre as construtoras Rabello e Pederneiras. A partir daí, outros campos foram aparecendo, alavancando a criação dos clubes.

Nessa época, o futebol já era uma paixão consolidada no país. Os pioneiros da capital – trabalhadores da construção civil, funcionários públicos e pequenos comerciantes – também já tinham um time de coração.

O Candangão, como é chamado o Campeonato Brasiliense, é disputado ininterruptamente desde 1958, embora a Federação Brasiliense de Futebol apenas o reconheça a partir de 1960. Levado ao profissionalismo somente em 1976, o futebol do Distrito Federal nunca teve um time com larga importância no cenário nacional. Os principais feitos foram duas conquistas da Série B do Campeonato Brasileiro (Gama, em 1998, e Brasiliense, em 2004) e um vice-campeonato da Copa do Brasil, com o Brasiliense, em 2002.

Football in Brasilia emerged even before the inauguration of the federal capital in 1960. Four years earlier football had been played by the first workers who had landed in the huge construction site to build the new city.

In 1958 the first local classic happened precariously. Even without stands the crowd gathered around the field devoid of grass or marking to watch the matches between the workers of Rabello and Pederneiras construction companies. From then on other fields appeared, leveraging the creation of clubs.

At that time football was already a passion in the country. The pioneers of Brasília – the construction workers, public employees and small traders - had already a team of their heart.

Candangão, as it is called the Brasiliense Championship, has been played continuously since 1958, although the Brasiliense Football Federation only recognized it in 1960. Only led to professionalism in 1976, football from Brasília has never had a team with large importance on the national scene. The two main achievements were the Brazilian Championship Série B (Gama in 1998 and Brasiliense in 2004) and a silver medal for Brasiliense in Copa do Brasil in 2002.

Maybe this poor performance, the absence of idols, low investment, little structure and even the television competition make people from Brasilia cheer for teams from Rio de Janeiro, São Paulo, Minas Gerais and Rio Grande do Sul

RAÍZES
ROOTS

Talvez esse fraco rendimento, a ausência de grandes ídolos, o baixo investimento, a pouca estrutura e ainda a concorrência da televisão sejam os motivos para que o povo de Brasília prefira torcer pelos times do Rio de Janeiro, São Paulo, Minas Gerais e Rio Grande do Sul.

Maybe the poor performance, the absence of big idols, low investment, little structure and even the television competition, make people from Brasília cheer for teams from Rio de Janeiro, São Paulo, Minas Gerais and Rio Grande do Sul.

MANÉ GARRINCHA ECOLÓGICO

O antigo Estádio Mané Garrincha, praticamente demolido, deu lugar a uma arena imponente, com capacidade para 70.042 pessoas e arquitetura moderna e ousada. Ganhou uma fachada com cobertura de estrutura metálica, novas arquibancadas e um gramado rebaixado para permitir a visão completa do jogo. Com um projeto de construção ecologicamente correto, que prevê a emissão zero de carbono, a reciclagem e o acesso total por meio do transporte público, a arena servirá para consolidar a capital federal como referência mundial em planejamento sustentável.

Palco da abertura da Copa das Confederações, em junho, com a vitória do Brasil sobre o Japão por 2 a 0, o Estádio Mané Garrincha faz parte do Complexo Poliesportivo Ayrton Senna, que engloba o Ginásio Nilson Nelson e o Autódromo Internacional Nelson Piquet.

Inaugurado em 1974, ele pertence ao Departamento de Esportes, Educação Física e Recreação do Distrito Federal. O nome é uma justíssima homenagem ao ídolo brasileiro Mané Garrincha, bicampeão mundial nas Copas de 1958 e 1962.

O jogo inaugural ocorreu em 10 de março daquele ano, quando o Corinthians derrotou o Ceub por 2 a 1. O primeiro gol foi marcado pelo ponta-direita corintiano Vaguinho.

O recorde de público no antigo estádio foi de 51.200 pessoas, em 20 de dezembro de 1998, quando o Gama derrotou o Londrina por 3 a 0 na final da Série B de 1998. Com o resultado, o Gama faturou seu primeiro troféu nacional e a ascensão à Série A no ano seguinte.

A RECENTE HISTÓRIA DO FUTEBOL BRASILIENSE

Muitos clubes de Brasília surgiram nas cidades-satélites que cresceram em torno da capital. O primeiro nasceu em 1963, como Dom Bosco, mas com a profissionalização do futebol se tornou Ceilândia Futebol Clube, em agosto de 1979. Ostenta dois títulos no currículo: campeão do Candango em 2010, quando interrompeu uma sequência de seis títulos do Brasiliense, e em 2012.

Em 1975, surgiram três clubes: Sobradinho Esporte Clube, Brasília Futebol Clube e Sociedade Esportiva do Gama.

O Sobradinho registra apenas o bicampeonato do Candango em 1985 e 1986. Já o Brasília ganhou oito títulos – o último em 1987. Em 2008, conquistou a Segunda Divisão do Candango, mas foi novamente rebaixado no ano seguinte.

O Gama manda seus jogos no Estádio Valmir Campelo Bezerra, o Bezerrão, que alguns apelidaram de "Ninho do Periquito". O local tem capacidade para 25 mil torcedores. O Gama é o maior detentor de títulos candangos – dez, mas não levanta a taça desde 2003. Em 1998, ganhou a Série B do Brasileirão e ficou na Primeira Divisão por quatro

ECOLOGICAL MANÉ GARRINCHA

The old Mané Garrincha Stadium was falling apart, and it gave rise to an imposing Arena, with modern and bold architecture and a capacity for 70,042 people. It has a facade and a cover made of a metallic structure, new stands and a lawn in a lower level which allows full view of the game. With an environmentally friendly design, focused on zero carbon emission, recycling and full access by public transport, it will serve to consolidate the federal capital as the global benchmark in sustainable planning.

Mané Guarrincha is part of Ayrton Senna Sports Complex composed of Nilson Nelson Gymnasium and Nelson Piquet International Circuit and it was the stage of the Confederation Cup. Its opening happened last June, with a 2-0 Brazilian victory over Japan.

The Complex was inaugurated in 1974 and it belongs to the Department of Sports, Physical Education and Recreation of Distrito Federal. The name is a tribute to the Brazilian idol Mané Garrincha, two times world champion, in 1958 and 1962.

The inaugural match took place on March 10th of that year, when Corinthians defeated CEUB by 2-1. The first goal was scored by the right winger Vaguinho.

The record attendance in the old stadium was 51,200 people on December 20th, 1998, when Gama defeated Londrina by 3-0 in the final of the 1998 Série B. With the result, Gama won their first national trophy and the rise to Série A in the following year.

THE RECENT HISTORY OF FOOTBALL IN BRASÍLIA

Many clubs in Brasilia emerged in the suburbs of the capital. The first club was founded in 1963 and it was called Don Bosco. With the professionalization of football it became Ceilândia Futebol Clube in August 1979. It boasts two titles in its curriculum: Candango Championship in 2010 and 2012 when it interrupted a series of six titles for Brasiliense.

In 1975 three new clubs were founded: Sobradinho Esporte Clube, Brasília Futebol Clube and Sociedade Esportiva Gama.

Sobradinho won only the 1985 and 1986 Candango Championship, but Brasília Futebol Clube has already won eight titles - the last one in 1987. In 2008 Sobradinho won the Candango Second Division, but it was again relegated in the following year.

Gama plays in Valmir Campelo Bezerra Stadium, known as Bezerrão, but some call it the parakeet nest. The stadium has a capacity of 25,000 spectators.

MITO
MYTH

anos seguidos até ser rebaixado em 2002. De lá para cá, foi só descendo a ladeira. Depois de cair para a Série D em 2010, nem a D disputou mais.

O caçula é o Brasiliense Futebol Clube, fundado em agosto de 2000. É um clube-empresa e tem como sede a cidade de Taguatinga. Já no primeiro ano venceu a Segunda Divisão local. No ano seguinte, foi vice na Primeira Divisão do Candangão. Com dois anos de existência, faturou o Brasileiro da Série C e chegou à final da Copa do Brasil, que acabou perdendo na final para o Corinthians.

Em 2004, conquistou a Série B do Brasileiro, mas, no ano seguinte, apostou em jogadores mais experientes, como Marcelinho Carioca, Vampeta e Oséas. Não deu certo e o time foi rebaixado. Seu último título foi o Candango de 2011.

PALHAÇADAS DO PIRULITO

Em 1984, o jovem José dos Santos Cavalcanti deixou sua cidade natal, São Rafael, no Rio Grande do Norte, com um sonho na cabeça: tornar-se um astro das novelas de televisão. Ficava fascinado com as interpretações dos atores nos folhetins e resolveu que queria fazer o mesmo. Quando chegou a Brasília, as coisas não andaram exatamente como planejado. Mas Cavalcanti nunca lamentou, porque percebeu que, em vez de um galã, poderia interpretar outro personagem para divertir crianças e adultos: o palhaço Pirulito. E uniu seu trabalho a uma paixão: torcer pelo Gama.

Cavalcanti começou a carreira de palhaço no Colégio JK e virou torcedor-símbolo do clube. Em todos os jogos do time de coração, em praças e eventos do Distrito Federal, lá está ele vestido de Pirulito vendendo picolé, algodão-doce e balões. Também muito requisitado para apresentações, é a alegria em pessoa. "Deus me deu essa missão e eu faço com a felicidade de sempre", afirma.

Já são quase 26 anos que Pirulito faz suas aparições a caráter. É querido por todo mundo e pôde comprovar isso em setembro de 2012, após sofrer um acidente automobilístico que provocou queimaduras em 30% de seu corpo. "Tive forças para estar aqui hoje, contando essa história e para agradecer a todos que me ajudaram", diz.

Cavalcanti só abandona a vestimenta do palhaço Pirulito para usar a camisa do Gama. Uma de suas maiores frustrações tem sido a ausência do clube alviverde em alguma divisão do Campeonato Brasileiro. "É muito triste não poder ver o time em campo", revela. Em compensação, quando o Gama foi campeão da Série B, em 1998, Pirulito comemorou noite adentro e viu a cidade tomada de felicidade, como se estivesse refletindo o estado de espírito permanente de José dos Santos Cavalcanti.

Gama is the main holder of Candango titles – ten all together, but it hasn't lifted a cup since 2003. In 1998, it won the Brasileirão Série B and stayed in the top division for four straight years until being relegated in 2002. Since then it has been going down the hill. After being demoted to Série D in 2010, the team didn't play anymore.

The youngest team is Brasiliense Futebol Clube, founded in August 2000. It is a corporate club from Taguatinga. In the first year won the local Second Division and in the following year it was the vice in Candangão - First Division. With two years of existence, it won the Brasileiro Série C and reached the final of Copa do Brasil, losing in the final to Corinthians.

In 2004 won the Brasileiro Série B and in the following year the club bet on experienced players like Marcelo Carioca, Vampeta and Hosea. It did not work and the team was relegated. Its last title was Candango in 2011.

LOLLIPOP`S JOKES

In 1984 José dos Santos Cavalcanti left his hometown, San Rafael in Rio Grande do Norte, with a dream in mind: to become a soap opera star. He was fascinated by the interpretations of the actors and decided to do the same. When he arrived in Brasília things didn't go exactly as planned. But Cavalcanti never regretted, because he realized that instead of a star he could act as another character to entertain children and adults: a Clown. He mixed work with passion, which is supporting Gama.

Cavalcanti began his career as a Clown at JK College and turned into a symbol of the crowds. At all games, squares and events in Distrito Federal he is always there dressed like a lollipop selling ice cream, candyfloss and balloons. He is also sought after for presentations. He is the joy personified. "God gave me this mission and I do with happiness", he says.

For 26 years he has been making his appearances as Clown Pirulito. He is loved by everyone and could have it proved in September 2012 after suffering a car accident which caused burns on 30% of his body. "I had the strength to be here today to thank everyone who had helped me," he says.

Cavalcanti only abandons his outfit to wear the shirt of Gama. One of his biggest frustrations has been the absence of the club in any division of the Brazilian Championship. "It's very sad not to see the team on the field," he says. In contrast, when Gama was Série B champion in 1998, Pirulito celebrated into the night and saw the city taken by happiness.

AS CORRENTES DO CINTURA

- O massagista Cintura, com suas correntes nos braços e no pescoço, é conhecido em Brasília por um hábito que adquiriu ao longo de sua vida no futebol: ele coloca uma corrente no corpo a cada título que vence. Trabalhou em vários times e se gaba de ser o maior campeão de Brasília. Está no Brasiliense desde o início do clube.

- Numa época em que os clubes procuram montar grandes times para não passar vergonha no ano do centenário, o Brasiliense viveu, justamente na comemoração do decênio, seu pior ano. Teve a sequência de seis títulos quebrada, foi eliminado na primeira fase da Copa do Brasil pela primeira vez e acabou rebaixado para a Série C do Brasileiro.

- Em 1999, o Gama foi rebaixado para a Segunda Divisão, por causa do "tapetão". Os tribunais tiraram pontos do São Paulo e deram ao Botafogo, salvando o time carioca e rebaixando o Gama, que entrou na Justiça comum para garantir o direito de permanecer na elite. Depois de várias tentativas da CBF para reverter o quadro, o Alviverde Candango bateu o pé e a Justiça lhe deu o direito de ficar na Série A. Resultado: a CBF se viu obrigada a criar um novo campeonato, a Copa João Havelange, que, além de Gama e Botafogo, resgatou Fluminense, Bahia e América-MG numa "virada de mesa".

- O Clube de Regatas Guará disputou a Copa do Brasil em 1997. Já na primeira fase enfrentou o Internacional de Porto Alegre, perdeu de 7 a 0 e foi eliminado. Curiosidade: o zagueiro Lúcio jogava pelo Guará, e mesmo compondo uma zaga vazada sete vezes, foi contratado pelo time gaúcho. Depois, Lúcio conquistou o mundo pelo Bayern (Alemanha), pela Internazionale (Itália) e seleção brasileira.

- Serjão foi um goleiro peso pesado do Ceilândia. Com 120 quilos, era titular da equipe e também um investidor no clube. De quebra, assumiu a condição de dirigente.

O ARTILHEIRO DAS TRÊS DIVISÕES

Por mais que alguns jogadores vistam várias camisas, eles se identificam para sempre com um determinado clube. É o caso de Cassius Loguingen Lima Santos de 38 anos, o maior artilheiro do Ceilândia - com "mais de 300" gols, segundo ele contabiliza. Além disso, orgulha-se de ter sido goleador das três divisões do futebol do Distrito Federal.

Cassius é a personificação do Ceilândia. Começou jogando na rua e chamando a atenção. "Era comum ouvir alguém falar 'quero aquele no meu time', apontando para mim", relembra. Até que um senhor resolveu apostar no menino de 12 anos e o levou para jogar em sua equipe.

Ao completar 17 anos, Cassius começou a ganhar a vida como office-boy e passou a se dedicar ao futebol somente

CINTURA'S CHAINS

- The masseur Cintura and his chains on his arms and neck is well known in Brasília because of a habit acquired throughout his life in football: he starts using a new chain every time his team wins a title. He worked for several clubs before starting in Brasiliense. He has been working there since its foundation and boasts of being the greatest champion in Brasilia.

- At a time clubs are concerned about building great teams in order not to be a shame at the centenary, Brasiliense had its worth year when celebrating a decade. It had a six-title sequence broken, was eliminated in the first round of Copa do Brasil for the first time and ended up relegated to Série C.

- In 1999, Gama was relegated to the second division, thanks to the courts. Botafogo got some points from São Paulo, saving the team from Rio de Janeiro and relegating Gama, that went to court to ensure the right to remain in the elite. After several attempts to reverse the situation, Gama got the right to stay in Série A. So CBF was forced to create a new league, the João Havelange Cup, which besides Gama and Botafogo, rescued Fluminense, Bahia and América from Minas Gerais.

- Clube de Regatas Guará disputed the 1997 Copa do Brasil. At the first stage faced Internacional de Porto Alegre, lost the game by 7-0 and was eliminated. Curiosity: the defender Lúcio was hired by the team from Porto Alegre even after having played for Guará and composed a weak defense. After that Lúcio played for Bayern (Germany), Internazionale (Italy) and the Brazilian National Team.

- Serjão was Ceilândia's goalkeeper. Weighing 120 kilos, he played for the line-up team, invested in the club and assumed the management of it as well.

THE SCORER OF ALL DIVISIONS

Even wearing shirts of many clubs, players always have a special feeling for a particular club. It is the case of Cassius Loguingen Lima Santos, 38, Ceilândia's top scorer with more than 300 goals. Moreover he is proud of being the scorer of the three divisions in Distrito Federal.

Cassius is the embodiment of Ceilândia. He began playing in the streets and calling the attention of people. "It was common to hear someone saying 'I want him in my team', pointing at me", he recalls. When Cassius was 12, a man decided to take the boy to play in his team.

When he was 17 years old, Cassius began working as a messenger and could devote himself to football only on weekends. The company he worked for closed down and

nos fins de semana. A empresa onde trabalhava, porém, fechou e ele voltou a jogar nas peladas. "Um dia, o presidente do Ceilândia me fez um convite e aceitei", diz.

Na Primeira Divisão, deixou sua marca 13 vezes em 2003, defendendo o CFZ. Na Segunda, marcou 11 gols em 1998 pelo Ceilândia e 12 em 2000, com a camisa do 26 Futebol Clube, uma espécie de filial do Ceilândia. Na Terceira Divisão do futebol brasiliense, assinalou 12 gols em 2006. "Não estou voando como um jovem de 18 anos, mas ainda dou conta do recado", garante.

"Os jogadores que atuam em Brasília tentam se destacar para conseguir uma transferência para outro Estado. Porque aqui o desemprego é certo no término do Campeonato Estadual", resigna-se. "Os clubes geralmente fazem contrato de quatro meses."

Além de defender vários clubes do Distrito Federal, como Bandeirante, Sobradinho e Brasiliense, Cassius bancou o cigano do futebol jogando pelo Moto Clube (Maranhão) e Baré (Roraima). Mas em tantas idas e vindas sempre retorna à sua casa, o Ceilândia. E para fazer o que mais gosta: gols.

OLHA O GRAMINHA!

Quem foi criança em Brasília nos anos 1960 e 1970 se lembra como era fugir dos "Graminhas". Sempre tinha alguém que ficava de olho para avisar a molecada quando a Kombi do Departamento de Praças e Jardins (DPJ) aparecia. O apelido foi dado por causa da cor verde do uniforme dos funcionários.

Brasília ainda estava em construção, e o governo mandara plantar grama nas praças e jardins de toda a capital. Tinha lugar melhor para as crianças jogarem futebol? Mas, para os funcionários do DPJ, isso era inconcebível.

Assim, o órgão escalou grande parte dos funcionários para impedir que os meninos utilizassem os gramados do Plano Piloto. Os Graminhas chegavam e acabavam com a graça da molecada. Até ordem para furar a bola eles tinham.

No início os funcionários apareciam onde os meninos estavam jogando, pegavam a bola e os mandavam para casa. Como todas as bolas estavam sendo confiscadas, surgiu a figura do "olheiro", que ficava empoleirado em algum telhado ou janela para alertar a turma quando a Kombi surgia. "Olha o Graminha, olha o Graminha!", gritava.

Mas, aos poucos, os próprios Graminhas passaram a adotar a prática de ficar escondidos atrás das árvores antes de a garotada chegar para a pelada. Na hora do confisco, era correria para todo lado e chutão na bola, geralmente em algum quintal, para tentar salvá-la.

A história se tornou uma lenda urbana em Brasília, e é difícil encontrar quem tenha trabalhado como Graminha. Muitos ouviram falar dos relatos das crianças aos pais, que achavam ser apenas invenção.

he restarted to play in the streets. "One day the president of Ceilândia invited me to play for the team and I accepted", he says.

He scored 13 times in the first division in 2003, defending the CFZ. In the second division he scored 11 goals for Ceilândia in 1998 and 12 in 2000, wearing the shirt of 26 Futebol Clube, a club that belongs to Ceilândia. In the third division scored 12 goals in 2006. "I'm not an 18-year-old boy anymore, but I still can handle it," he says.

"The players who play in Brasilia try to stand out to get a transfer to another state. After the state championship, unemployment happens for sure", he says. "The clubs usually sign a four-month contract."

Besides defending various clubs from Distrito Federal, such as Bandeirante, Sobradinho and Brasiliense, Cassius played for Moto Clube (Maranhão) and Baré (Roraima). But even playing for other clubs he always returns home: Ceilândia. And to do what he loves most: goals.

HERE COMES GRAMINHA!

Who was a child in Brasilia between the 1960s and 1970s knows what it was like to run away from the Graminhas. There was always someone hidden to advise the kids when the Department of Squares and Gardens (DPJ) Van appeared. The nickname was given because of the color of staff uniform: green.

Brasilia was still under construction and the government wanted all the squares and gardens across the capital to be grassy. And there wouldn't be a better place for children to play football. But that was inconceivable for the employees of DPJ.

That's why a lot of employees were there to prevent the children to use the lawns as fields. The Graminhas used to arrive and end the game. They even had an order to flatten the ball.

In the beginning the employees appeared, took the ball and would send the kids home. As all the balls were being confiscated, the figure of the "scout" appeared. He was always perched on a roof or at a window to alert the kids about the presence of the Graminhas. When the van appeared they would shout: "Here comes the Graminha!".

But the Graminhas started to stay hidden behind the trees and when the game started they would come out. At the time of the confiscation everybody would run away and someone would kick the ball pretty hard, usually aiming a backyard to have the opportunity to get the ball back later.

It became an urban legend in Brasilia and it is difficult to find anyone who worked as a Graminha. Many heard the stories, but people think they're not for real.

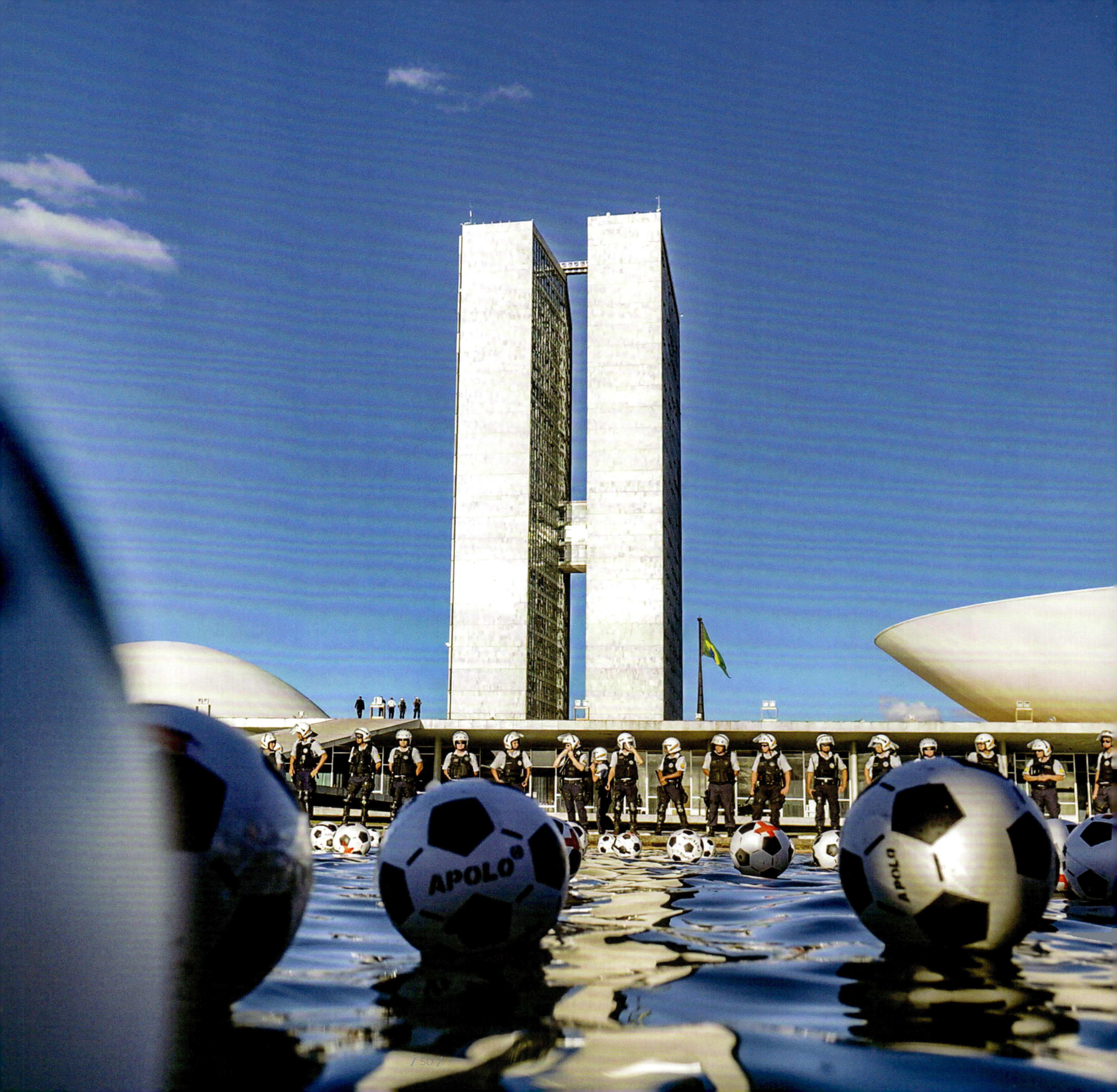
APOLO
APOLO

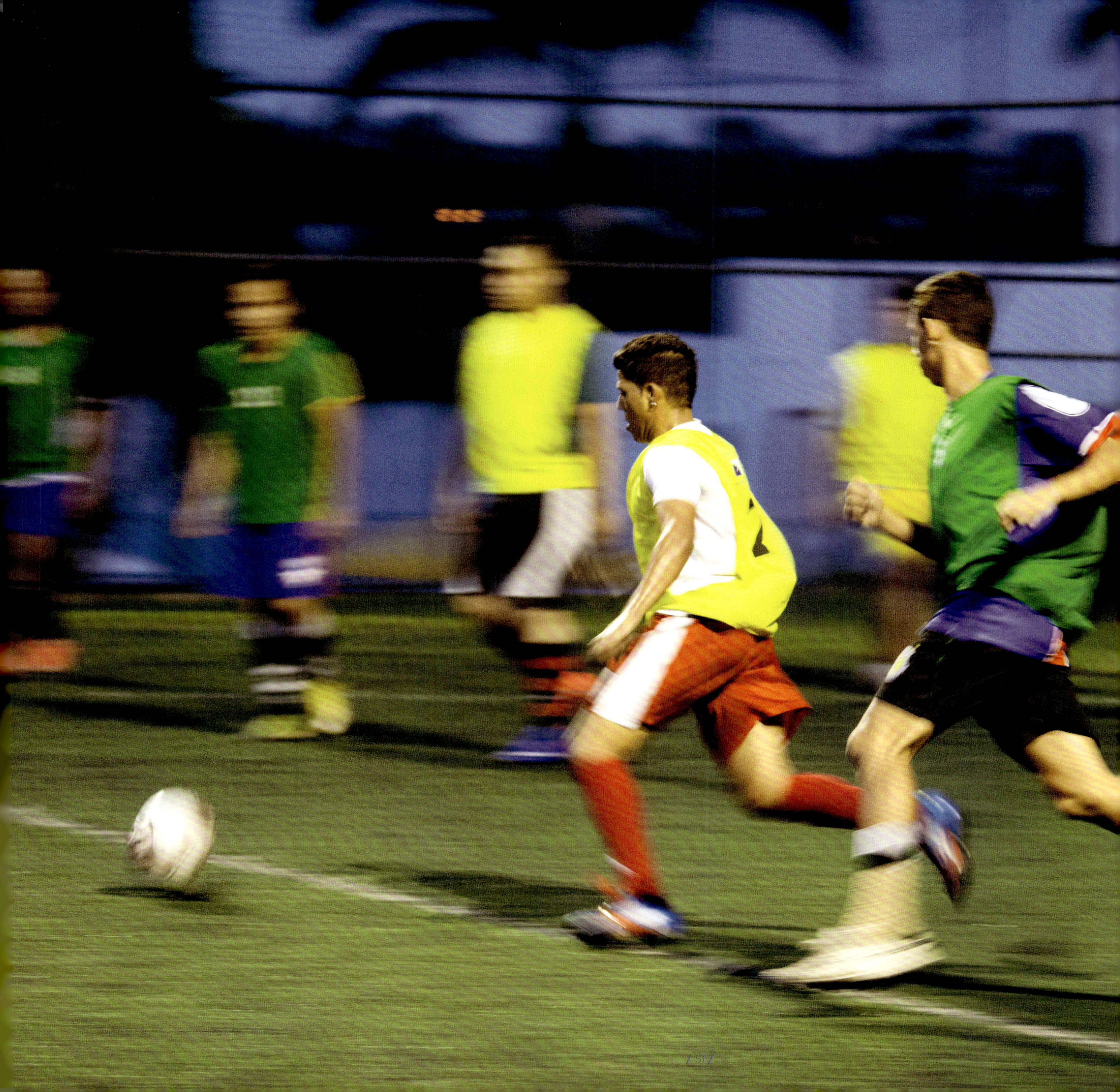

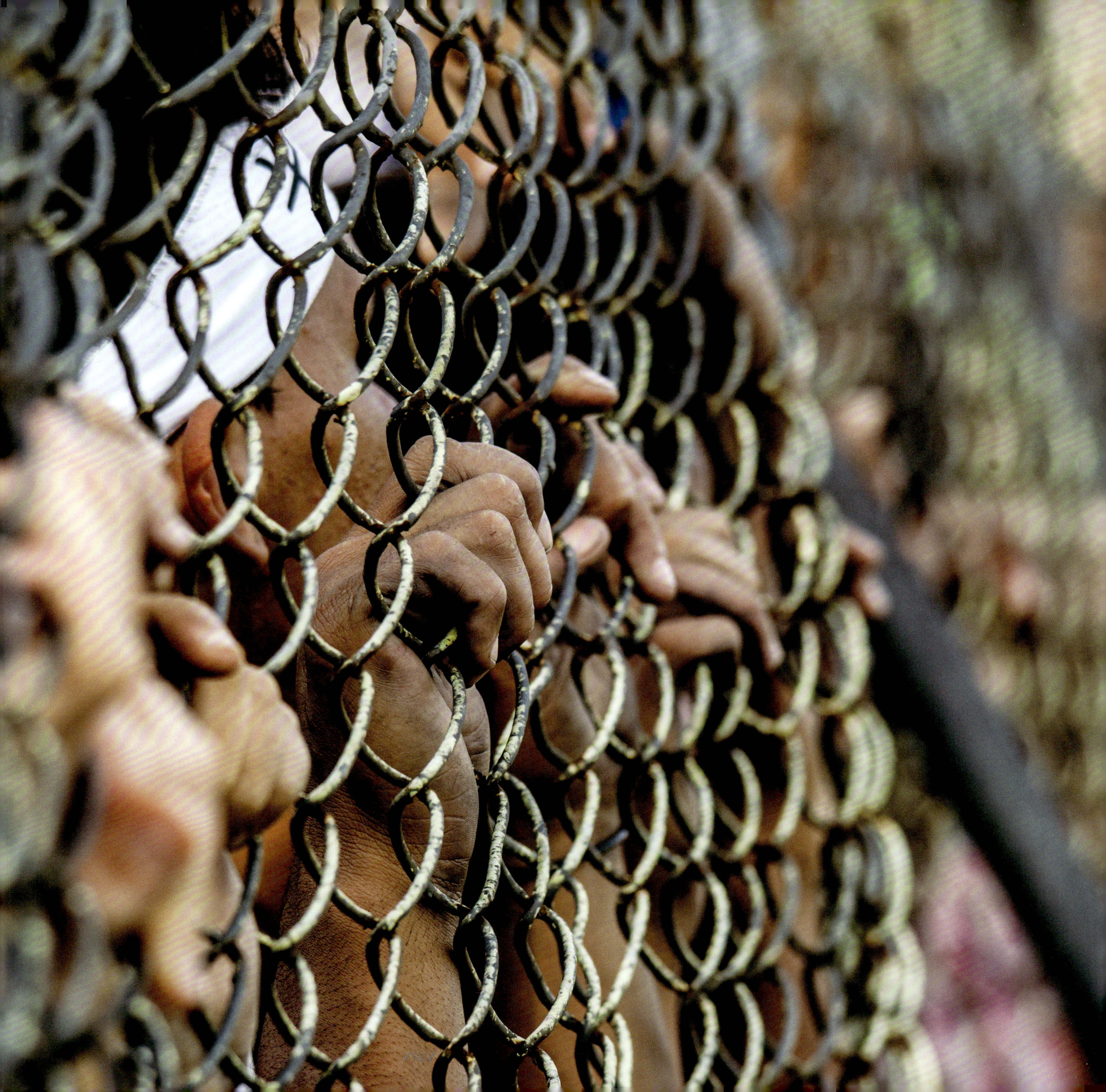

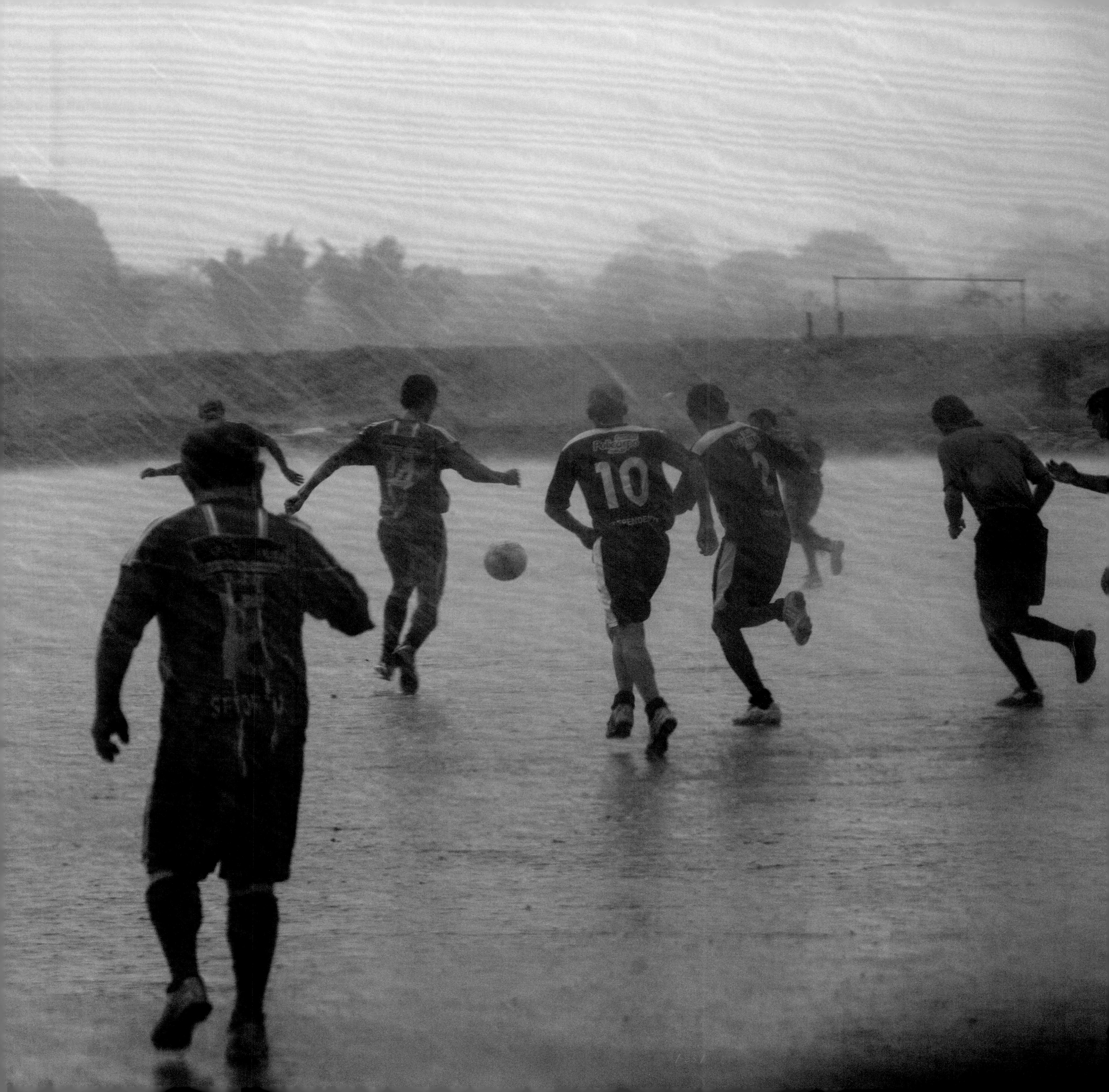
10

/54/

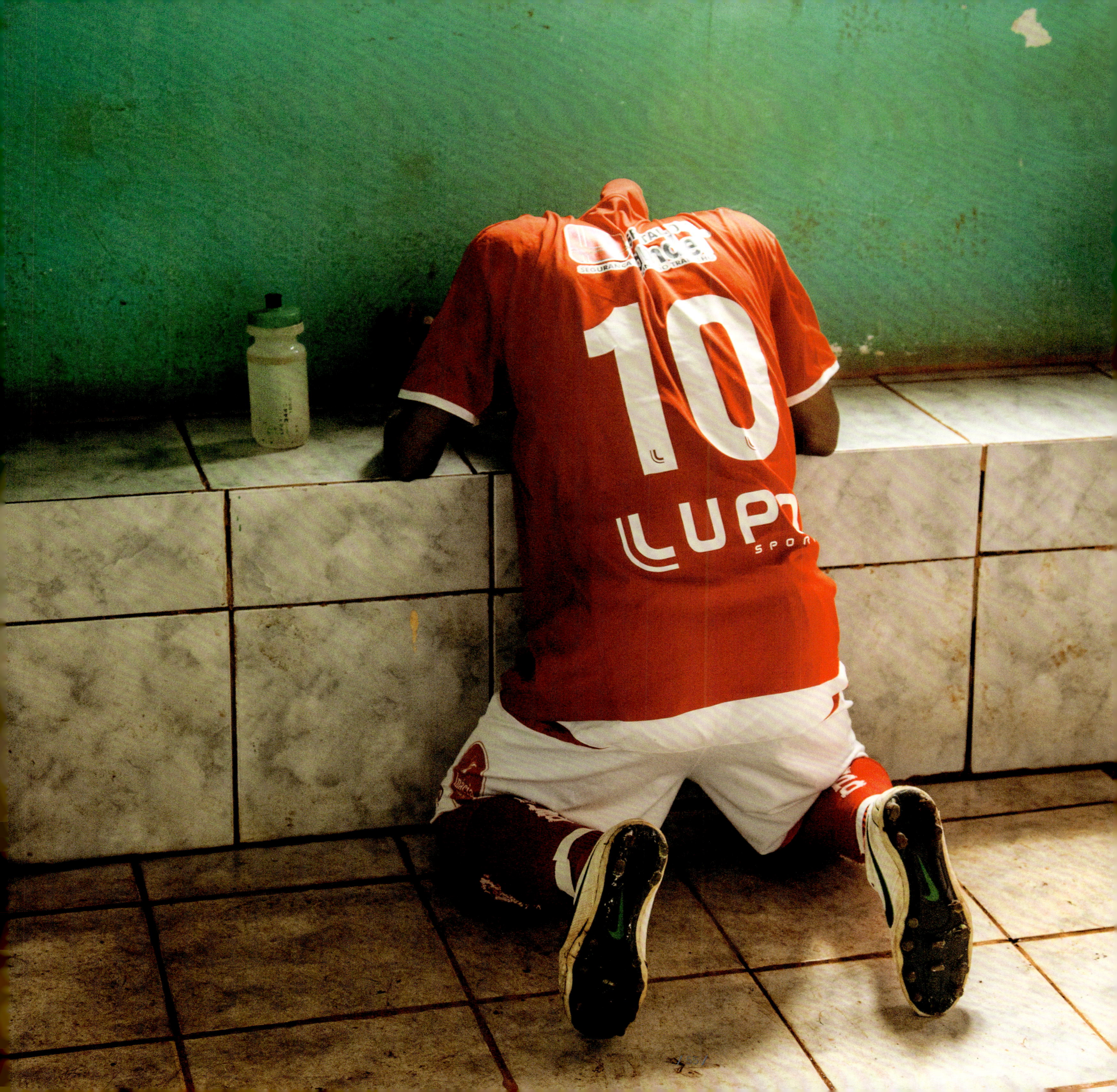
10

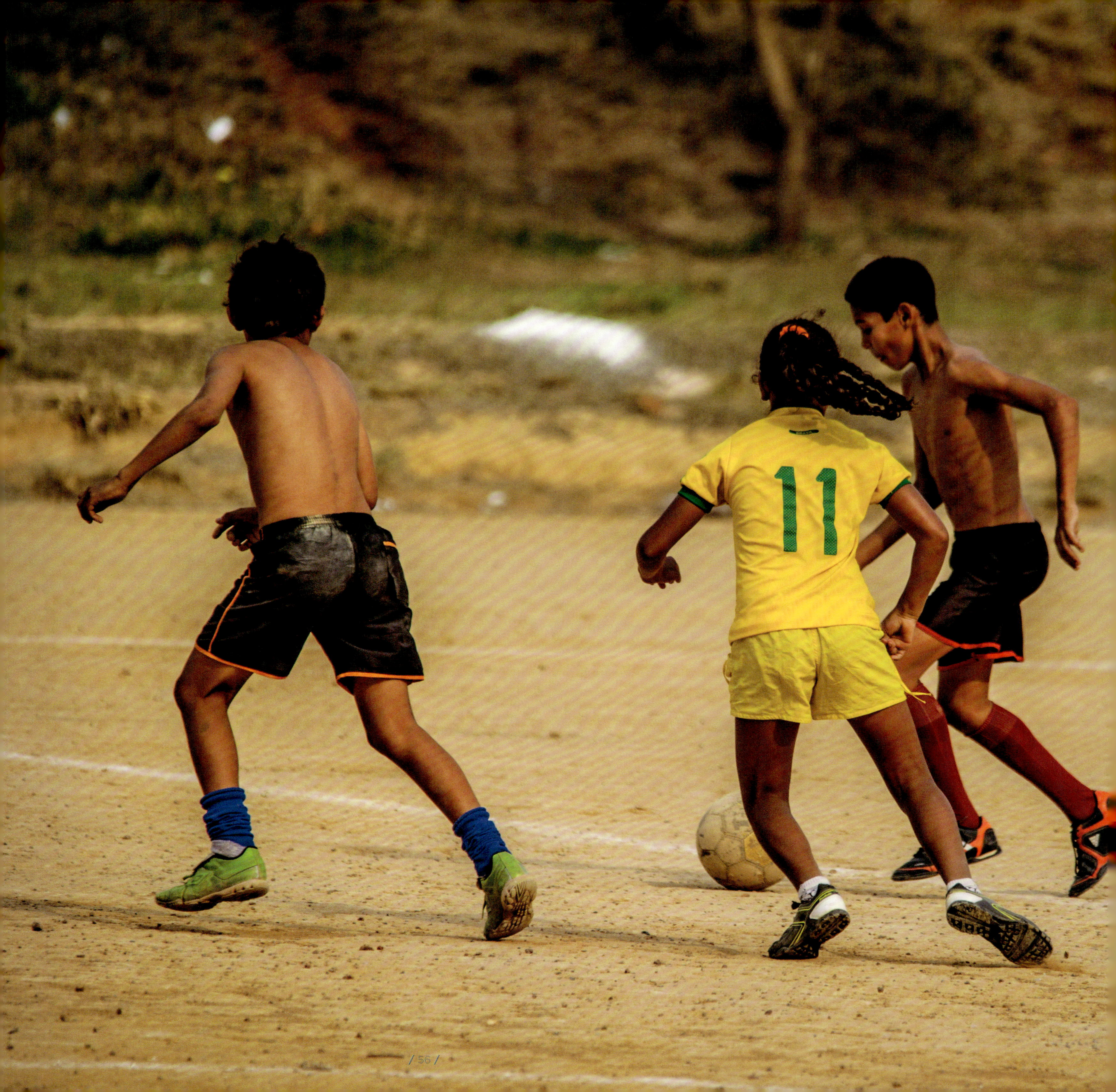
11

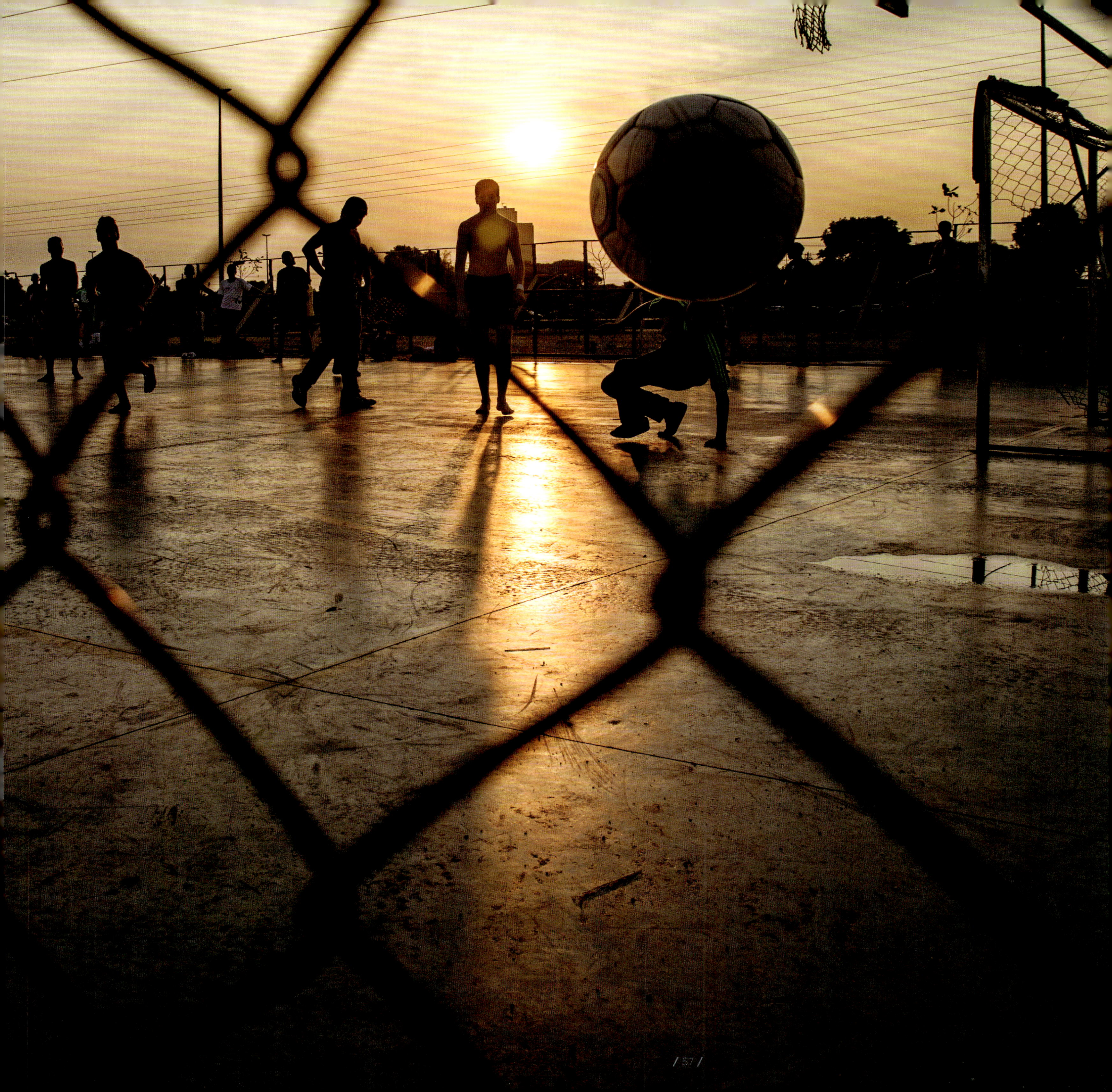

O4

/59

DIVISÃO QUE ESVAZIOU OS ESTÁDIOS

A DIVISION WHICH EMPTIED STADIUMS

TUDO COMEÇOU COM O PADRE

IT ALL STARTED WITH THE PRIEST

O padre Antonio Malan foi o responsável pela introdução do futebol em Mato Grosso. Em 1902, ele levou a primeira bola ao Estado, depois de regressar de uma viagem a São Paulo. Com o tempo, a nova modalidade foi ganhando adeptos até que os primeiros clubes surgiram – principalmente entre 1911 e 1915 –, como Paulistano, Royal, Americano, Internacional e Cuiabá Esporte Clube.

A Federação Mato-Grossense de Futebol foi fundada em 26 de maio de 1943 e contou com a filiação de Mixto, Dom Bosco, Americano, Liga Esportiva de Corumbá e Liga Mirandense, entre outras ligas. O primeiro presidente da entidade, Alexandre Arddor Filho, elaborou o estatuto oficial. Ainda amador, o primeiro campeonato organizado pela Federação foi realizado no mesmo ano e teve como vencedor o Paulistano.

Na década de 1970, o ponta-direita Adavilson, do Mixto, era considerado um grande talento no Estado. Apelidado de Pelezinho, tinha um chute muito forte e chegou a marcar um gol olímpico contra o Vasco. Adavilson foi contratado pelo Internacional de Porto Alegre e, ao retornar a Cuiabá para rever a família, morreu em um acidente de carro.

A Arena Pantanal, que será uma das sedes da Copa, chamava-se Estádio Governador José Fragelli, o Verdão. Foi inaugurado em 1975 com um amistoso entre o Fluminense e uma seleção estadual. O Tricolor do Rio de Janeiro, que tinha Rivelino, venceu por 2 a 0. Em 2010, o Verdão foi demolido para dar lugar à nova arena.

Father Antonio Malan was responsible for the introduction of football in Mato Grosso. In 1902, he brought the first ball to the state, after returning from São Paulo. The new modality started to gain supporters and the first clubs emerged, mainly between 1911 and 1915. Paulistano, Royal, Americano, Internacional and Cuiabá Esporte Clube were the first clubs to be founded.

The Mato-Grossense Federation of Football was founded on May 26th, 1943 and had as members Mixto, Don Bosco, Americano, Liga Esportiva de Corumbá and Liga Mirandense, among other teams. The first president of the organization, Alexandre Arddor Filho, prepared the first official bylaw. Still amateur, the first championship organized by the federation was held in the same year and was won by Paulistano,

In the 1970s, the Mixto's right-winger Adavilson was considered a great talent in the state. Nicknamed Pelezinho, he had a strong kick and even scored an Olympic goal against Vasco. Adavilson was hired by Internacional of Porto Alegre and when he was returning to Cuiabá to see his family, died in a car accident.

Arena Pantanal, which will be one of the World Cup venues, was named Governador José Fragelli, the Verdão. It opened in 1975 with a friendly match between Fluminense and the state selection. The Tricolor from Rio de Janeiro, where Rivelino was playing, won 2-0. In 2010, Verdão was demolished to make way for the new arena.

RAÍZES
ROOTS

Em 1952, o Estádio Presidente Eurico Gaspar Dutra ficou pronto. A solenidade de inauguração teria a presença do próprio presidente, que, ao ver que a obra não estava igual ao projeto que lhe foi apresentado – um mini-Maracanã –, recusou-se a participar da festa e voltou para o Rio de Janeiro. Durante a construção da Arena Pantanal, o "Dutrinha" passou a ser usado novamente.

In 1952, President Eurico Gaspar Dutra Stadium was ready. The opening ceremony would have the presence of the president himself, but when he saw that the stadium was not equal to the project that had been presented to him - a mini Maracanã - refused to join the party and returned to Rio de Janeiro. During the construction of Arena Pantanal, the stadium called "Dutrinha" began to be used again.

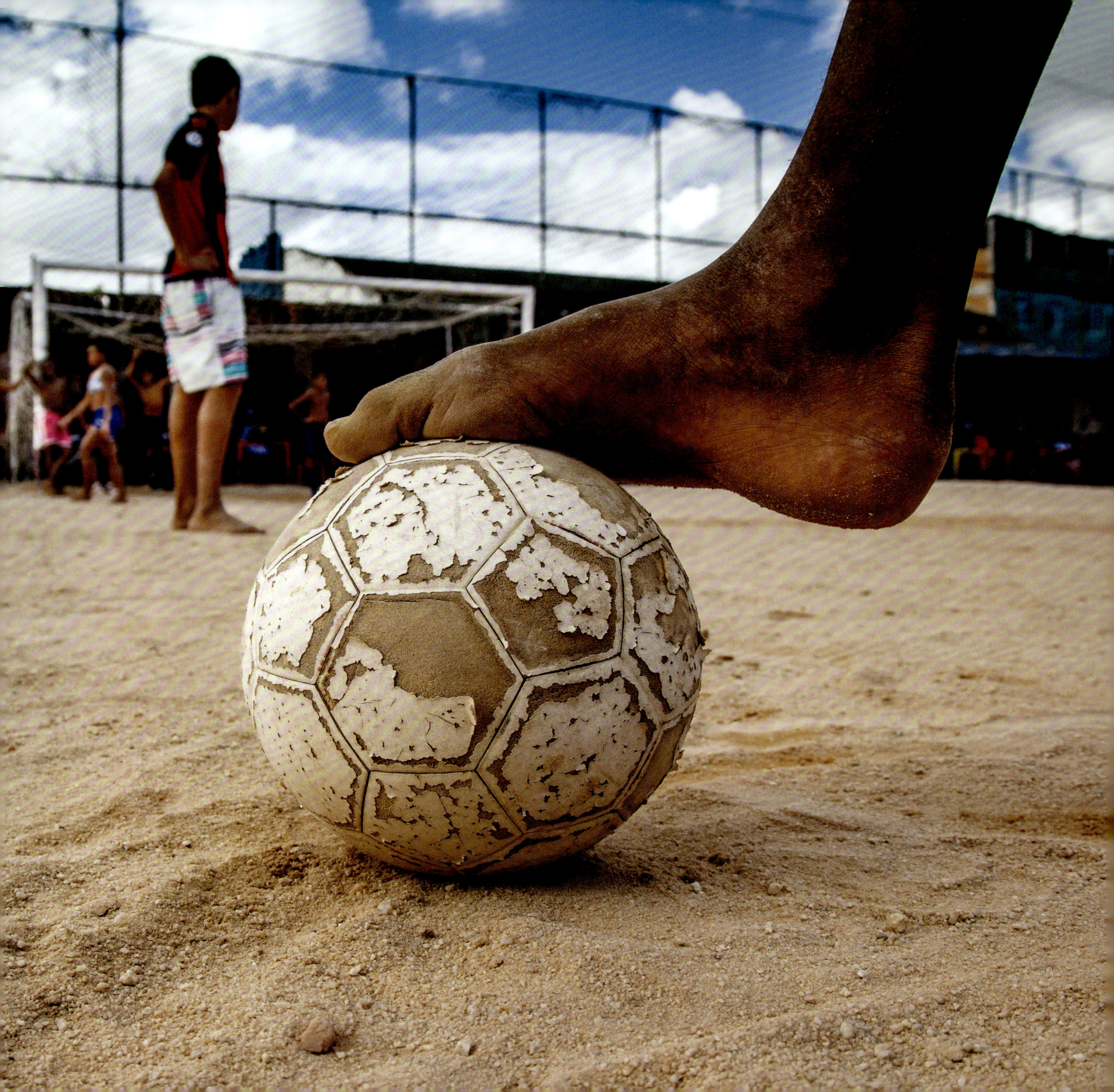

MITO
MYTH

LUVERDENSE E CUIABÁ, AS EXCEÇÕES

A história do futebol de Mato Grosso pode ser contada em dois capítulos bem distintos: antes e depois da divisão do Estado, no fim dos anos 1970. Com isso, o esporte acabou entrando em declínio, uma vez que os dois campeonatos ficaram sem recursos. Em 1977, por exemplo, o Operário de Campo Grande era um time forte e chegou em terceiro lugar no Campeonato Brasileiro, tendo como destaque o goleiro Manga. Após a divisão, porém, nunca mais um representante mato-grossense projetou-se dessa maneira no cenário nacional.

O Mixto e o Operário de Várzea Grande são os clubes mais tradicionais e de maior torcida de Mato Grosso. Mas isso não tem adiantado muito, porque as médias de público do campeonato local vêm sendo irrisórias. Os problemas são tão grandes que o Dom Bosco, que disputou o Campeonato Brasileiro na década de 70, desativou sua equipe há cinco anos e só agora tem planos de voltar aos campos.

Os clubes vivem uma situação financeira muito difícil, com exceção do Luverdense, de Lucas do Rio Verde, e do Cuiabá. O Cuiabá existe há apenas dez anos e é comandado pela família Dresch. Já conquistou um tricampeonato, é bem administrado, paga os salários em dia, dispõe de centro de treinamento e almeja chegar à Série B do Campeonato Brasileiro.

A ascensão do Cuiabá força alguns rivais a tentar crescer também. O Luverdense montou uma boa base. Foi campeão estadual em 2013 e conseguiu um resultado histórico na Copa do Brasil ao vencer o Corinthians em casa por 1 a 0, em agosto. No jogo de volta, no Pacaembu, perdeu por 2 a 0, mas vendeu caro a eliminação para o Timão.

LUVERDENSE AND CUIABÁ, THE EXCEPTIONS

The history of football in Mato Grosso can be told in two distinct chapters: before and after the division of the state in the late 1970s. That's why the sport started to decline. The two leagues were without resources. In 1977, for example, Operário de Campo Grande was a strong team and came in third place in the Brazilian Championship, having as highlight the goalkeeper Manga. After that, no team of Mato Grosso has projected itself in the national scenario.

Mixto and Operário de Várzea Grande are the most traditional clubs and with the biggest fan club in Mato Grosso. But it does not help much, because the number of people attending the games has been few. The problems are so many that Don Bosco, who played the Brazilian Championship in the 70's, deactivated his club five years ago and only now has plans to return to the fields.

The clubs are facing financial problems, with the exception of Luverdense, Lucas do Rio Verde and Cuiabá. Cuiabá was founded ten years ago and it is administrated by the Dresch family. It has already won a state championship three times, it is well administrated and pays wages regularly. It has a training center and it's looking forward to winning the Brazilian Championship - Série B.

The rise of Cuiabá forces some rivals to grow as well. Luverdense built a good structure. It was state champion in 2013 and achieved a historic result in Copa do Brasil, after beating Corinthians by 1-0 in August. In the second match in Pacaembu, it lost 2-0, in a difficult game.

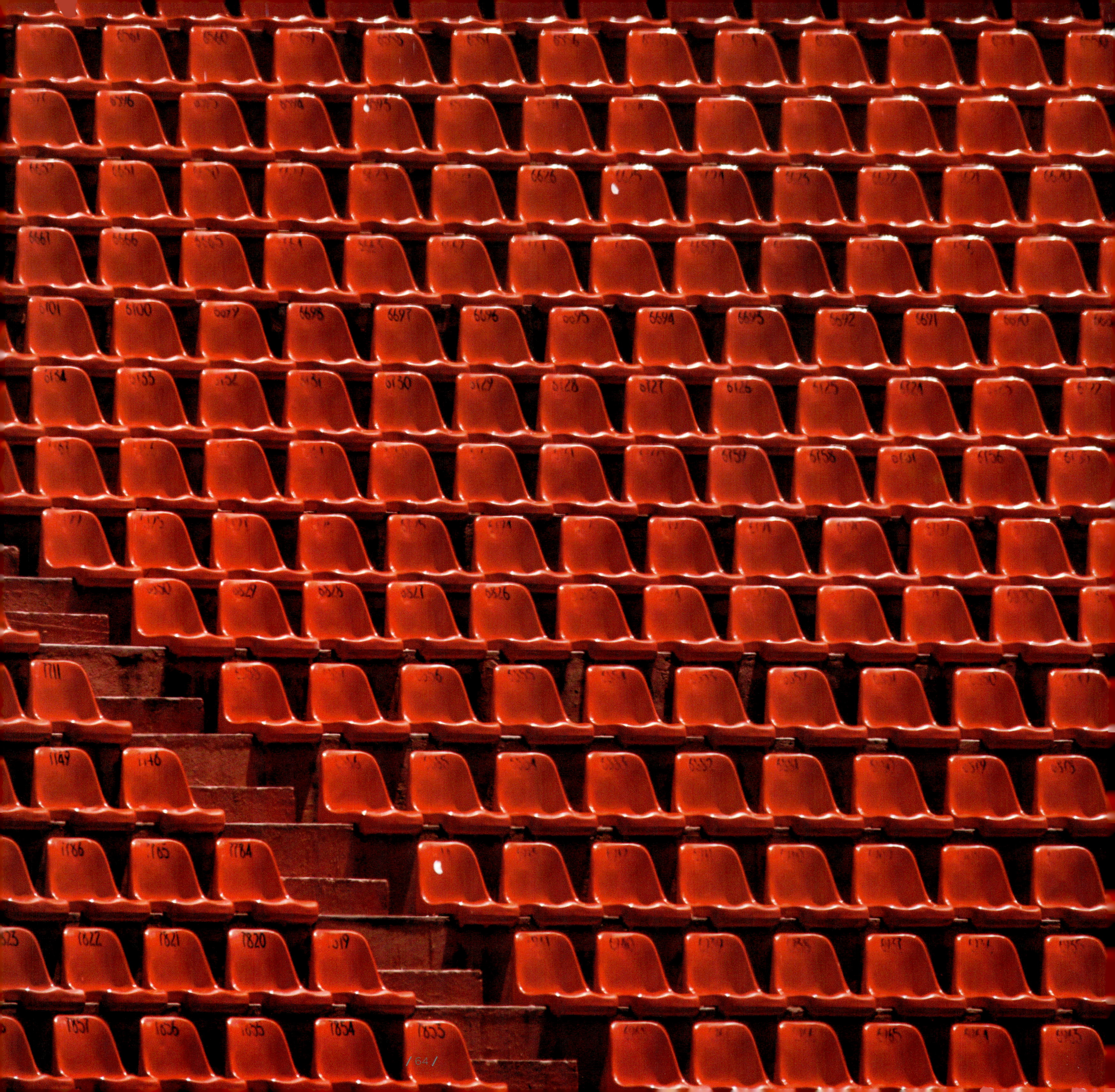

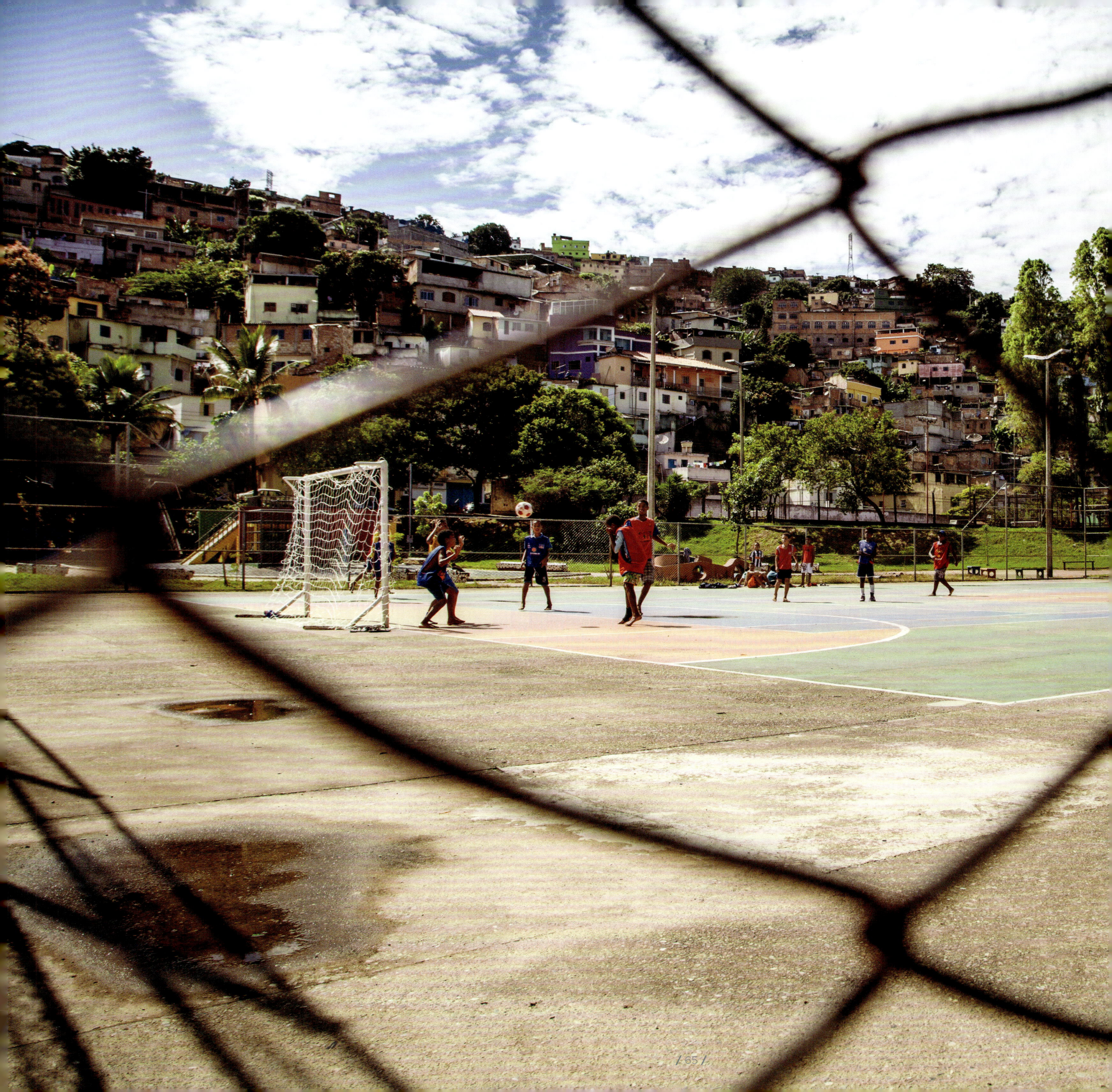

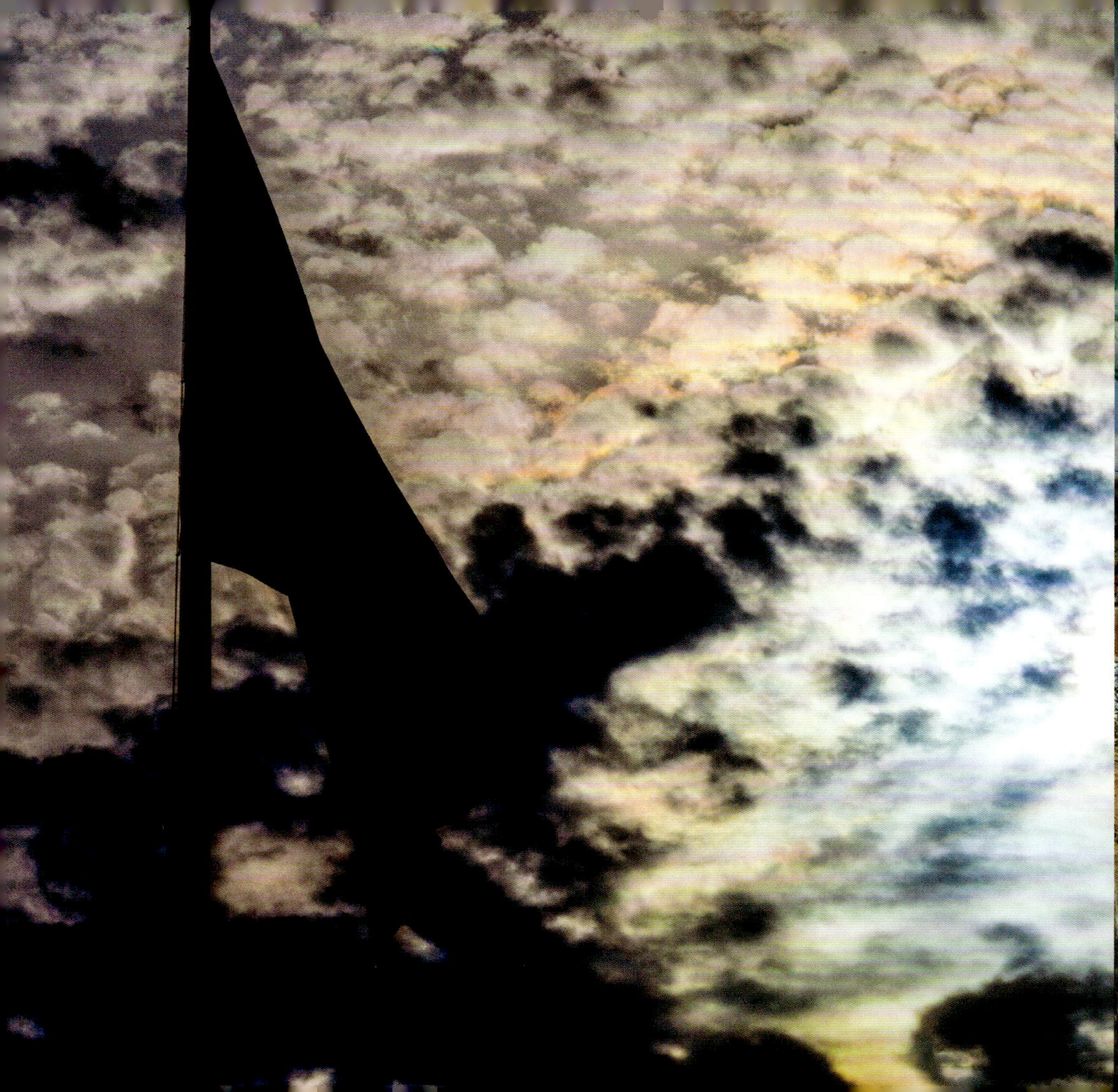
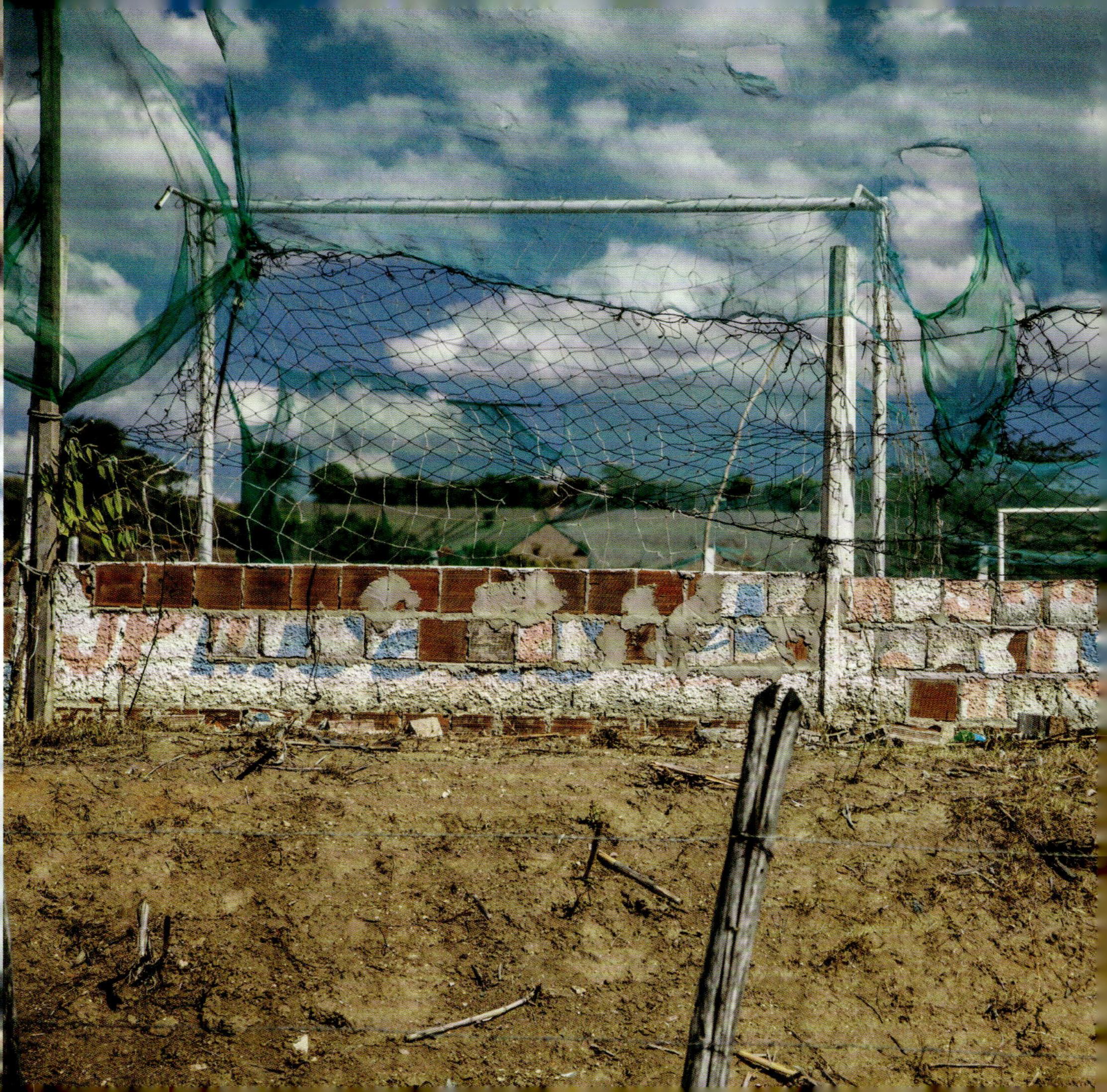

/ 67 /

O5

MINAS GERAIS
ESTÁDIO MINEIRÃO

Pág. 69

DISPUTA ENTRE GALOS E RAPOSAS

A DISPUTE BETWEEN ROOSTERS AND FOXES

FUTEBOL COMO OPÇÃO DE ENTRETENIMENTO
FOOTBALL AS AN ENTERTAINMENT OPTION

O começo do futebol em Minas Gerais confunde-se com a fundação dos primeiros clubes do Estado. Em 1903, o estudante carioca de direito Vitor Serpa foi passar uma temporada em Belo Horizonte e ajudou a organizar atividades culturais para a população. Ele notou que as opções de entretenimento eram poucas e se lembrou do futebol, esporte que havia conhecido na Suíça.

No ano seguinte, Serpa e alguns amigos formaram o Sport Club Foot-Ball. O primeiro campo para a prática da atividade foi construído perto da antiga estação da Central do Brasil. A partida foi disputada entre os dois quadros do Sport: um comandado por Vitor Serpa e o outro por Oscar Americano. O de Serpa venceu por 2 a 1.

A novidade agradou aos jovens estudantes da cidade, que não demoraram para fundar o Plínio Futebol Clube

The beginning of football in Minas Gerais intertwines with the foundation of the first clubs in the state. In 1903 a law student from Rio de Janeiro, Vitor Serpa, spent some time in Belo Horizonte and helped organize cultural activities for the population. He noticed that entertainment choices were few and remembered the football, which was known in Switzerland.

The following year Serpa and some friends formed Sport Club Foot-Ball. The first field was built near an old station called Central do Brasil. The match was played between the first and the second team of Sport: one led by Vitor Serpa and the other by Oscar Americano. Serpa's team won 2-1.

The novelty pleased the young students of the city that did not take long to found Plínio Futebol Clube and

e o Club Atlético Mineiro, que não era o "Galo forte e vingador" de hoje. Um campeonato chegou a ser organizado, mas sem êxito porque os estudantes entraram em férias e a empolgação esfriou. Alguns jovens perseveraram, e o desejo de organizar os jogos motivou um grupo de colegas a criar o Clube Atlético Mineiro, em 1908.

Em 1910, nasce o Yale Athletic Club, fundado pelo inglês Adolf Halley. O clube disputou campeonatos até 1920, quando um desentendimento levou diretores e jogadores a formar a Societá Sportiva Palestra Itália. Em 1913, um grupo de alunos do Gymnasium Anglo-Mineiro levou adiante a intenção de fundar um clube: nascia ali o América.

O primeiro campeonato foi realizado em 1914, com a participação de Atlético, América e Yale. Deu Atlético Mineiro. Em 1915 foi fundada a Liga Mineira de Esportes Atléticos, que, já naquele ano, organizou o primeiro campeonato de Belo Horizonte, com a presença de Atlético Mineiro, América, Yale, Higiênicos e Cristóvão Colombo. A partir dali, o embrião lançado por Vitor Serpa não parou mais de crescer.

Club Atlético Mineiro, which was not, by that time, the strong and avenger 'Galo'. A league was organized, but without success because students would go on vacation and the excitement would cool off. Some young people persevered and the wish to organize the games led a group of colleagues to create Clube Atlético Mineiro in 1908.

In 1910 Yale Athletic Club was born, founded by an English guy called Adolf Halley. It competed in championships until 1920, when a disagreement led directors and players to form Societá Sportiva Palestra Itália. In 1913, a group of students from Anglo-Mineiro Gymnasium brought forth the intention of founding a club: América was born.

The first championship was held in 1914 with the participation of Atlético, América and Yale. Atlético Mineiro won it. In 1915 a league called Mineira de Esportes Atléticos was founded and that year the first championship in Belo Horizonte was organized, counting with the presence of Atlético Mineiro, América, Yale, Higiênico and Cristóvão Colombo. From then on, the embryo released by Vitor Serpa has not stopped growing.

CENÁRIO DE MOMENTOS HISTÓRICOS

A necessidade de um estádio maior em Belo Horizonte nasceu depois que a capital foi escolhida como uma das sedes da Copa do Mundo de 1950. A solução foi a construção do Estádio Independência, onde foram realizadas três partidas: Iugoslávia 3 x 0 Suíça, Uruguai 8 x 0 Bolívia e Estados Unidos 1 x 0 Inglaterra.

Em pouco tempo, suas arquibancadas não comportavam mais a presença dos torcedores. Assim, no início da década de 1950, começaram as movimentações para a construção do Mineirão, um projeto para 100 mil pessoas.

A inauguração se deu em 5 de setembro de 1965, na partida entre a seleção de Minas Gerais e o River Plate, da Argentina. Vitória de 1 a 0 para os donos da casa.

Os times mineiros levaram muitas decisões para o novo estádio. Entre 1965 e 1975, o Cruzeiro conquistou nove títulos estaduais com um esquadrão recheado de craques, como Tostão, Dirceu Lopes e Piazza. Já o Atlético Mineiro marcou o retorno aos títulos mineiros em 1978, vencendo seis vezes até 1983.

O Mineirão foi palco de momentos históricos. Em setembro de 1965, como parte da programação de sua inauguração, a seleção brasileira foi representada pelo Palmeiras, chamado na época de Academia, no amistoso contra o Uruguai. O Palmeiras honrou a camisa amarela e ganhou por 3 a 0.

Na decisão do Campeonato Brasileiro de 1977, Atlético e São Paulo fizeram um jogo tenso, que terminou 0 a 0. Nos pênaltis, o Tricolor levou a melhor e ganhou o título. Em 1997, o Cruzeiro faturou a Taça Libertadores da América derrotando o Sporting Cristal, do Peru. Em julho de 2013, foi a vez de o Galo conquistar a América, ao bater o Olímpia do Paraguai no Mineirão abarrotado. É assim que ele estará nas partidas da Copa de 2014, para escrever outros capítulos eletrizantes de sua história.

FORTALEZAS MINEIRAS

Belo Horizonte é o berço do futebol no Estado, onde estão os clubes mais antigos e os de maior expressão no cenário nacional. O Atlético Mineiro foi fundado em 1908, com o nome de Athletico Mineiro Foot-Ball Club. A estreia oficial ocorreu em 1909 contra o Sport Club, na vitória por 3 a 0.

A alteração do nome para o que se conhece hoje ocorreu em 1913. Com a nova denominação, o time disputou seu primeiro campeonato, a Taça Bueno Brandão. Enfrentando América e Yale, o Atlético venceu o torneio invicto.

O apelido de Galo é do fim da década de 1930. Dizem que foi em virtude de um galo carijó imbatível nas rinhas, que ainda não eram proibidas na cidade. O chargista Man-

HISTORICAL MOMENTS

The need for a bigger stadium in Belo Horizonte became essential after the capital had been chosen as one of the venues of the 1950 World Cup. The solution was to build the Independência Stadium, where three matches happened: Yugoslavia-Switzerland (3-0), Uruguay-Bolivia (3-0) and the United States-England (3-0).

Soon its stands became too small for the number of spectators. So, in the early 1950s, a movement began in order to build Mineirão Stadium for 100,000 people.

The inauguration took place on September 5th, 1965, with a match between the national team of Minas Gerais and River Plate from Argentina. The hosts won 1-0.

The teams from Minas Gerais played many decisions in the new stadium. Between 1965 and 1975 Cruzeiro won nine state titles with a team full of stars such as Tostão, Dirceu Lopes and Piazza. Atlético Mineiro restarted winning titles in 1978, obtaining six titles until 1983.

Mineirão Stadium was the stage of historical moments. In September 1965, as part of the program of its inauguration, the Brazilian team was represented by Palmeiras, by that time called Academia, in a friendly game against Uruguay. Palmeiras honored the yellow jersey and won 3-0.

In the decision of the 1977 Brazilian Championship, Atlético and São Paulo played a tense game that ended 0-0. In the penalty shootout, the Tricolor won the title. In 1997 Cruzeiro won Libertadores da América Cup defeating Sporting Cristal from Peru. In July 2013 it was the turn of Galo to win this title, beating Olímpia from Paraguay in a crowded Mineirão. And that's how it's going to be in the 2014 World Cup matches, to write other chapters of its electrifying history.

MINEIRAS FORTRESSES

Belo Horizonte is the birthplace of football in the state where the clubs are the oldest and of high expression in the national scene. Atlético Mineiro was founded in 1908 under the name of Athletico Mineiro Foot-Ball Club. The official debut occurred in 1909 against Sport Club with a 3-0 victory.

Its name change occurred in 1913 and that's how the team played its first championship - the Bueno Brandão Cup. Facing América and Yale, Atlético won the tournament undefeated.

The nickname Galo is from the end of the 1930s. People say that the nickname Galo was given because of an unbeatable rooster that participated in cockfights, which were not banned in the city yet. The cartoonist Mangabeira

---

O cenário da Pampulha se completa com o imponente Mineirão

Pampulha's scenario is completed with the imposing Mineirão

MITO
MYTH

gabeira fez a charge do galo que se popularizou. Mas, entre os torcedores, o apelido pegou de fato no início dos anos 1950.

Seu principal rival nos campos, o Cruzeiro Esporte Clube nasceu como Societá Sportiva Palestra Itália, em 1921. O Palestra Itália se originou da classe operária. Em 1942, o Brasil entrou na 2ª Guerra Mundial e um decreto-lei do governo proibiu o uso de termos relacionados à Itália (país que fazia parte do eixo com Alemanha e Japão) em entidades, instituições e estabelecimentos. O clube passou a se chamar Cruzeiro, em homenagem à constelação do Cruzeiro do Sul.

Em 1912, surgiu o América Futebol Clube, fundado por um grupo de garotos da elite mineira, quase todos estudantes do Gymnasium Anglo-Mineiro. O nome foi escolhido por sorteio, em homenagem aos Estados Unidos da América. Afinal, os jovens eram fascinados pelas histórias contadas por seus professores sobre aquele país. Em 1913, foi fundado o clube Minas Geraes, que teve vida curta. Com isso, a Prefeitura de Belo Horizonte cedeu o campo até então usado pelo Minas ao América, que atingiu a hegemonia mineira de 1916 a 1925, com dez títulos consecutivos.

O AMOR EM AZUL

Dona Salomé não passa pelo Cruzeiro sem que alguém a cumprimente. Além do uniforme azul de trabalho, o chapéu com o escudo e as unhas azuis demonstram o amor da funcionária pelo clube. "Estas cinco estrelas significam muito para mim", emociona-se dona Salomé, cruzeirense há 55 anos e funcionária do clube há 20. Ela faz parte da equipe de limpeza do clube e, apesar da idade, não deixa de trabalhar.

A paixão da torcedora é grande e já fez fama nas arquibancadas do Mineirão. "Lá eu só deixei de assistir a 18 jogos do Cruzeiro. Do resto, fui em todos. Também só faltei em um jogo no Independência e um em Sete Lagoas", contabiliza. As partidas do Cruzeiro já levaram dona Salomé para Goiânia, Brasília, Santos, Rio de Janeiro, São Paulo e Curitiba, entre outras cidades.

Além das roupas e acessórios que carrega, sempre azuis, a marca da torcedora são os bichinhos de pelúcia e bonecas a tiracolo que leva quando vai aos jogos. A boneca que ganhou de presente foi batizada de "Salomezinha", por ter sido confeccionada exclusivamente para a proprietária com as características da verdadeira dona Salomé: cabelos louros compridos levemente ondulados e roupas azuis com o escudo do Cruzeiro. Ela também leva a raposa "Alex Alves" e a boneca "Renata Gaúcha", ambas nomeadas em homenagem aos dois ex-jogadores do Cruzeiro, dos quais ela guarda boas recordações.

made the charge that popularized the nickname. Among the fans the name Galo started to be used in the early 1950s.

Its main rival in the fields was Cruzeiro Esporte Clube which was originated from the working class. It was founded under the name of Societá Sportiva Palestra Itália in 1921. In 1942 Brazil entered the Second World War and a Law prohibited the use of terms related to Italy (a country that was fighting together with Germany and Japan) in entities, institutions and establishments. The club became known as Cruzeiro, named after the constellation of the Southern Cross.

In 1912 América Futebol Clube was founded by a group of boys from the elite of Minas Gerais, almost all of them students of Anglo-Mineiro Gymnasium. The name was chosen in a raffle in honor of the United States. Young people were fascinated by the stories told by their teachers about that country. In 1913 Minas Geraes club was founded, but it had a short live. That's why the government of Belo Horizonte ceded the field used by Minas Geraes to América, which from 1916 to 1925 won 10 consecutive titles.

LOVE IN BLUE

Mrs. Salomé doesn't pass through Cruzeiro without someone greeting her. Besides her blue uniform, a hat with the shield of her beloved team and blue nails show her love for the team she cheers for. "These five stars mean a lot to me". Salomé has supported Cruzeiro for 55 years and has worked for the club for 20 years. She is part of the cleaning staff and despite her age, doesn't want to stop working.

Her passion is special and has made her name famous in the stands of Mineirão. "I couldn't watch only 18 games. I also missed a game in Independência and another one in Sete Lagoas", she accounts. Mrs.Salomé has gone to Goiânia, Brasília, Santos, Rio de Janeiro, São Paulo and Curitiba, among other cities just to watch Cruzeiro's games.

Besides the blue clothing and accessories, her hallmark is the teddy bears and dolls she carries when she goes to the games. One of them, the little Salomé, was a gift made exclusively for her, having her characteristics: long blond hair slightly wavy and blue clothes with the shield of Cruzeiro. She also takes the fox Alex Alves and the doll Renata Gaúcha to the games, both in honor of two former players of Cruzeiro.

In 2013, Mrs. Salomé turns 80. With serenity and a smile on her face she lives for Cruzeiro, a love taught to her son, grandchildren and great-grandchildren.

Em 2013, dona Salomé completa 80 anos. Com a tranquilidade mineira e um sorriso sempre estampado no rosto, leva sua vida no Cruzeiro e para o Cruzeiro, amor que ensinou ao filho, aos netos e também aos bisnetos.

DADÁ, O PRIMEIRO MARQUETEIRO DO FUTEBOL

Em tempos em que os jogadores caminham de mãos dadas com o marketing pessoal, Dario José dos Santos pode ser considerado o pioneiro na arte de se autopromover. Nos anos 1970, Dadá Maravilha, como ficou celebrizado, ganhou notoriedade no mundo do futebol – e também fora dele – por tiradas irreverentes para perpetuar as suas virtudes em campo. "Só três coisas param no ar: helicóptero, beija-flor e Dadá", foi uma das pérolas do ex-atacante, exímio cabeceador.

Dario ficou conhecido pelos gols e pelas frases de efeito. Jogou em muitos clubes brasileiros, deixando sempre sua fama de artilheiro. Além do Galo, defendeu Flamengo, Sport, Internacional, Ponte Preta, Bahia e tantos outros. Foram 16 times em 21 anos de carreira.

Seu primeiro clube de expressão foi o Atlético, pelo qual torce até hoje. Dario resolveu incorporar "Maravilha" ao nome, que se juntou a outros apelidos, como Beija-Flor, Peito de Aço e Rei Dadá. Começou a carreira no Campo Grande, no Rio de Janeiro, mas em 1968 foi para o Atlético Mineiro. A oportunidade de jogar apareceu no ano seguinte.

Dario não era um jogador de técnica refinada. "Sou um perna de pau. Se pedirem para eu fazer três embaixadas, a bola vai cair. Mas, se cruzarem dez bolas para o Dadá, é ruim de ele errar!", dizia, sempre se referindo a si mesmo como se fosse outra pessoa.

Se não tinha muita habilidade, também não perdia um gol. O talento para a artilharia veio com o tempo: marcou 211 vezes com a camisa do Galo. Foi goleador dos Campeonatos Mineiros de 1969 (30 gols), 1970 (16), 1972 (22) e 1974 (24).

Usando a inteligência no lugar dos pés, o atacante passou a estudar melhor os adversários. O segredo de tantos gols, ele revelou somente depois de pendurar as chuteiras. "Quando o cara vai correr, ele sempre leva primeiro a mão direita à frente, e só depois a esquerda. Todo mundo faz isso. Eu procurava correr ao lado do zagueiro, de olho na mão. Quando ele lançava a mão esquerda, eu dava um tapinha nela com minha mão direita. É certo que o adversário ia se desconcentrar, perder a passada e o lance. Ninguém percebe esse macete, pois todos ficam olhando para a bola", contou.

Além dos inúmeros gols na carreira, Dadá ficou conhecido pelas frases. A de que parava no ar foi apenas uma delas. "Para toda problemática, eu sou a solucionática", "Não existe gol feio, feio é não fazer gol", "Com Dadá em campo,

DADÁ, THE FIRST MARKETING MAN OF FOOTBALL

In times when the players go hand in hand with personal marketing, Dario José dos Santos can be considered the pioneer in the art of self-promotion. In the 1970s, Dadá Maravilha gained notoriety in the world of football and beyond because of his irreverent comments to perpetuate his virtues in the field. "Only three things hover in the air: a helicopter, a hummingbird and Dadá". That was one of the pearls of this excellent header, a former striker.

Dario was known by the goals and the catchphrases. He played in many clubs in Brazil and has a reputation of top scorer. Besides Galo he played for Flamengo, Sport, Internacional, Ponte Preta, Bahia and many others. It was 16 clubs in 21 years as a striker.

The first expressive club was Atlético and that's the club Dadá has been supporting until today. Dario decided to incorporate the name Maravilhoso but other nicknames were used too, such as Beija-Flor (Hummingbird), Peito de Aço (Chest of Steel) and King Dadá. His career started in Campo Grande, Rio de Janeiro and in 1968 he went to Atlético. The opportunity to play appeared the following year.

Dario wasn't a player of refined technique. "If they asked me to do kick-ups, the ball would fall. But I would not miss a goal!", he said.

He didn't have much skill, but never missed a goal. The talent for artillery came over the time: he scored 211 times with Galo's shirt. He was the main scorer in championships in Minas Gerais in 1969 (30 goals), 1970 (16), 1972 (22) and in 1974 (24).

Using intelligence instead of his feet, the striker started to study better the opponents. The secret of so many goals was revealed only after retiring. "When someone starts running, one always takes the right hand forward and then the left one. Everybody does it. I always tried to run alongside the defender, watching his hand. When he was about to change hands, I would tap him on his left hand. It was sure that the opponent would lose his balance. Nobody realizes this trick because everybody keeps on looking at the ball", he said.

Besides the numerous goals during his career, Dadá became known for his phrases. The one about "hoving in the air" was just one of them. "For every problem, I'm the solution", "No goal is ugly, ugly is not to score", "With Dadá on the field there is no blank score", "The law of the least effort is to use intelligence", "there are two things Dadá can't do: play football and miss goals", are some of his extensive list of phrases. If there was a Brazilian Academy of Letters in football, Dadá would own the number 1 chair.

"Para toda problemática, eu sou a solucionática." Frase célebre de Dadá Maravilha

"For every problematic, I am the solutionatic". Famous sentence by Dadá Maravilha.

não tem placar em branco", "A lei do menor esforço é usar a inteligência", "Tem duas coisas que Dadá não sabe fazer: jogar futebol e perder gols", são algumas da sua extensa lista. Se existisse uma Academia Brasileira de Letras do futebol, Dadá seria dono da cadeira número 1.

FUTEBOL COMO FERRAMENTA SOCIAL

O futebol é uma linguagem universal. Onde houver uma bola, qualquer pessoa saberá o que fazer. É uma ferramenta de socialização e inclusão, possível de ser praticado em qualquer lugar.

E é por isso que o Baixo Bahia Futebol Social escolheu o futebol. Formado na maioria por mulheres, ele nasceu para transformar os espaços públicos de Belo Horizonte em campos abertos para práticas de convívio social. O grupo foi criado em 2011, quando algumas amigas se reuniram no Bar Nelson Bordello, próximo ao Viaduto de Santa Teresa. Lá escolheram o lugar da primeiro jogo, justamente embaixo do viaduto vizinho. O nome é uma inspiração do ponto de encontro: o baixo da Rua da Bahia.

A ideia é manter o caráter de improviso e de rua. Qualquer espaço vira lugar: a praça, o campinho de terra na periferia, a margem do rio, ao lado da fonte na Praça da Estação, e por aí vai. Quem estiver passando por perto e quiser participar, é só chegar.

"O objetivo é compartilhar o espaço das ruas com práticas do não-saber. Não sabemos bem jogar futebol, não sabemos bem como é fazer isso na rua, não sabemos bem quem vamos encontrar para jogar, mas propomos incorporar nossos corpos à cidade por meio de uma bola", explica o técnico, Adriano Mattos. "Seguindo a característica própria dos espaços públicos e a quantidade de jogadores, as marcações dos gols são definidas, o campo mais ou menos acertado e a partida acontece até terminar em comum acordo."

Para cada situação, um campo diferente é adequado ao contexto urbano: um jogo com três times e com três gols ao mesmo tempo, quando são muitos jogadores; primeiro tempo na subida e o segundo na descida, quando a rua for inclinada; duas bolas ao mesmo tempo... O que manda é a criatividade. E muita vontade de fazer a diferença.

FOOTBALL AS A SOCIAL TOOL

Football is a universal language. If there's a ball, anyone knows what to do. It is a tool of socialization, inclusion and can be played anywhere. And that is why Baixo Bahia Futebol Social chose football. Formed mostly by women, it was created to transform public spaces in Belo Horizonte into open fields for the population. The group was created in 2011 when some friends gathered at Nelson Bordello bar, near Viaduto de Santa Teresa.

There they chose the place for the first game, just underneath the overpass. The club's name was inspired in the meeting point: the low part of Bahia Street.

The idea is to maintain a character of improvisation. Any space becomes a field: a square, a small piece of land in the outskirts, the riverbank, beside the fountain in Praça da Estação. Anyone passing through or close by, can participate.

"The objective is to share the space with a practice called 'not-knowing'. We don't know how to play football, we're not sure how to do this in the streets, we don't know who we are going to play with, but we propose to be part of the city through a ball", said the coach, Adriano Mattos". Depending on the characteristic of the space and the number of players, the markings of the goals are defined, the field is established and the match happens up to the moment that everybody agrees to finish the game".

For each situation, a different field is suited to the urban context: when there are many players, three teams play at the same time with three goals, when the road is a slope, in the first half one team play slope down and in the second half slope up. Sometimes they play with two balls ... What is important is creativity and the wish to make a difference.

/ 76 /

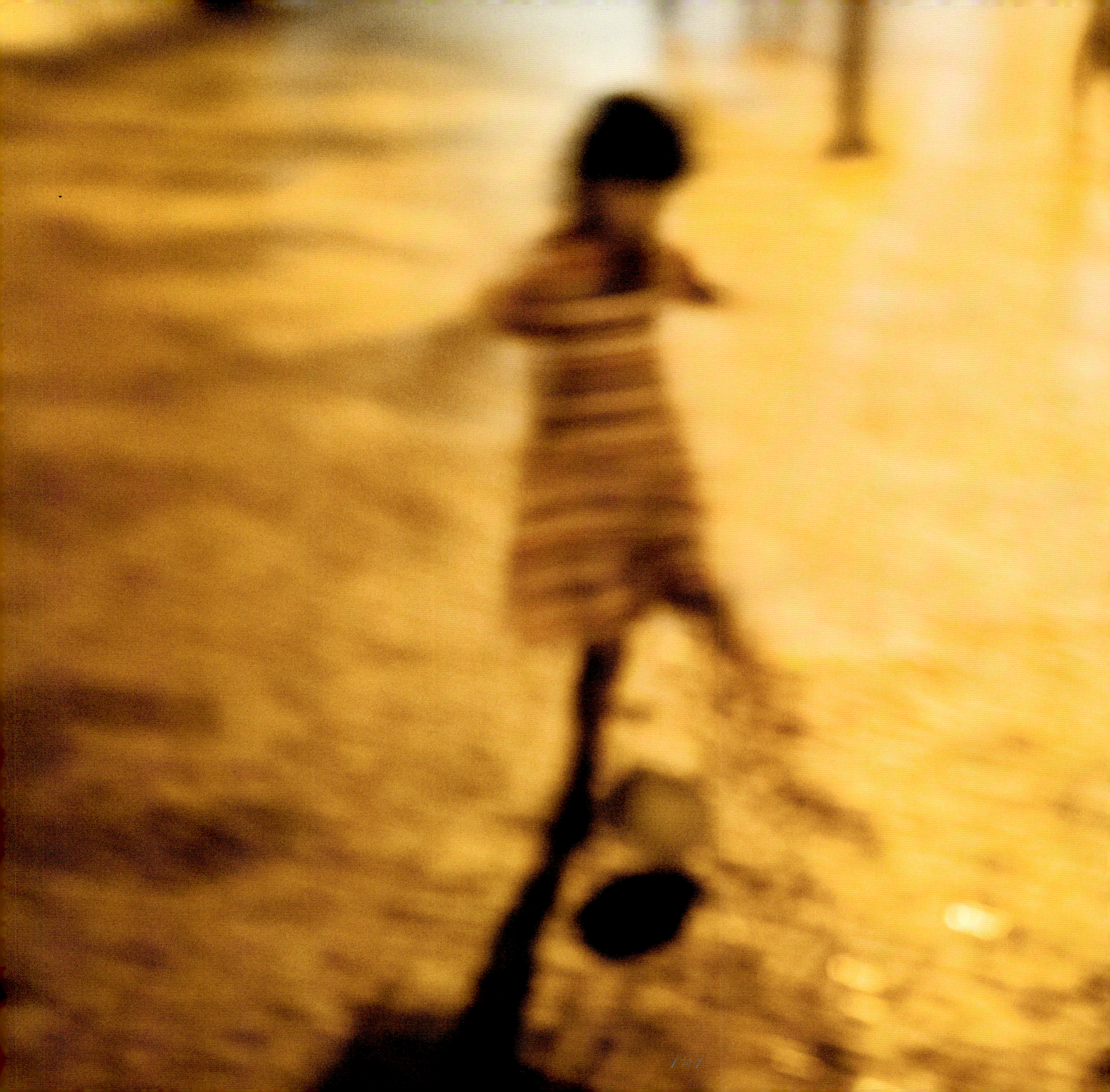

CIDINHO BOLA NOSSA

No futebol existe cada história que custamos a acreditar. Alguns episódios são cômicos, outros nem tanto. Mas em Belo Horizonte, no tempo em que o futebol acabara de se profissionalizar, houve uma personalidade marcante.

Era conhecido como "Cidinho Bola Nossa", apelido do juiz Alcebíades de Magalhães Dias por causa de seu amor pelo Atlético Mineiro. Ele mesmo conta: "Atlético e Botafogo jogavam em 1949. Afonso e Santo Cristo disputavam a bola para a cobrança de um lateral. Quando o beque do Atlético me perguntou de quem era a bola, deixei escapar uma frase que me acompanhou para o resto da vida: 'É nossa, Afonso, a bola é nossa'".

Em outra ocasião jogavam os extintos Sete de Setembro e Asas. Como o Atlético enfrentaria três dias depois o vencedor dessa partida, Cidinho encontrou uma maneira de cansar o futuro adversário do Galo: deixou a bola rolar por três horas e dez minutos! Isso mesmo, Bola Nossa deu inacreditáveis cem minutos de acréscimo, recorde mundial — e para todo o sempre imbatível — em uma partida de futebol.

Cidinho saiu perseguido do estádio várias vezes e chegou a correr risco de vida. Ameaças de linchamento, foram ao menos 15. Em uma delas, em um jogo do Atlético contra o Metalusina, marcou um pênalti aos 41 minutos do segundo tempo – a favor do Galo, é claro. Só que a falta foi cometida uns 10 metros antes da meia-lua da grande área.

CIDINHO OUR BALL

There are so many stories about football that sometimes it is hard to believe in some of them. Some episodes are comical, others not so much. But in Belo Horizonte in the time that football became professional, there was a striking personality.

He was known as "Cidinho Bola Nossa" (Cidinho our ball), nickname of the judge Alcibiades Magalhães Dias because of his love for Atlético Mineiro. He tells: "Atlético and Botafogo played in 1949. Afonso and Santo Cristo were disputing a throw-in. When the defender of Atlético asked me who would take it, I said something that I will regret all my life: "It is our Afonso, the ball is ours".

On another occasion the extinct Sete de Setembro and Asas were playing. As Atlético would face the winner of this match three days after, Cidinho found a way to tire Galo's opponent. He let the ball roll for three hours and ten minutes! That's right! Cidinho added 100 minutes of extra time, a record in a football match.

Cidinho had to leave the stadium in a hurry many times and in some events he even put his life in danger. Threats of lynching were at least fifteen. In one of them, during a game against Atlético Metalusina, he called a penalty at 41 minutes of the second half. It was in favor of Galo, of course. But the foul occurred about ten yards away from the penalty area.

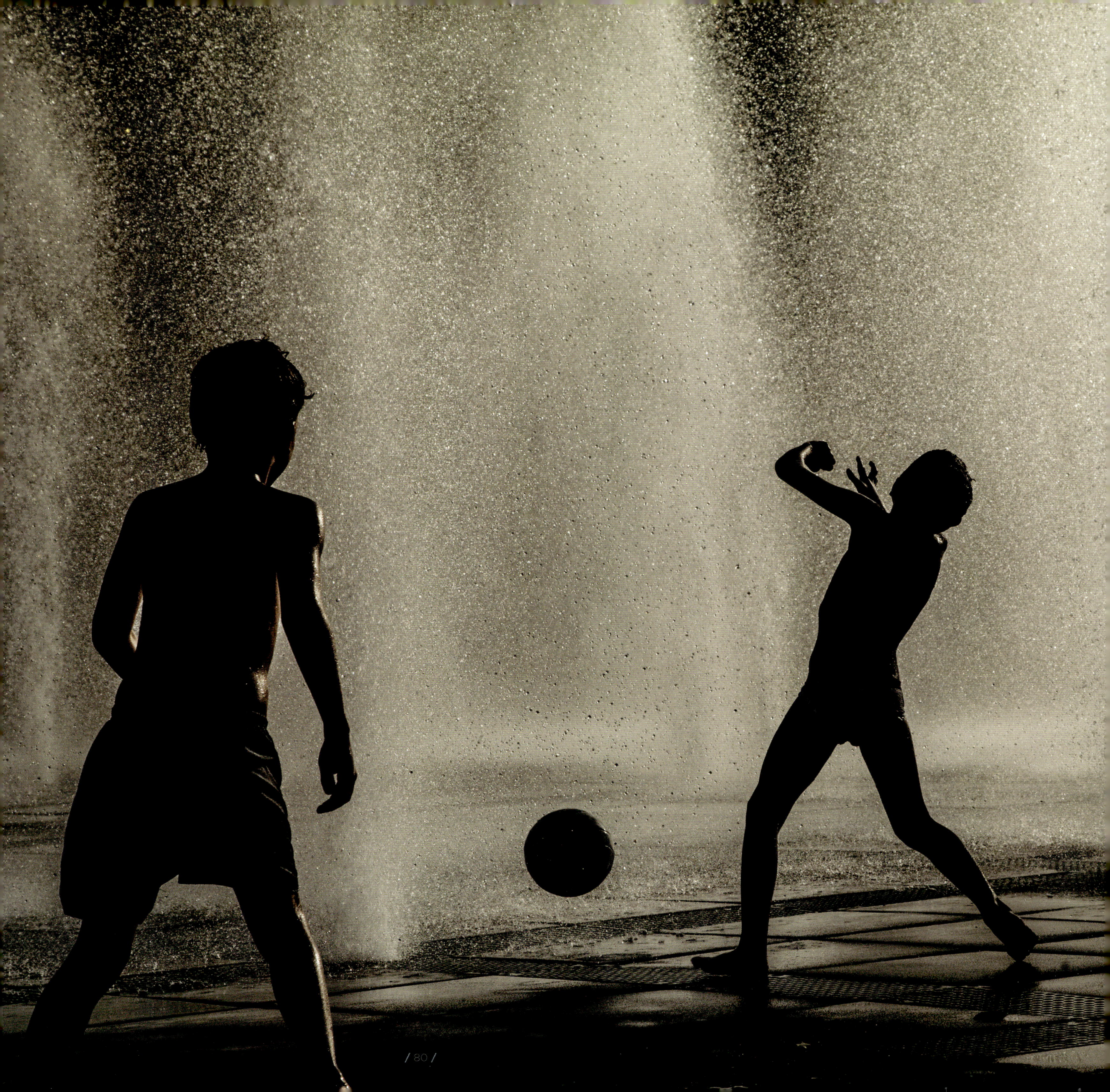

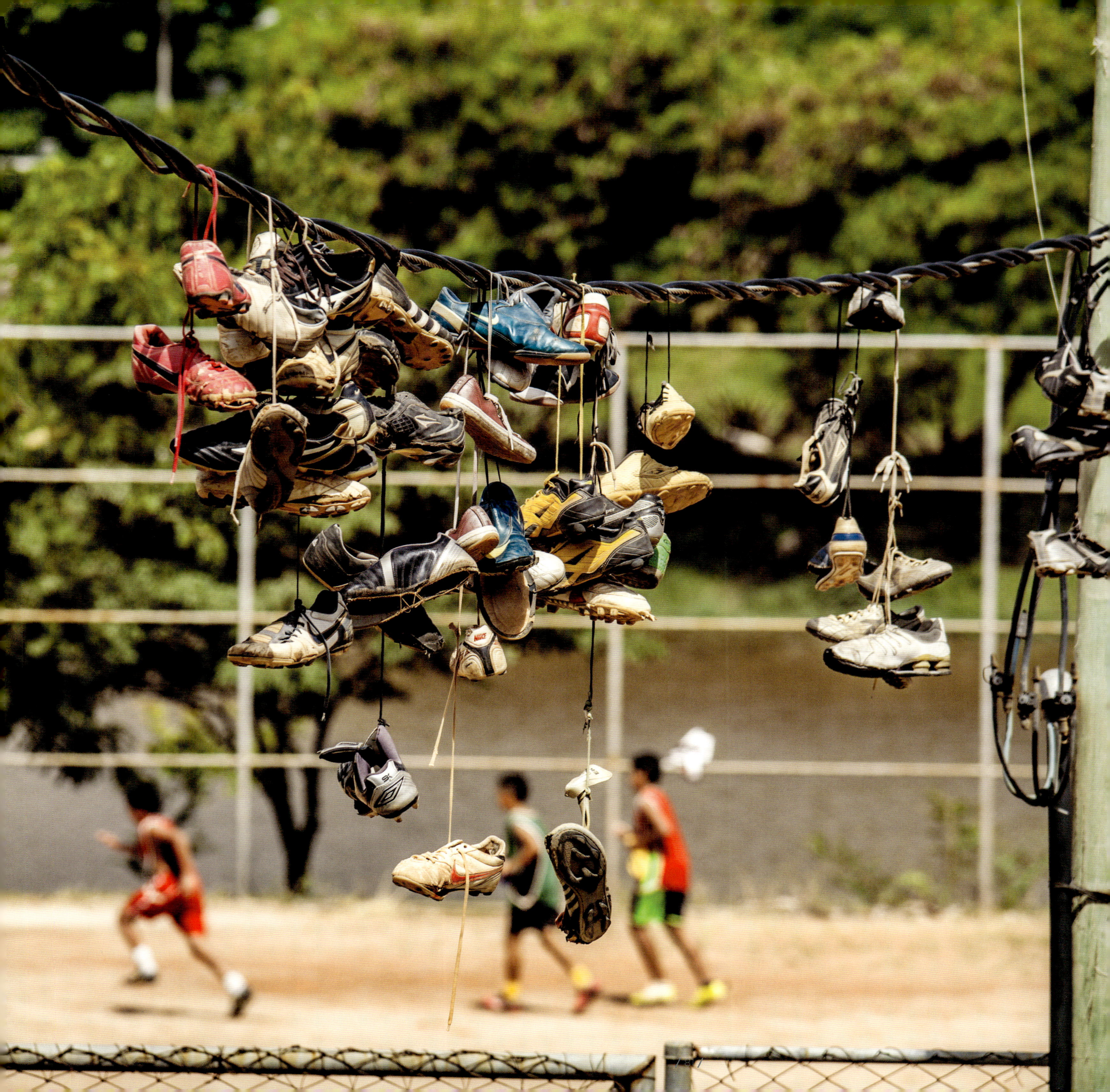

SEM APOIO
WITHOUT SUPPORT

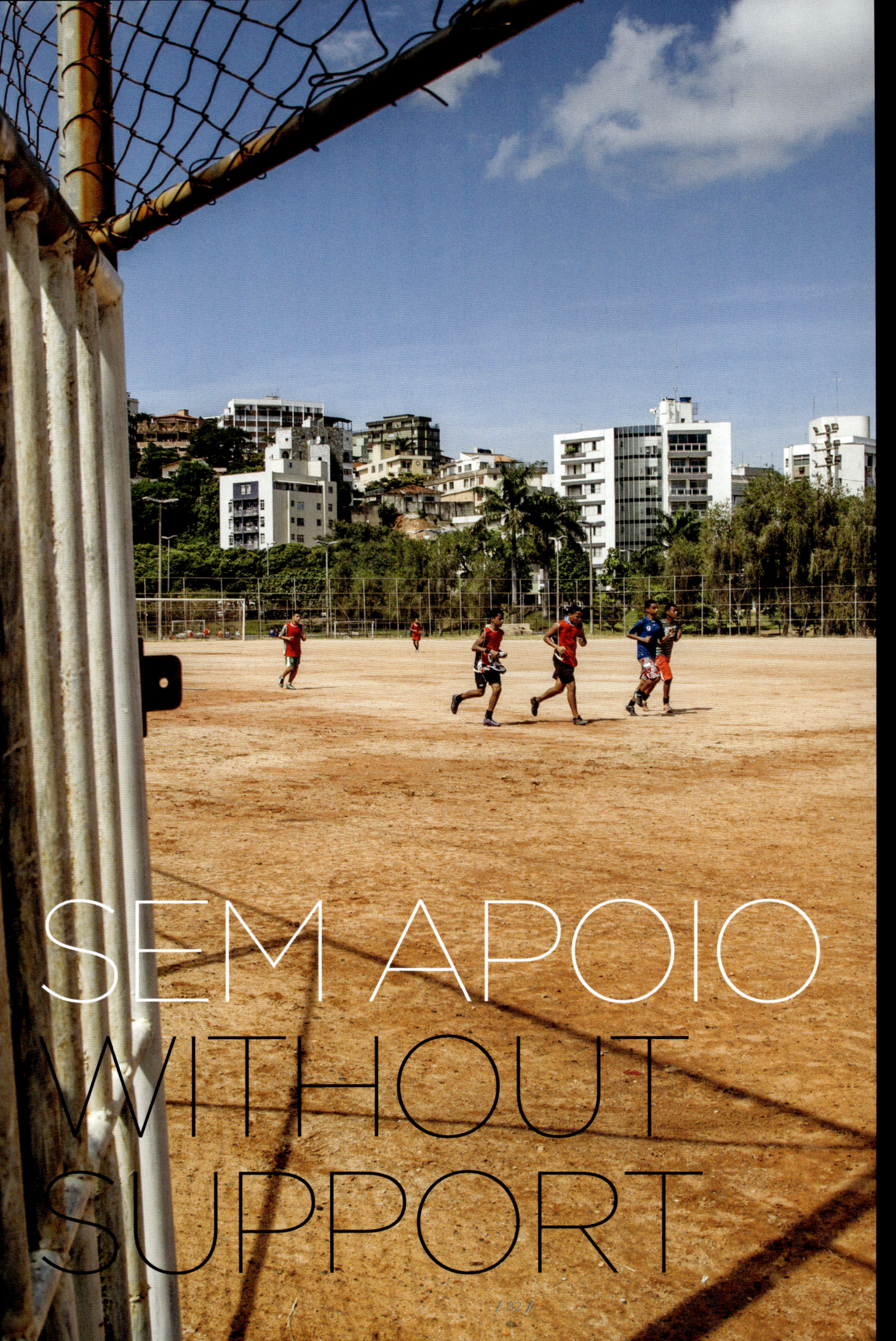

O futebol é amplamente utilizado em diversas regiões do país com o intuito de afastar crianças e jovens da vida do crime. Em Belo Horizonte, no campo da Barragem Santa Lúcia o contraste é grande. De um lado da praça, os prédios luxuosos demonstram a riqueza do bairro. Do outro, impõe-se a comunidade da Barragem, com o aglomerado de casas de classes menos favorecidas. No meio dessas duas realidades, há campos de futebol de terra batida, onde Robertão treina crianças entre 7 e 14 anos.

Morador da comunidade, ele trabalha como porteiro no turno da noite e tem um quiosque ao lado dos campos. São cerca de 80 alunos para as turmas de futebol, treinadas duas vezes por semana. Recebe alguma ajuda? "De ninguém. Eu mesmo mantenho esses meninos aqui,, para não caírem na bandidagem", afirma.

Além de técnico, virou pai de todos eles. Orienta, dá conselho, acompanha o desenvolvimento na escola. Os treinos são divididos em condicionamento físico e com bola. Em dia de treino físico, a criançada reclama, mas Robertão não dá mole. "Daqui eles voltam para casa, tomam banho e vão para a escola. Quem frequenta a escola de manhã vem treinar à tarde", explica.

Mas o campo da Barragem também é utilizado por um grupo de futebol feminino adulto. As meninas passam pelas mesmas dificuldades, a mesma falta de apoio. Segundo as atletas, a ajuda, quando existe, vem de pequenos comerciantes da região. "Ninguém nos acompanha. Acham que o futebol feminino não tem retorno", desabafa uma das jogadoras.

O técnico Adelmo Mendes Campelo, conhecido como Hulk, faz o que pode por elas e não desiste dos treinamentos. "Mas é difícil. Algumas meninas residem em cidades vizinhas e não têm dinheiro para a condução. Às vezes me ligam para dizer que até têm dinheiro para vir, mas não para voltar pra casa", relata, expondo uma cruel radiografia do lado mais desassistido do futebol.

Football is widely used in various regions of the country to get children and young people out of crime. In Belo Horizonte, in the area of Barragem Santa Lúcia, contrast is huge. On one side of the square, luxurious buildings show the wealth of the district. On the other side, there is the community of Barragem, with thousands of low class houses. And in the middle of these two realities there are soccer fields where Robertão coaches children between 7 and 14 years old.

Resident of the community, he works as a guard at night and runs a kiosk next to the fields during the day. There are about 80 students who are trained twice a week. Help? "From nobody. I keep these boys here to get them out of crime", he says.

Besides being a coach, he became the father of all of them. He guides them, gives advice, follows the development in school. The training is divided into physical and technical. When the training is physical the kids complain, but Robertão doesn't go easy on them. "From here they go back home, take a bath and go to school. Who attends school in the morning comes to the training in the afternoon, "he explains.

Barragem field is also used by the team of adult women. The girls go through the same difficulties: lack of support. According to the athletes help sometimes comes from small traders in the region. "No one supports us. They think that women's football has no return", says one of the players.

Coach Adelmo Mendes Campelo, known as Hulk, does what he can for them and keeps the training going. "But it's hard. Some girls live in other towns and have no money for commuting. Sometimes they call me to say they have money to come, but not to go back home", he says, exposing a cruel side of football.

06

NO RITMO DO FREVO E DA BOLA NO PÉ

TO THE RHYTHM OF FREVO AND FOOTBALL

TEIMOSIA PERNAMBUCANA
STUBBORNNESS IN PERNAMBUCO

A história do futebol pernambucano começou seguindo o exemplo de quase todo o resto do país: jovens de famílias abastadas que foram para a Europa estudar e voltaram com a bola na bagagem.

No Recife, o responsável por apresentar a nova modalidade foi Guilherme de Aquino, no início dos anos 1900. De imediato, ele buscou apoio no Clube Náutico Capibaribe, que já se destacava no remo, mas que não abraçou a ideia de início.

Apesar da negativa, o jovem pernambucano não desistiu. De posse de sua bola trazida da Inglaterra e das regras do novo esporte, bancou o teimoso, reuniu alguns amigos e fundou um clube exclusivamente para o futebol, o Sport Clube Recife, em 1905. A primeira partida ocorreu contra um combinado de funcionários de empresas britânicas instaladas no Recife, o English Eleven. O jogo terminou empatado em 2 a 2.

O sucesso da partida fez com que o esporte fosse, aos poucos, conquistando o público recifense, que passou a dividir a atenção do remo com o futebol. Quatro anos mais tarde, o Náutico também aderiu à modalidade. A partir daí se formou o que é hoje a maior rivalidade do esporte no Recife.

Sport e Náutico não figuraram sozinhos no futebol pernambucano por muito tempo. Em 1914 surgiu outra grande potência, o Santa Cruz Futebol Clube, que, ao lado dos dois rivais, compõe a elite do futebol do Recife.

The history of football in Pernambuco began following the example of the rest of the country: young people from wealthy families who went to Europe to study and returned with a ball in their luggage.

In Recife, the responsible for presenting the new modality was Guilherme de Aquino in the early 1900s. Initially he sought support in Clube Náutico de Capiberibe, which stood out for rowing and didn't embrace the idea in the beginning.

Despite the denial, the young 'pernambucano' didn't give up. Having the possession of his ball brought from England and the rules of the new sport, he gathered some friends and founded Sport Clube Recife in 1905, exclusively for the practice of football. The first match was against English Eleven, a team composed of the staff of British companies installed in Recife. The game ended in a 2-2 draw.

The success of the game made the sport known and football gradually captivated the audience in Recife, which started to pay attention not only at rowing but at football too. Four years later, Náutico also adhered to the modality. From then on the biggest rivalry in football was formed in Recife.

Sport and Náutico were not alone in the football scenario for a long time. In 1914, another major power appeared, Santa Cruz Futebol Clube, which alongside the two rivals, compound the elite of football in Recife.

Mas a história do futebol pernambucano também guarda algumas relíquias, como o Íbis Sport Club, que nasceu no final da década de 1930, sem nunca conquistar um título. Apesar disso, continua em atividade.

But the history of football in Pernambuco also keeps some relics such as Ibis Sport Club, which was founded in the late 1930s without having won a single title. Nevertheless, the team's still in activity.

AS TRÊS POTÊNCIAS DO RECIFE

O Sport Club Recife foi o primeiro clube da capital pernambucana a dedicar-se ao futebol, depois que Guilherme de Aquino reuniu os amigos para o jogo contra o English Eleven. Embora o Sport tenha sido o primeiro clube voltado para o futebol, o Clube Náutico Capibaribe é o mais antigo. Nasceu para a prática de modalidades aquáticas, em 1901, mas se rendeu à novidade em 1909. O embate inaugural Náutico x Sport foi realizado em 25 de julho de 1909 e acabou com a vitória do Alvirrubro por 3 a 1.

O tricolor Santa Cruz também figura entre os maiores clubes da capital. Seu primeiro adversário foi o Rio Negro, em jogo que atraiu um bom público para a época. Afinal, os torcedores foram acompanhar o "time dos meninos". Acostumados a jogar nas ruas, os meninos venceram o Rio Negro por 7 a 0.

Logo o Santa Cruz passou a ser alvo de comentários, que aumentaram principalmente por causa de dois jogadores: Pitota e Tiano, responsáveis pela vitória de 3 a 2 sobre o Botafogo – a primeira de um time nordestino sobre um carioca.

Em 1914, outro clube surgiu: o América Futebol Clube. Até os anos 1940, ele completava o quarteto poderoso. Apesar do passado glorioso e das grandes participações nas competições, o América foi perdendo força e, atualmente, está na Segunda Divisão.

Em 75 anos, o Íbis Sport Club é conhecido por ser o pior time do mundo. Fundado em 1938 para o entretenimento dos trabalhadores da Tecelagem de Seda e Algodão de Pernambuco, no início o Íbis contava apenas com funcionários da empresa para jogar amistosos.

A fama de pior do mundo começou com uma brincadeira de jornalistas entre as décadas de 1970 e 1980, por conta dos péssimos resultados. Nove derrotas consecutivas e 23 jogos sem vencer lhe renderam o título e um registro no "Guinness Book, o livro dos recordes." Foram três anos e 11 meses sem comemorar uma vitória.

SÍMBOLOS COM A CARA DOS CLUBES

O futebol pernambucano guarda grandes relíquias do passado. Uma história construída com fatos curiosos e alguns até pejorativos, mas que caíram nas graças do povo pernambucano. Foi o que aconteceu com a torcida do Náutico. No início, o clube se dedicava às competições náuticas, com destaque para o remo. Só que os atletas costumavam abusar da cerveja depois de terminar o treino. Nesse período, nos início dos anos 1900, a população desaprovava tal comportamento e muita gente começou a chamar os atletas de "timbus". "Timbu é um marsupial,

THE THREE POWERS OF RECIFE

Sport Clube Recife was the first club to be dedicated to football after Guilherme de Aquino had gathered friends to play against English Eleven. Although Sport has been the first club to focus on football, Clube Náutico Capibaribe is the oldest one. It was founded for the practice of water sports in 1901, but yielded to the novelty in 1909. The inaugural game between Náutico and Sport was held on July 25th, 1909 and ended with the victory of Alvirrubro by 3-1.

Santa Cruz, the Tricolor, is also among the biggest clubs in the capital. Its first opponent was Rio Negro, a game that attracted a good crowd for that time. After all, the fans were supporting the "boys' team". Accustomed to play in the streets, the boys won Rio Negro by 7-0.

Santa Cruz soon became the target of comments, which was increased mainly because of two players: Pitota and Tiano, responsible for the 3-2 victory over Botafogo - the first victory of a team from the northeast over another one from Rio de Janeiro.

In 1914, another club emerged: América Futebol Clube. Until the 1940s it was part of the powerful quartet. Despite the glorious past and great participations in competitions, América lost its strength and currently is in the Second Division.

For 75 years, Ibis Sport Club has been known as the worst team in the world. Founded in 1938 for the entertainment of the workers of a weaving company called Tecelagem de Seda e Algodão de Pernambuco, the team in the beginning was formed only by employees of the company.

The fame for being the worst in the world began with a journalist's joke between the 1970s and 1980s, due to the bad results. Nine straight losses and 23 games without winning were the reason for this title and a record in the Guinness Book. Three years and 11 months without celebrating a victory.

SYMBOLS MADE FOR THE CLUBS

Football in Pernambuco has preserved great relics of the past. A story built with curious and even pejorative facts, which are always remembered. It happened with the fans of Náutico. At the beginning, the club was dedicated to nautical competitions with emphasis on rowing. But athletes used to drink too much beer after the trainings. In the early 1900s population disapproved of such behavior and many people began to call the athletes "Timbus". "Timbu is a marsupial like a skunk. In Brazil when someone drinks a lot we use the expression: "he drinks like a skunk!", explains Carlos Celso – Historian.

como um gambá, que gosta de álcool, de cachaça", descreve o historiador Carlos Celso.

Mais tarde, em um jogo entre Náutico e América, a coisa tomou corpo. O resultado interessava ao Sport, por isso, grande parte dos torcedores do Rubro-Negro estava naquele jogo apenas para agourar o Náutico. Chovia muito e, antes da partida, um dos membros do clube entrou em campo com uma bebida para aquecer os jogadores. O fato, visto por todos, apenas reforçou o apelido recebido pelos remadores. Bastava um passe errado ou um drible malsucedido para a torcida rival começar a chamá-los de timbus. O Náutico ganhou o jogo e o campeonato, e todos gritavam: "O Timbu ganhou, o Timbu ganhou". Pronto, estava batizado o mascote do clube.

O Sport ganhou o apelido de "Leão da Ilha do Retiro" porque, em 1919, participou de um torneio no Pará contra Remo e Paysandu. O Sport fez bonito fora de casa e foi campeão. Conta a história que, naquela época, o futebol do Pará era mais evoluído do que o do Recife. Por essa razão, os torcedores locais tinham certeza de que o troféu ficaria em Belém.

Mas alguém, indignado com a vitória do time pernambucano, quis tomar a taça do Sport. A peça caiu e o rabo do leão acabou quebrado. O fato não desmereceu o título, e o leão até hoje está exposto na sala de troféus do clube.

RESISTÊNCIA PERNAMBUCANA

Julho de 2013. O futebol pernambucano ocupou bom espaço no noticiário por causa do comportamento da torcida recifense. Sem estádios à altura disponíveis no Rio de Janeiro, as diretorias de Botafogo e Fluminense resolveram realizar o clássico válido pelo Campeonato Brasileiro na Arena Pernambuco.

Para isso, o jogo Náutico x Ponte Preta foi antecipado para o sábado para que o domingo ficasse livre. Muitos encararam o clássico como uma afronta à tradição do torcedor recifense.

Nas redes sociais, críticas se multiplicavam. A imprensa pernambucana se dividiu. Uns viram como um negócio para movimentar e trazer rendimentos para a Arena, outros como estratégia de marketing dos cariocas.

O jogo teve pouca badalação. E isso contribuiu para uma derrota emblemática. No mesmo dia de Botafogo x Fluminense, o Santa Cruz recebeu o Cuiabá no Estádio do Arruda. Estava em jogo a disputa das arquibancadas. E o desfecho decretou a vitória da resistência pernambucana. Enquanto 18 mil pessoas foram acompanhar a vitória do Santinha por 1 a 0, Botafogo e Fluminense atraíram apenas 9 mil torcedores.

Later on, in a game between Náutico and América this nickname was surely adopted. The result mattered to Sport, so most of Flamengo's fans were in that game just to jinx Náutico. It was raining heavily and before the game, one of the fans took to the field some drinks to warm up the players. That scene would only reinforced the nickname Timbu. Náutico won the game and the championship and everyone shouted: "Timbu won, Timbu won."

Sport got the nickname of Leão da Ilha do Retiro (Lion of Retiro Island) because in 1919 it participated in a tournament in Pará against Remo and Paysandu. Sport played well and was champion. By that time, football in Pará was more evolved than in Recife. That's why the local fans were sure that the trophy would stay in Belém.

But an angry fan couldn't bear the victory of the team from Pernambuco and tried to take the cup back from Sport. The trophy, which was a lion, fell down and the tail of the lion broke. But the event didn't disgrace the title and the lion is still exposed in the trophy room of the club until nowadays.

PERNAMBUCANA'S RESISTANCE

It was July, 2013. Football was in evidence in Pernambuco because of the fans' dedication to football in Recife. As there weren't good stadiums in Rio de Janeiro, the boards of Botafogo and Fluminense decided to play a classic, valid for the Brazilian Championship, in Arena Pernambuco.

For this, the game Náutico x Ponte Preta was anticipated, so the stadium would be available on Sunday for the classic from Rio de Janeiro. Many faced the event as an affront to the tradition in Recife: go to the stadium on Sundays.

On social networks, critics multiplied. The press was divided. Some saw it as a business to bring income to the Arena, others as a carioca's marketing strategy.

The game had little hype and it contributed to an emblematic defeat. On the same day of Fluminense and Botafogo, Santa Cruz played against Cuiabá in Arruda stadium. The stands' dispute was at stake. While 18,000 people were watching the victory of Santinha by 1-0, Botafogo and Fluminense drew only 9.000 people.

That weekend proved that people from Recife really like to cheer for Sport, Náutico and Santa Cruz. It's a phenomenon that generates pride. The fan club of Santa Cruz didn't abandon the club even when it was relegated to Série D! In 2011 Santa had an average attendance of 36,916 people.

And what about the fan club of Sport that made giants like Palmeiras, Internacional, Corinthians and Vasco run a lot in the 2008 Brazilian Cup? If it wasn't for the strength of the crowd, Sport wouldn't have won Palmeiras by 4-1, International by 3-1, Vasco and Corinthians by 2-0 in Ilha do Retiro.

O fim de semana provou que o recifense gosta mesmo é de torcer por Sport, Náutico e Santa Cruz. Um fenômeno que gera orgulho. A torcida do Santa Cruz, aliás, não abandonou o clube nem quando ele caiu para a Série D! Em 2011, o Santa teve média de público de 36.916 pessoas.

E o que falar da torcida do Sport, que fez gigantes como Palmeiras, Internacional, Vasco e Corinthians se dobrar na Copa do Brasil de 2008? Se não fosse a força da torcida, o Sport não teria aplicado 4 a 1 no Palmeiras, 3 a 1 no Internacional, 2 a 0 no Vasco e 2 a 0 no Corinthians na Ilha do Retiro.

E a massa do Náutico também merece aplausos. O técnico Muricy Ramalho declarou, certa vez, que o treinador que conseguir se dar bem no Náutico está pronto para trabalhar em qualquer lugar.

BARBA, CABELO E... ÍBIS

Até mesmo o pior time do mundo tem seu torcedor-símbolo. Do campo para as arquibancadas, Mauro Shampoo tornou-se ícone do Íbis Sport Clube. Ex-jogador do pior time de que se tem notícia, hoje ele ganha a vida como cabeleireiro em um salão ao lado do Mercado de Boa Viagem. Da vida de jogador, ficou a fama por ter marcado apenas um gol em dez anos como atacante do Íbis.

Mesmo fora dos gramados, Mauro usa o uniforme do clube para trabalhar no salão, incluindo meiões e chuteiras. A barbearia também reproduz o ambiente de um campo de futebol, com marcações pintadas no chão verde, além de aventais com o escudo dos clubes do Recife.

Mauro ganhou o apelido de Shampoo graças não só à habilidade que desenvolveu com as tesouras, mas pela avantajada cabeleira que cultiva com orgulho. "É tudo meu mesmo, é natural", afirma, balançando as madeixas com um sorriso largo no rosto.

Uma de suas características mais marcantes é a maneira como atende ao telefone, depois de um sonoro grito: "Show, show, show, aqui é Mauro Shampoo, jogador do Íbis, cabeleireiro, artista de cinema, celebridade, famoso, liso, dançarino de gafieira e macho, às suas ordens!".

Outra marca curiosa do cabeleireiro são os apelidos dados para os familiares: a esposa é "Pente Fino"; os filhos são "Shampoozinho", "Creme Rinse" e "Secador"; a sogra é "Piolho" e a mãe é "Lêndea". A família aumentou e "Shampoozinho" teve uma filha, que recebeu o apelido de "Chapinha". Nem os animais de estimação escaparam: ao cachorro sobrou o apelido de "Caspa" e ao gato, "Seborreia".

And the fans of Náutico also deserve applauses. Coach Muricy Ramalho said once that if a coach goes well in Náutico, he is ready to work anywhere else.

BEARD, HAIR AND ... IBIS

Even the worst team in the world has its symbol. From the field to the stands, Mauro Shampoo became an icon of Ibis Sport Clube. Former player of the worst team ever, he now makes a living as a hairdresser at a salon next to Boa Viagem Market. He is famous for having scored just one goal in ten years as a striker in Ibis.

Even away from the fields, Mauro uses the uniform of the club to work in the salon, including socks and cleats. The barbershop also reproduces the atmosphere of a soccer field with green markings painted on the floor and aprons with the teams' logos.

Mauro got the nickname of Shampoo not only because his skill with the scissors, but also because of the amount of hair he has. "It's natural", he says, shaking his locks with a broad smile on his face.

One of his particularities is how he answers the telephone: "Show, show, show, here is Mauro Shampoo, Ibis former player, hairdresser, movie star, celebrity, famous, smooth samba dancer and male. At your service! "

Another curiosity are the nicknames given to the members of his family: his wife is called Pente Fino (Thin Comb), the children are Shampoozinho (Little Shampoo), Creme Rinse (Conditioner) and Secador (Hairdryer), his mother-in-law is Piolho (Louse) and his mother is Lêndea (Nit). The family grew and Shampoozinho had a daughter, who is called Chapinha (Hair Straightener). Neither the pets escaped: the dog is Caspa (Dandruff) and the cat, Seborréia (Seborrhea).

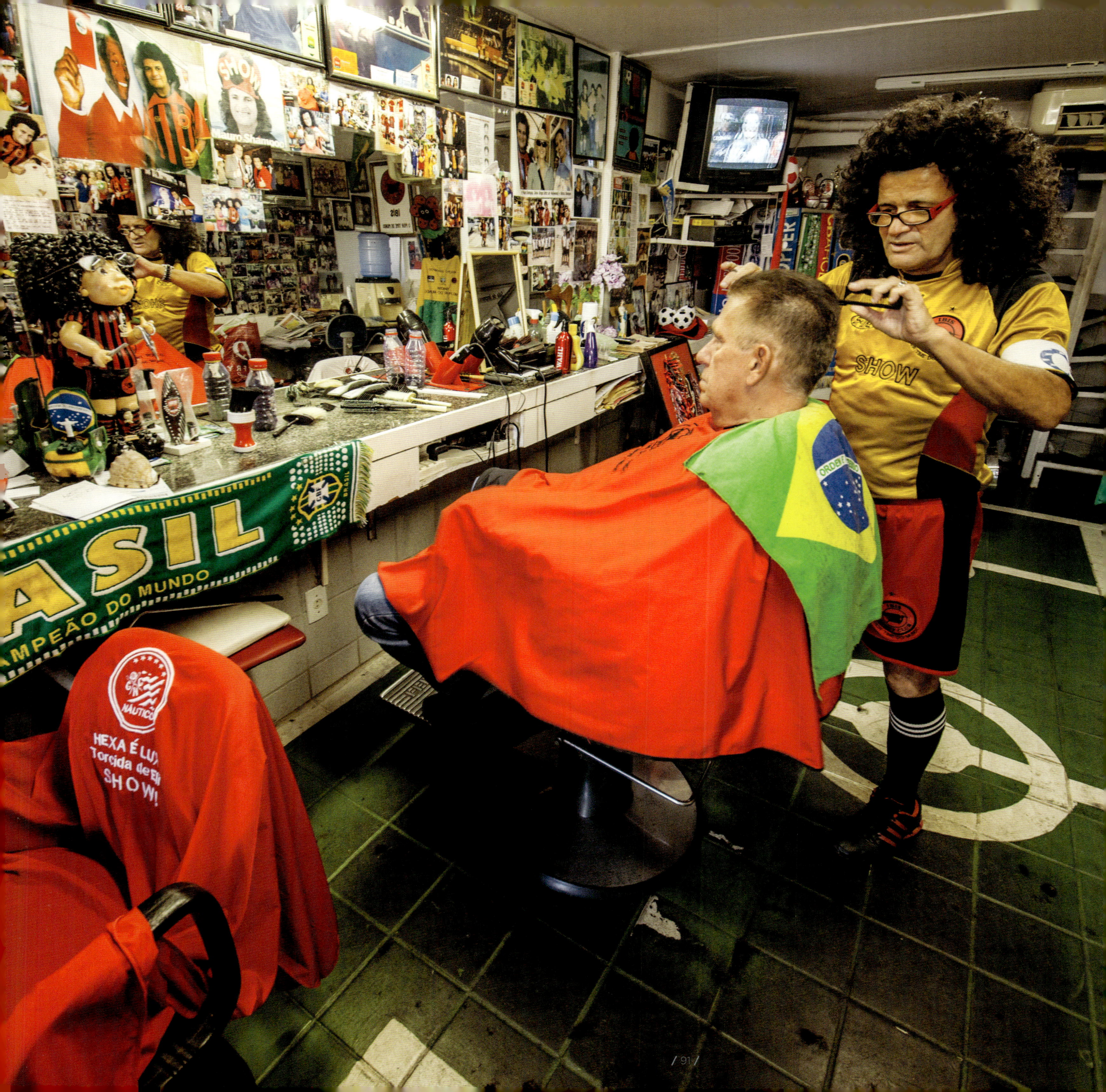
ASIL
AMPEÃO DO MUNDO
SHOW
NÁUTICO
SHOW!

ARENA NA MATA
ARENA IN THE WOODS

A Arena Pernambuco foi construída para receber os jogos da Copa do Mundo de 2014 e da Copa das Confederações, realizada em junho de 2013. O novo estádio localiza-se em São Lourenço da Mata, na região metropolitana do Recife. Foi concluído em maio de 2013.

O governo do Estado, em parceria com a iniciativa privada, investiu em um projeto ousado, que prevê, além da construção da Arena na Zona Oeste, disseminar o desenvolvimento urbano na região. Um bairro deverá ser projetado nas cercanias do estádio, com universidade, escritórios e moradias. O projeto é denominado Cidade da Copa e será erguido em vários módulos, cujo término está previsto para 2025.

Arena Pernambuco was built to host the games of the 2014 World Cup and 2013 Confederations Cup, held in June 2013. The new stadium is located in São Lourenço da Mata in the metropolitan region of Recife and it was completed in May 2013.

The State Government, in partnership with the private sector, has invested in a daring project, which provides in addition to the construction of the Arena itself, the development of the region. A neighborhood will be designed in the vicinity of the stadium with a university, office buildings and residences. The project is called City of the World Cup and will be built in several modules, whose completion is scheduled for 2025.

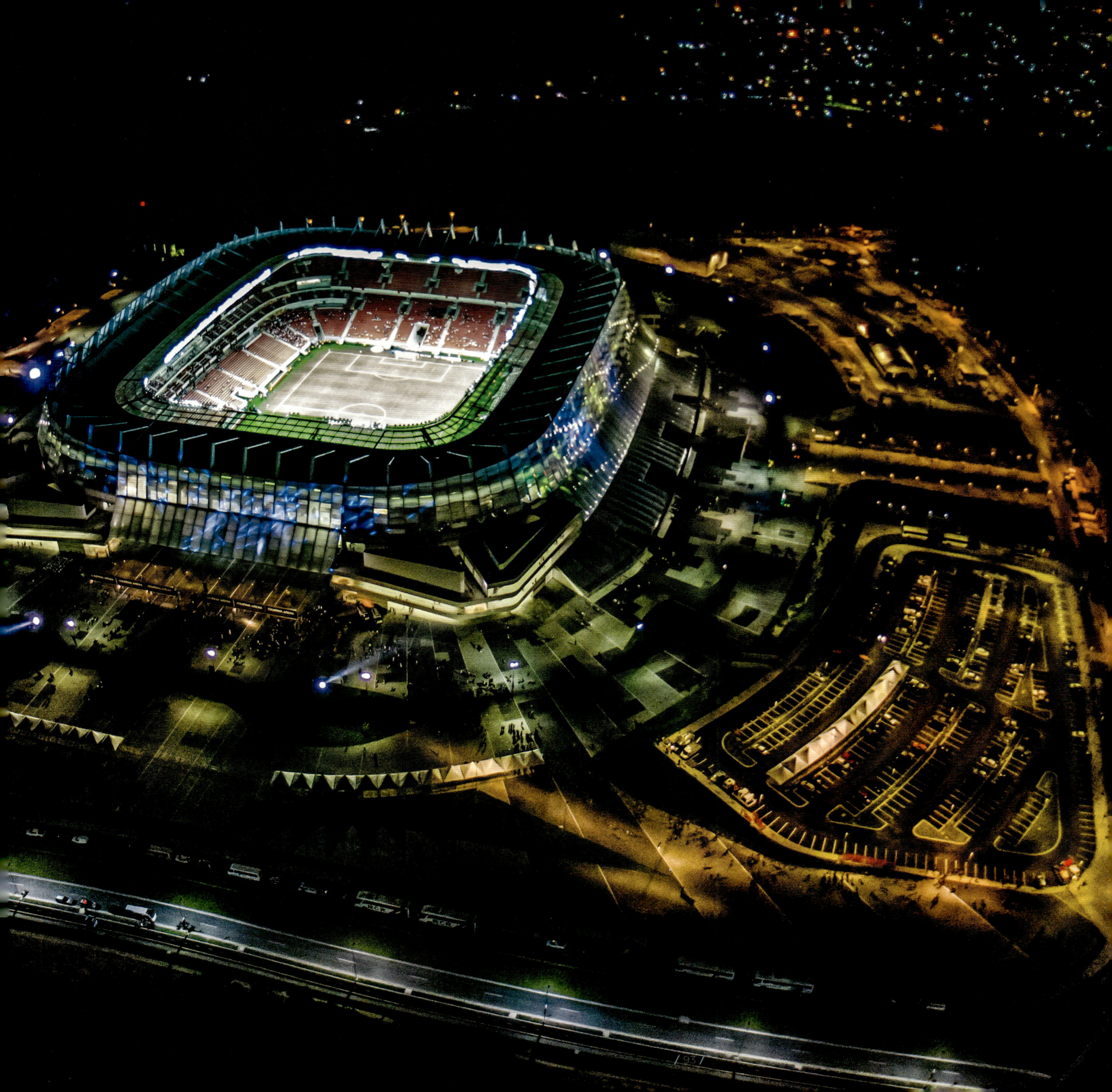

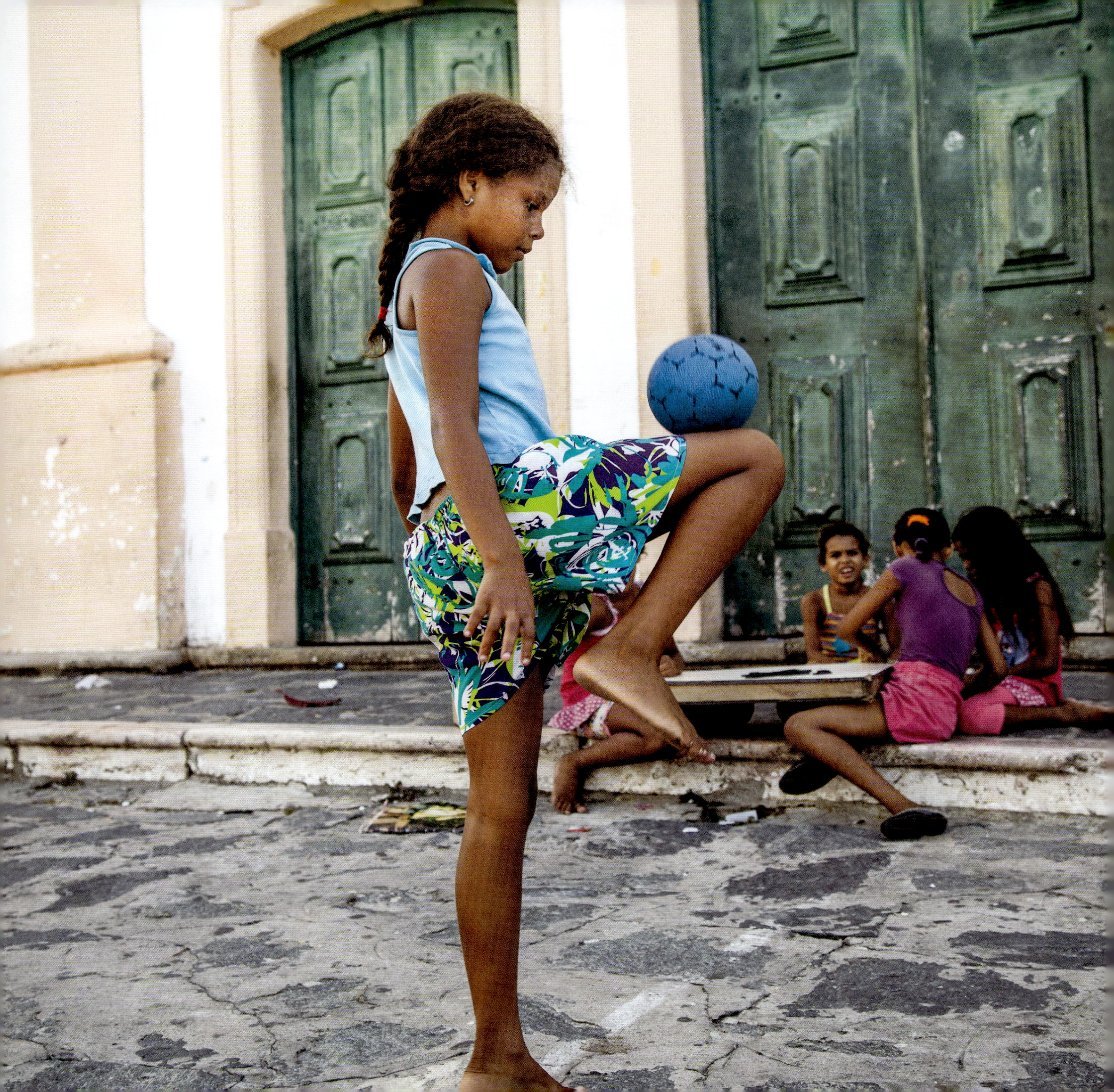

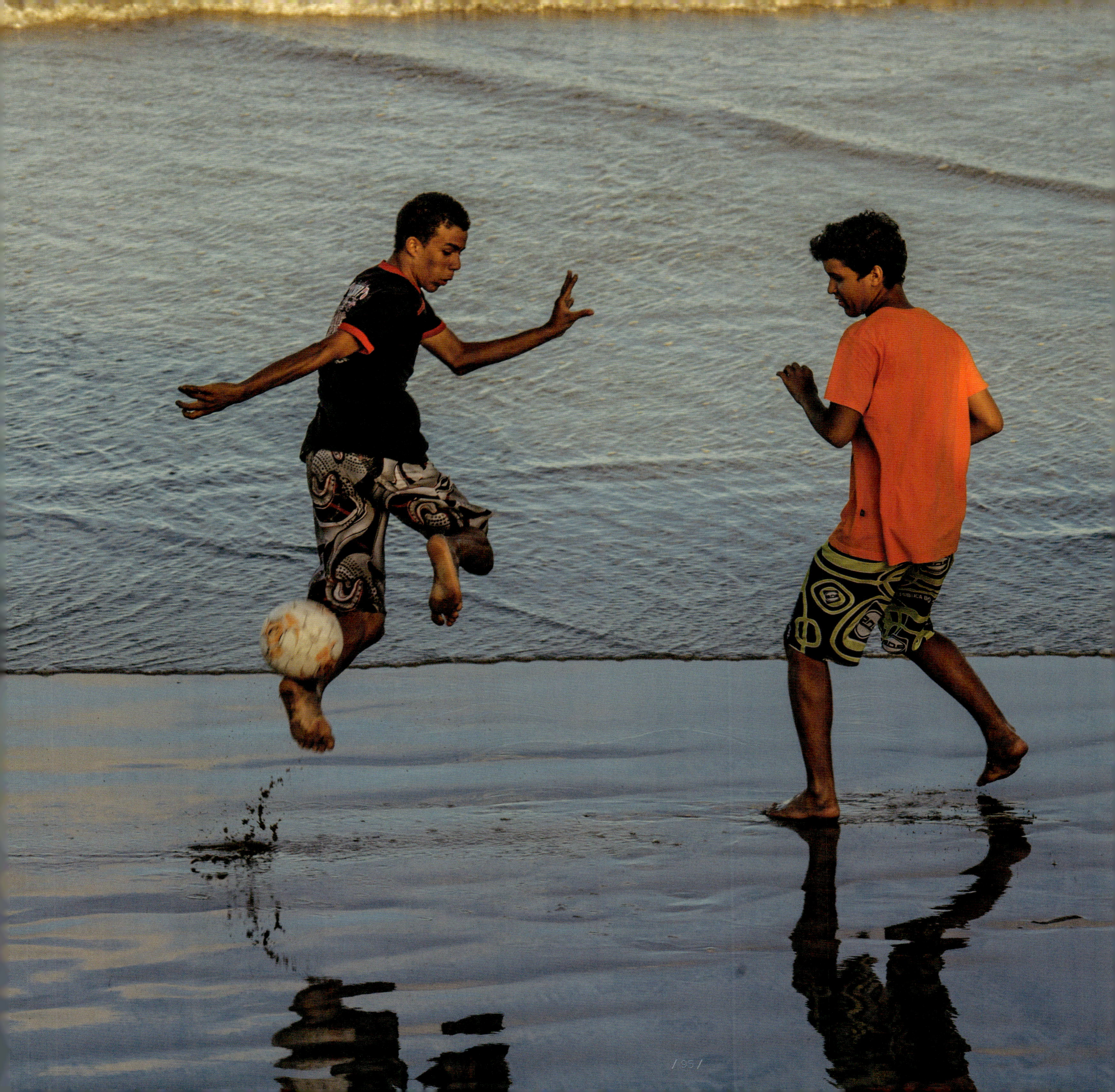

PELOS CLUBES ELES FAZEM QUALQUER LOIUCURA

Se o frevo é um patrimônio pernambucano, o mesmo se pode dizer dos torcedores. Fanático pelo Sport, Zé do Rádio jamais foi sozinho aos estádios: estava sempre acompanhado de um enorme rádio de pilhas. Com o "amigo" nos ombros, ouvia a narração, mas testemunhando tudo ao vivo.

Zé do Rádio nasceu Ivaldo Firmino dos Santos. Grudado no alambrado, gostava de importunar os treinadores. Em uma partida, a vítima foi o técnico da Portuguesa, Zagallo. Zé do Rádio conseguiu tirar Zagallo do sério, e a Portuguesa perdeu por 1 x 0.

Com problemas cardíacos, Zé do Rádio precisou de um transplante. Correu um boato pela cidade de que havia recebido o coração de um torcedor do Santa Cruz. "Não, não é. Fiquei sabendo pelo pai do menino que doou o coração que ele era torcedor do Sport também", explicou Zé do Rádio.

A torcida do Náutico não fica atrás. Um de seus maiores representantes veste touca e leva a bandeira do clube nas costas. No rosto, a pintura vermelha e branca lembra a máscara do mágico Mister M e indica a paixão de Cristiano pelo Alvirrubro. No Estádio dos Aflitos, Cristiano é na verdade "Mister N" e sempre leva cartazes de incentivo.

Já a torcida do Santa Cruz conta com um discípulo quase divino – o Jesus Tricolor. De barba e cabelos compridos, sandálias franciscanas e túnica branca, Pedro de Oliveira Luna leva o seu ideal de paz aos estádios torcendo pelo clube que aprendeu a gostar.

Pedro começou a frequentar os jogos vestido do Messias, com as faixas do clube a tiracolo, levando a mensagem de paz para as torcidas.

No interior de Pernambuco, Geraldo da Zabumba é conhecido por ser o único torcedor do Clube Atlético do Porto, de Caruaru. Munido com seu instrumento, ele acompanha o clube por onde quer que vá. Amante do futebol e de sua cultura, Geraldo nunca abandona a zabumba, que leva na moto toda decorada com as cores azul e branca do Porto.

AND THEY WOULD DO ANYTHING FOR THE TEAMS

If Frevo (a traditional dance) is a heritage of Pernambuco, the same can be said about the fans. A fanatic for Sport Clube Recife, Zé do Rádio has never gone alone to a stadium: he has always been accompanied by a huge radio. With his 'friend' on his shoulders, he would listen to the narrator and witness everything live.

Zé do Rádio was born Ivaldo Firmino dos Santos. Close to the fence, he liked to upset the coaches. One of his victims was Portuguesa's coach, Zagallo. Zé do Rádio drove Zagallo crazy once and Portuguesa lost by 1-0.

With heart problems, Zé do Rádio needed a transplant. The rumor around town was that he had received the heart of a Santa Cruz's fan. "No, he was not. I heard from the boy's father that he was also a Sport's supporter", explained Zé do Rádio.

The fan club of Náutico is not different. One of its greatest representative wears a cap and carries the flag of the club. He paints his face red and white resembling the mask of the magician Mister M and indicates the passion of Cristiano for the Alvirrubro. In Aflitos Stadium Cristiano is "Mister N", the one who always carries posters of incentive.

The fan club of Santa Cruz has an almost divine disciple - Jesus Tricolor. Having beard and long hair, using a white robe and Franciscan sandals, Pedro de Oliveira Luna takes his ideal of peace to the stadiums.

Pedro began going to games dressed like a Messiah and always carrying a message of peace to the fans of the team he supports.

In the interior of Pernambuco, Geraldo da Zabumba is known to be the only one to support Clube Atlético do Porto, from Caruaru. Carrying his zabumba (a musical instrument) he follows the club wherever it goes. Geraldo never abandons his zabumba, which is carried at the back of his motorbike, all decorated with the colors of Porto: blue and white.

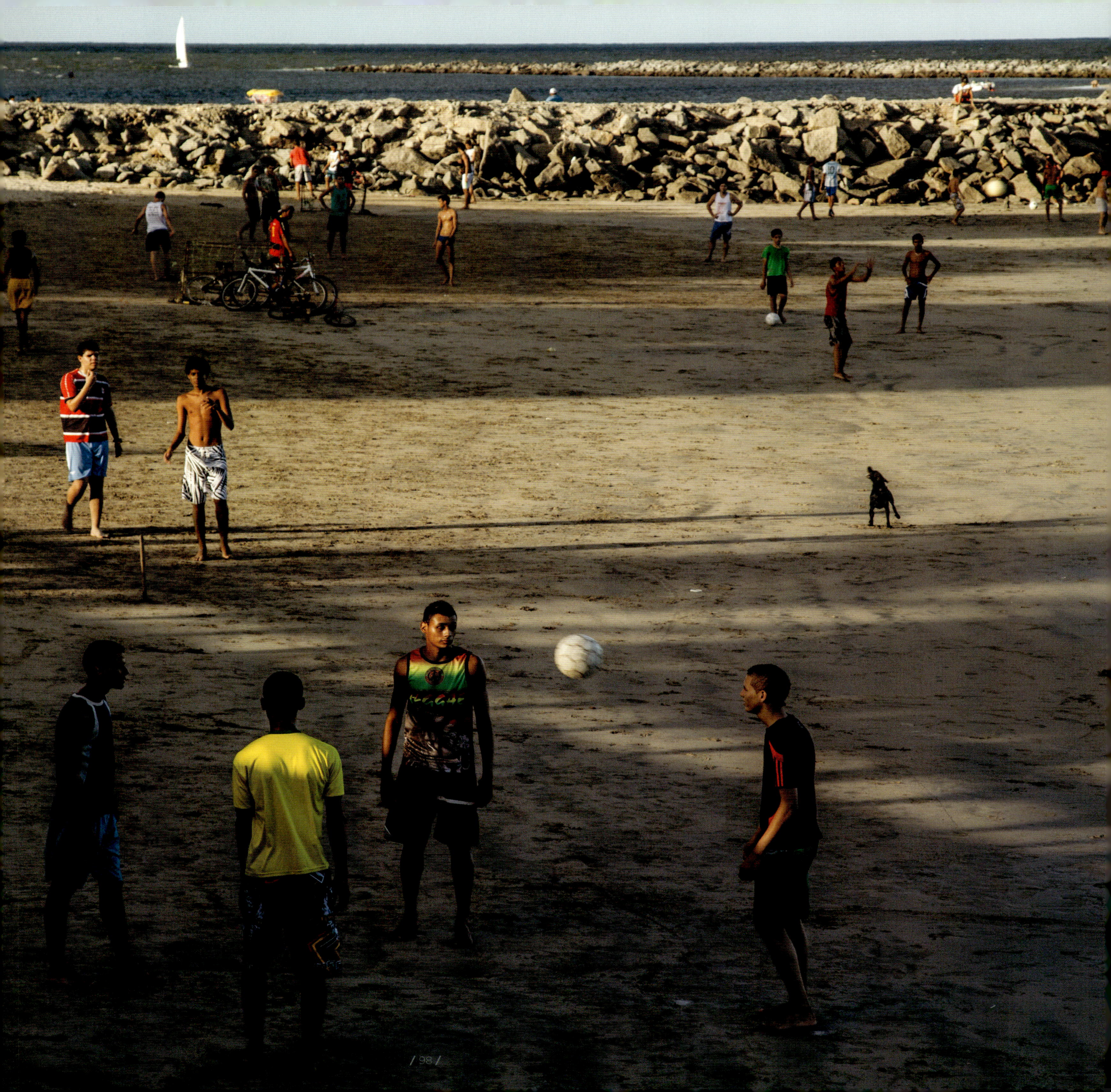

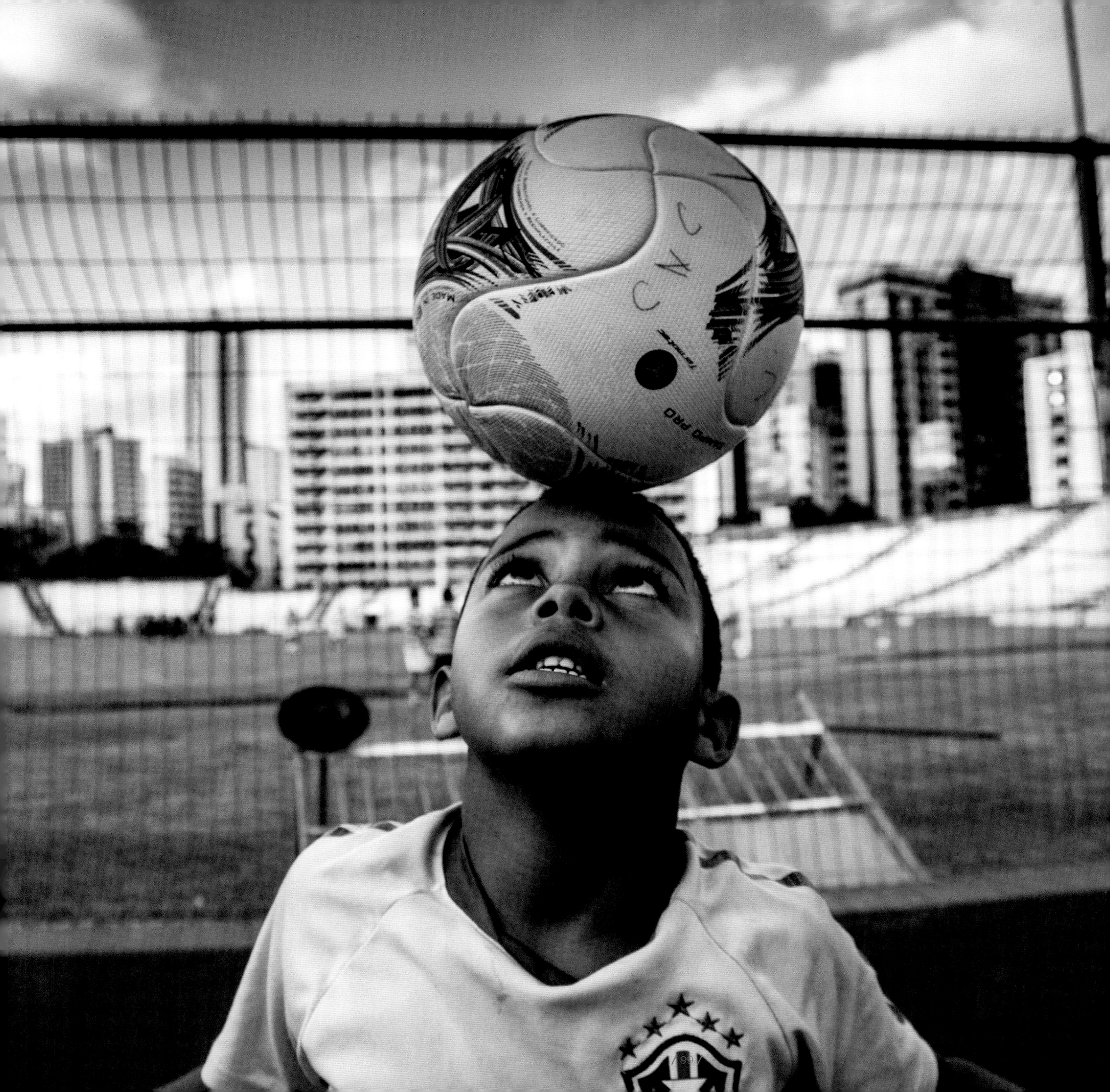

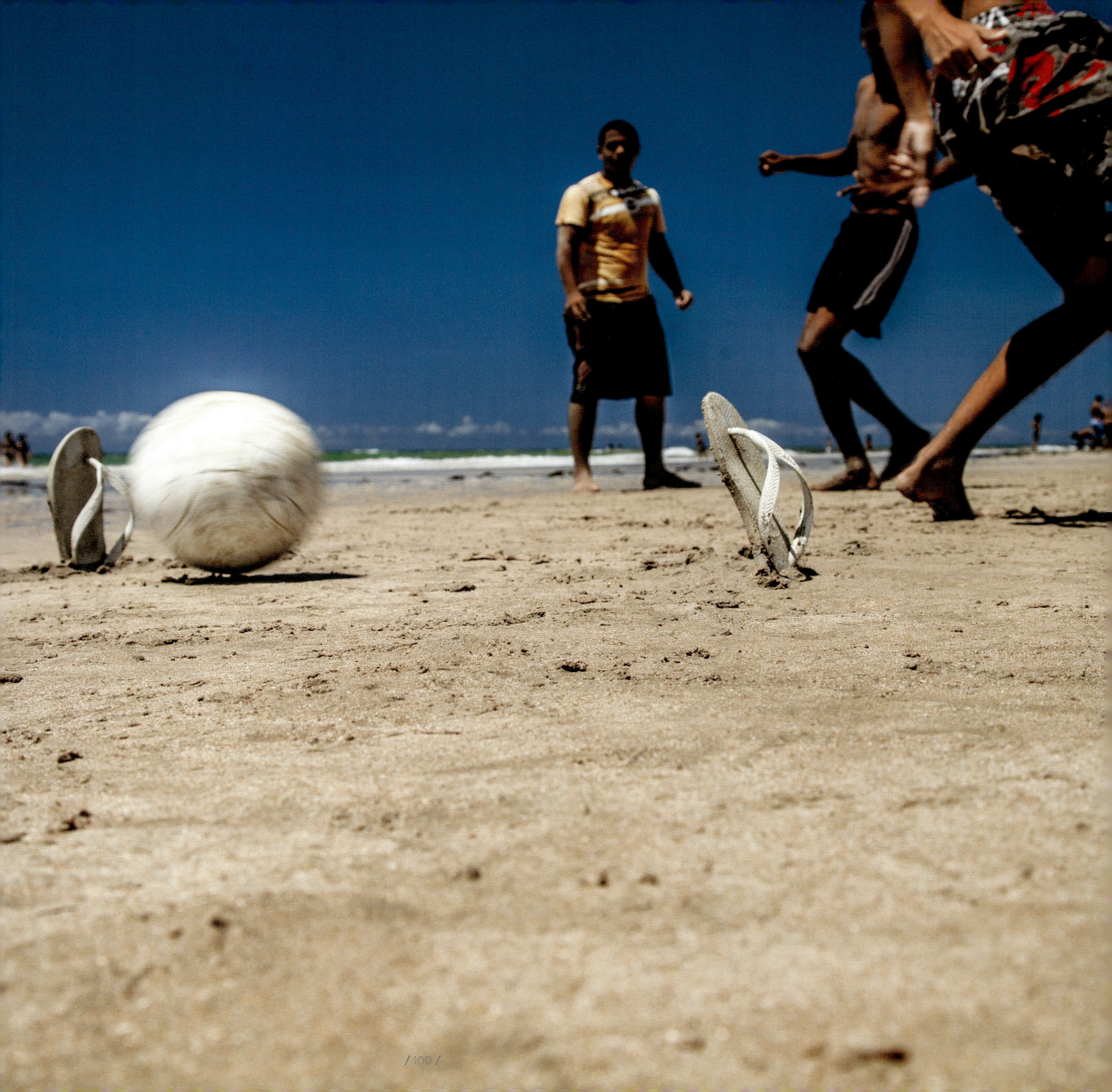

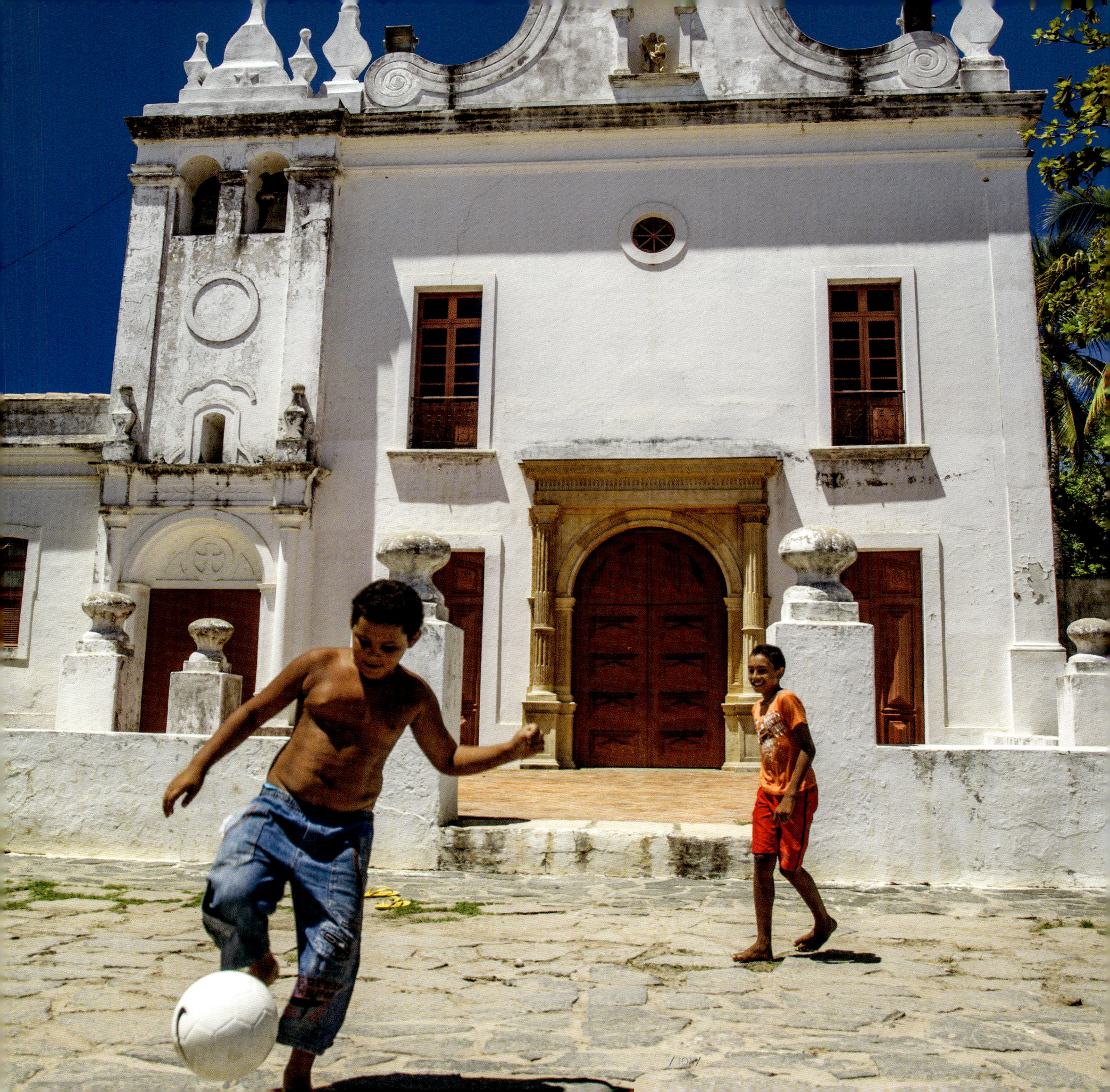

07

RIO GRANDE DO NORTE
ARENA DAS DUNAS

Pág. / 103

UMA PAIXÃO EM SOLO POTIGUAR
A PASSION IN POTIGUAR'S SOIL

O COMEÇO NO LARGO DA MATR

THE BEGINNING LARGO DA MATR

O futebol no Rio Grande do Norte foi trazido por Fabrício Pedroza Filho, quando voltou de férias do Velho Continente, em 1907. Ele desembarcou com uma bola de futebol e organizou um time com outros jovens, batizado de Sport Club Natalense.

Indícios históricos apontam o Largo da Matriz como o primeiro local utilizado para um jogo de futebol. A bola rolava também na Praça Pedro Velho, que ficava em frente à residência do então governador, Ferreira Chaves. Há quem diga que um parente do governador foi escolhido como presidente de um time formado por jovens simpatizantes de um partido político que apoiava Ferreira Chaves. Com isso, garantiram o isolamento da área e o sossego para jogar.

Embora o futebol já estivesse consolidado em muitas capitais no início dos anos 1900, em Natal era jogado apenas em caráter amistoso. Somente em 1915 surgiram clubes na capital. As primeiras formações foram o ABC Futebol Clube, América Futebol Clube, Alecrim Futebol Clube, Sport Club Natal, Centro Esportivo Natalense e Humaitá.

Em 1919, disputou-se a primeira competição oficial do Rio Grande do Norte, com vitória do América. A partir daí, a Liga e os clubes passaram a dar importância para os campeonatos, em especial o ABC e o América, que polarizam até hoje a maior rivalidade local.

Football in Rio Grande do Norte was brought by Fabricio Pedroza Filho, when he returned from the Old Continent in 1907. He landed with a football ball and organized a team with other young people, called Sport Club Natalense.

Historical evidence point to Largo da Matriz as the first place used for a football game. The ball rolled well in Praça Pedro Velho, which was in front of the residence of the governor Ferreira Chaves. Some say that a governor's relative was chosen president of a team which was formed by young supporters of the governor's political party. Thus, they ensured the isolation of the area and a quiet place to play.

Although football was already consolidated in many capitals in the early 1900s, football in Natal was amateur. Clubs were founded in the capital only in 1915.

The first teams were ABC Futebol Clube, América Futebol Clube, Alecrim Futebol Clube, Sport Club Natal, Centro Esportivo Natalense and Humaitá.

In 1919 the first official competition was played in Rio Grande do Norte, with the victory of América. Thereafter, the League and the clubs began to give importance to the championships, especially ABC and América, which are, up to now, the main rivals in the state.

Football gained ground, the clubs grew and fields spread. In 1928 the governor Juvenal Lamartine de Far-

RAÍZES
ROOTS

O futebol ganhou espaço, os clubes cresceram e os campos se espalharam. Em 1928, o governador Juvenal Lamartine de Faria inaugurou um estádio para 5 mil pessoas, um luxo para a época: tinha arquibancada de madeira, cobertura com folha de zinco e um portão em forma de arco. Na inauguração, o convidado Cabo Branco, de João Pessoa, perdeu os dois jogos: 5 a 2 contra o ABC e 7 a 4 contra o América.

A inauguração do Estádio Humberto de Alencar Castelo Branco, o Castelão, não tirou o brilho do Juvenal Lamartine, que continuou requisitado para outras disputas.

ia opened a stadium for 5,000 people, a luxury for that time: it had wooden bleachers covered with zinc and a arc-shaped gate. At the inauguration, the guest Cabo Branco from João Pessoa lost both games: 2-5 against ABC and 4-7 against América.

The inauguration of Humberto de Alencar Castelo Branco Stadium, the Castelão, did not take the brightness of Juvenal Lamartine which continued to be used for other disputes.

O FAZ-TUDO DO ABC

Há 43 anos, João Bernardo Francisco, o Joca, cuida de cada detalhe do vestiário do ABC. A paixão pelo futebol e pelo ABC vai além de uma ocupação remunerada. Para ele, o que importa é estar lá e zelar pelos "meus meninos", como diz. "Cuido do material de estoque e tomo conta de tudo o que é de campo", orgulha-se.

No ABC desde os 15 anos, ele guarda na lembrança muitas histórias. De tudo que viu, ouviu e sentiu, Joca se lembra de momentos especiais, como as brincadeiras do ex-jogador Alberi, que marcou época no ABC nas décadas de 1960 e 1970. O Alberi gostava de aprontar com o Joca. "Ele entrava no vestiário com o uniforme todo suado e dizia: 'Vem cá, tire aqui a roupa do negão'. Aí eu dizia: 'A sua eu vou tirar, agora a dos outros não tiro não!'. Todo dia ele fazia isso comigo", afirma.

Os jogadores se tornaram a família do Joca. Ele conta que, certa vez, armaram uma brincadeira para pegar um dos funcionários do clube, cujo apelido era Furão. Tudo estava combinado com o técnico Mauro Fernandes e com o médico do clube.

O treinador entrou no vestiário e chamou Furão para que ele lhe aplicasse uma injeção. De repente, Mauro começou a fingir que estava passando mal, caiu no chão e ficou paralisado. Joca saiu correndo e foi chamar o médico, que já fazia parte do esquema. Sem perder tempo, os jogadores começaram a apavorar Furão, dizendo que ele tinha dado uma injeção errada e que o treinador havia morrido. Furão, em desespero, começou a gritar: "Professor, professor, por caridade, por caridade, não morra não, não morra não!".

Mas nem só das brincadeiras vivem as lembranças de Joca. O jogo mais emocionante foi um clássico ABC x América, em 2005, quando o Alvirrubro estava com vantagem no campeonato. "O América só precisava de dois empates para ser campeão. O primeiro jogo terminou 0 a 0, e no segundo vencemos por 5 a 0", alegra-se.

PAIXÕES POTIGUARES

Natal reúne três dos maiores clubes do Estado: ABC, América e Alecrim. A rivalidade entre alvirrubros (América) e alvinegros (ABC) é a mais forte. O primeiro a surgir foi o ABC Futebol Clube, em 1915, fundado por jovens que praticavam o remo. A origem do nome é uma homenagem ao tratado político de amizade assinado entre Argentina, Brasil e Chile em 1903.

O ABC ganhou a simpatia de torcedores que passaram a acompanhar o futebol, em especial o casal Vicente e Maria do Rosário Farache. Vicente chegou a jogar pelo ABC, mas não tinha talento. Como diretor técnico, conquistou o decacampeonato potiguar de 1932 a 1941.

THE ABC'S HANDYMAN

João Bernardo Francisco, Joca, has taken care of every detail in the locker room of ABC for 43 years. The passion for football and ABC goes beyond a gainful occupation. For him, what matters is to be there and look after the boys. "I take care of everything related to the field".

He keeps good memories and many stories about ABC since he has started working for the team when he was 15. From everything he saw, heard and felt, Joca remembers special moments such as the games played by Alberi, a former player in the 1960s and 1970s. Alberi loved teasing Joca. "He would come into the locker room, all sweat and would say, 'Come here, take my clothes off'. Then I would say, 'Sure… just because it's you, but the others, no way!'. Every day he did this to me", he says.

The players have become Joca's family. He tells that once they made a joke with one of the club's employees, whose nickname was Furão. Everything was arranged with the coach Mauro Fernandes and the club's doctor.

The coach entered the locker room and called Furão to give him an injection. Suddenly, Mauro pretended to be ill, fell to the ground and was paralyzed. Joca ran and called the doctor, who was part of the scheme. Wasting no time the players started to panic Furão, saying that he had given a wrong injection and had killed the coach. Furão, in despair, began shouting: "Teacher, teacher, for charity, for charity, do not die, do not die".

But in Joca's memories there aren't only jokes. The most exciting game was a classic between ABC and América in 2005. "América had an advantage and needed only two draws to be champion. The first game ended 0-0 and ABC won 5-0 in the second".

PASSION FROM NATAL

Natal has three of the biggest clubs in the state: ABC, América and Alecrim. The rivalry between alvirrubros (América) and Alvinegros (ABC) is the strongest. The first to emerge was ABC Futebol Clube in 1915, founded by young people who practiced rowing. The origin of the name is a tribute to the political treaty of friendship signed between Argentina, Brazil and Chile in 1903.

ABC won the sympathy of fans that started watching the football games, especially the couple Vicente and Maria do Rosário Lamas Farache. Vicente played for ABC, but he had no talent. As technical director he won championships ten times in Natal from 1932 to 1941.

ABC's stadium is called Frasquerão, a nickname that was given when the team used to play in Juvenal Lamartine stadium. The spectators would stand between the wall

Joca, 43 anos de dedicação e zelo pelo ABC. Uma vida em função do futebol

Joca - 43 years of dedication and care for ABC. A life ruled by football

MITO
MYTH

O estádio do ABC tem o apelido de Frasquerão, nome que surgiu quando o clube ainda jogava no Estádio Juvenal Lamartine. A massa ficava em pé entre o muro e o alambrado, como se as pessoas fossem frascos acomodados em caixas. Quando o ABC ganhou uma casa definitiva, os próprios torcedores adotaram o nome de Frasquerão.

O América também surgiu em 1915, quando 34 jovens organizaram o clube em uma casinha nos fundos de um terreno. Em 1922, a Liga promoveu uma competição para celebrar os cem anos da Independência brasileira, vencida pelo América. Essa vitória rendeu ao clube o título de "Campeão do Centenário".

O Alecrim Futebol Clube tem a mesma idade dos rivais e sua trajetória contabiliza participações de grandes nomes da história do Brasil. Logo após sua fundação, o time e a torcida eram formados basicamente por negros e descendentes de índios, moradores do afastado bairro do Alecrim.

O Alecrim teve um goleiro ilustre: Café Filho, que mais tarde seria presidente da República. Muitos afirmam que, como jogador, ele era um bom político. Café Filho chegou a levar 14 gols em uma partida. Campeão em 1925, o Alecrim demorou 38 anos para conquistar outro título, somente em 1963.

E O CASTELO VIROU DUNAS

O Estádio João Cláudio de Vasconcelos Machado, conhecido como Machadão, já trocou diversas vezes de nome. Atualmente, ele não existe mais. Deu lugar à Arena das Dunas, construído sobre suas ruínas para abrigar os jogos da Copa do Mundo de 2014.

Sua história começou em 1972, quando foi inaugurado com o nome de Humberto de Alencar Castelo Branco. O Castelão foi palco de grandes decisões e jogos de arrepiar na Copa do Brasil e nos Campeonatos Brasileiro e Potiguar. Era considerado um dos mais belos do Brasil.

Duas partidas marcaram sua abertura. A primeira foi um clássico potiguar, entre os maiores rivais de Natal: ABC e América. Vitória do ABC por 1 a 0. No segundo duelo, o Vasco da Gama e a seleção olímpica do Brasil empataram em 0 a 0.

A inauguração foi um acontecimento e chamou a atenção de moradores da capital e também de outras cidades da região. O Castelão recebeu uma infinidade de craques do futebol brasileiro, como Ademir da Guia, Leão, Leivinha, Zico, Adílio, Andrade, Júnior, Dirceu Lopes, Reinaldo, Palhinha, Roberto Dinamite, Tostão e tantos outros. Um dos jogos mais emocionantes ocorreu em novembro de 1972, entre ABC e Santos, pelo Campeonato Brasileiro. Diante de quase 50 mil pagantes, o Santos levou a melhor e fez 2 a 0, gols de Pelé e Edu.

and the fence, like bottles accommodated in boxes. When ABC got a permanent 'home', the fans adopted the nickname Frasquerão.

América was also founded in 1915, when 34 young people organized the club in a small house at the back of a land. In 1922 the League organized a competition to celebrate the centenary of the Brazilian independence, which was won by América. That victory gave the club the title of "Champion of the Centennial".

Alecrim Futebol Clube is as old as the rivals and its trajectory accounts the participation of big names in the history of Brazil.

Soon after its foundation, the team and its fans were basically formed by Blacks and Indians' descendants, residents of a neighborhood called Alecrim.

Alecrim had an illustrious goalkeeper: Café Filho, who would later be president. Many claim that, as a player, he was a good politician. He conceded 14 goals in a single match. Champion in 1925, Alecrim took 38 years to win another title, only in 1963.

AND THE CASTLE TURNED INTO DUNES

João Cláudio de Vasconcelos Machado stadium, known as Machadão, had its name changed many times. But the stadium doesn't exist anymore giving way to Estádio das Dunas, which was built on its ruins to host the 2014 World Cup games.

Its history began in 1972 when it was opened under the name of Humberto de Alencar Castelo Branco, the Castelão. The stadium was the scene of major decisions such as Copa Brasil, Brazilian Championships and State Championships. It was considered one of the most beautiful stadiums in Brazil

Two matches marked its opening. The first was a classic in Natal between the biggest rivals: ABC and América. ABC won 1-0. In the second game, Vasco da Gama and the Brazilian Olympic Team tied at 0-0.

The opening was an event and caught the attention of the residents of the capital and the region. Castelão received a multitude of Brazilian football stars as Ademir da Guia, Leão, Leivinha, Zico, Adílio, Andrade, Júnior, Dirceu Lopes, Reinaldo, Palinha, Roberto Dinamite, Tostão, among others. One of the most exciting games took place in November 1972 between ABC and Santos for the Brazilian Championship. In front of nearly 50,000 spectators, Santos won the game 2-0, with Pelé and Edu scoring.

The match has been in the memory of people in Natal, who talks until now about Pelé's talent. Alberi was the best ABC's player at the game and he is one of the biggest idols in the history of the club.

A partida ficou gravada na memória do povo de Natal, que fala até hoje do talento de Pelé. Já o destaque do ABC na partida foi Alberi, um dos maiores ídolos da história do clube.

Em 1989, o Castelão foi rebatizado como João Cláudio de Vasconcelos Machado, o Machadão, em homenagem ao ex-presidente da Federação local.

O MAIOR CRAQUE DE NATAL

O pernambucano Alberi José Ferreira de Matos é considerado o melhor jogador da história do ABC. Estreou contra o Ferroviário, em abril de 1968, e marcou dois gols na vitória de 3 a 2. A partir dali, Alberi não parou mais de chamar atenção.

No auge da carreira, conquistou o tetracampeonato estadual (de 1970 a 1973) e, de quebra, o de 1983. Em 1972, foi um dos destaques do Campeonato Brasileiro e acabou eleito pela *Revista Placar* como o melhor ponta de lança da competição, ganhando a famosa Bola de Prata. Alberi permaneceu no ABC até 1974 e, depois de passagens por outros clubes, pendurou as chuteiras em 1983, aos 38 anos.

Uma das histórias do "Negão Alberi", como ficou conhecido, aconteceu em uma renovação de contrato com o ABC. Ele recebeu como luvas uma radiovitrola e uma coleção de discos do cantor Waldick Soriano, de quem era fã.

Companheiro de Alberi nos campos, José Ribamar Cavalcante guarda com carinho as lembranças de atleta. Ribamar começou a jogar futebol em sua cidade natal, Macau (RN), defendendo o Flamengo, um time amador local. Em 1963, foi realizada em Macau uma partida entre a seleção local e o ABC. O estádio ficou lotado. "Fui um dos destaques da partida. Esse jogo permanece na minha memória", recordou Ribamar. No ano seguinte, já na capital, Ribamar passou por Santa Cruz, Força e Luz, Racing, Riachuelo, Ferroviário, Atlético e ABC.

Depois que deixou os campos, Ribamar foi supervisor das equipes profissionais do América e do ABC, administrador da Pousada do Atleta (do América), administrador da Vila Olímpica (do ABC), coordenador das categorias de base do América, administrador do Estádio Castelão e membro da comissão de arbitragem da Federação Norte-Riograndense de Futebol.

In 1989 Castelão was renamed João Cláudio de Vasconcelos Machado, the Machadão, named after the former president of the local federation.

THE BIGGEST PLAYER IN NATAL

Alberi José Ferreira de Matos from Pernambuco is considered the best player in the history of ABC. His first game was against Ferroviário in April 1968 and scored two goals in a 3-2 victory. From there, Alberi never stopped drawing attention.

At the climax of his career, he won the fourth state title (1970-1973), and another one in 1983. In 1972, he was one of the highlights of the championship and was chosen by Placar magazine as the best centerfoward of the competition, winning the famous Silver Ball award. Alberti remained in ABC until 1974 and after playing for other teams, retires in 1983 at the age of 38.

One of the stories of Negão Alberi, as he was known, took place in a contract renewal with ABC. He got as key money a gramophone and a collection of albums of his favorite singer, Waldick Soriano.

A friend of Alberi in the fields, José Ribamar Cavalcante, keeps sweet memories of the athlete. Ribamar began playing football in his hometown, Macau (RN), defending Flamengo, a local amateur team. In 1963 a match between the local selection and ABC was held in Macau. The stadium was packed. "I was one of the highlights of the match. This game remains in my memory", recalled Ribamar. The following year, in the capital, he played for Santa Cruz, Luz e Força, Racing, Riachuelo, Ferroviário, Atlético and ABC.

After retiring, Ribamar became a supervisor of the professional teams of América and ABC, administrated the América's hostel, coordinated the Olympic Village (ABC) and the basic categories of América. He was also Castelão's administrator and member of the arbitration committee of the North Riograndense Federation.

O "Negão Alberi" e o companheiro de ataque Ribamar Cavalcante, a dupla que marcou época no ABC

Alberi, the 'negão' (big black guy) and his partner, Ribamar Cavalcante - the duo that called attention in ABC

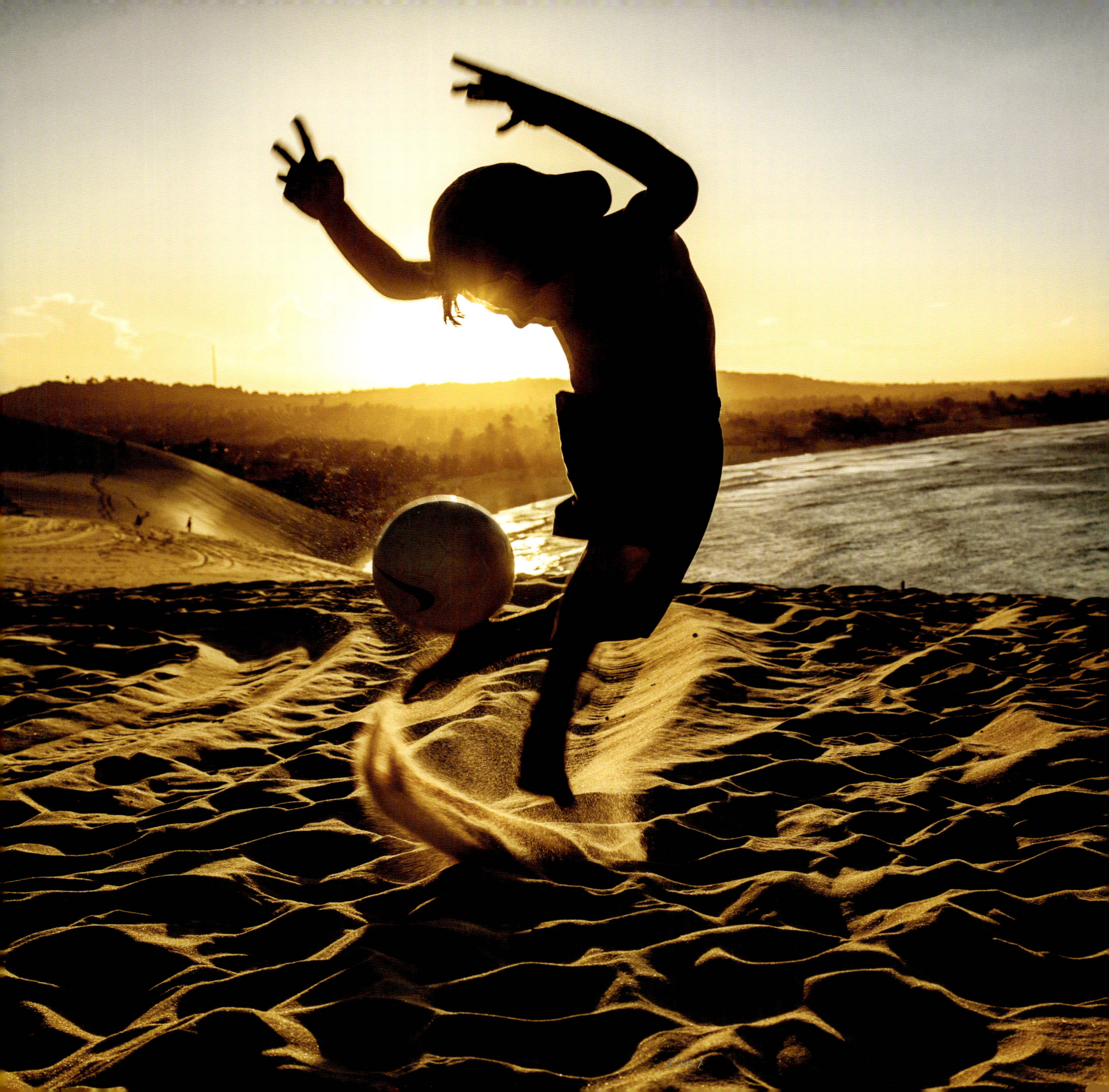

O TUBARÃO DO POTENGI

- Nos anos 1960, o Clube Atlético Potiguar tinha um jogador chamado Paulo, que morava na Praia da Redinha, localizada na Zona Norte da cidade. É um dos bairros mais antigos da capital, mas distante das sedes esportivas da época. Para economizar tempo e dinheiro, nos dias de jogo Paulo atravessava a nado o Rio Potengi, de aproximadamente 300 metros de largura, na ida e na volta. Por isso, ganhou a apelido de Paulo Tubarão.
- A fundação da Liga de Desportos Terrestres, em 1918, também foi um capítulo à parte na história do futebol potiguar. Como o capitão da Marinha do Brasil Aníbal Leite Ribeiro era um dos interessados, a reunião foi realizada a bordo de um cruzador que estava ancorado no Rio Potengi, que banha Natal. Terminada a solenidade, a Liga tornou-se a única entidade esportiva do mundo a ser fundada em um navio de guerra.
- No intervalo de uma partida entre ABC e Alecrim, no Estádio Juvenal Lamartine, um torcedor jogou uma laranja no árbitro Jáder Correia. O juiz apanhou a fruta, levou ao vestiário e, em vez de registrar a agressão na súmula, preferiu saboreá-la.
- Atualmente, existem no departamento médico do América Futebol Clube quatro médicos da mesma família: o pai, Maeterlink Rego, e três filhos. Maeterlink é reconhecido pelas suas habilidades médicas e por prestar relevantes serviços ao América há quase 50 anos.
- Um fato trágico ocorreu no Machadão em 1988. Durante um jogo do ABC, um torcedor se suicidou com um tiro na cabeça, em plana arquibancada do estádio. Ao lado do corpo foram encontrados, além do revólver, uma garrafa de cachaça e copos descartáveis.

THE POTENGI SHARK

- In the 1960s, Clube Atlético Potiguar had a player called Paulo, who used to live on a beach called Redinha, located in the north of the city. It is one of the oldest neighborhoods in the capital, but far from the sports venues. To save time and money on match days, Paul would cross the Potengi river swimming. The river is about 300 meters wide. So he started to be called Paulo Tubarão (Paul the Shark).

- The foundation of Desportos Terrestres League in 1918 was also a chapter in the history of football in Natal. Aníbal Leite Ribeiro was a captain of the Brazilian Navy and very interested in the league. That's why the meeting to decide the details was held aboard a cruise which was moored at a dock in Rio Potengi in Natal. After the ceremony, the league became the only sport organization in the world to be founded on a warship.

- At halftime of a game between ABC and Alecrim in Juvenal Lamartine stadium, a fan threw an orange at the referee, Jáder Correia. The judge took the fruit to the locker room and instead of pressing charges, preferred to taste it.

- Currently there are in the medical department of América Futebol Clube four doctors of the same family: the father Maeterlink Rego and three sons. Maeterlink Rego is recognized for his medical skills and for having provided relevant services to América for almost 50 years.

- A tragic event occurred in Machadão in 1988. During a game of ABC, a fan committed suicide by shooting his head in the stands of the stadium. Next to the body and the gun, a bottle of cachaça and some glasses were found.

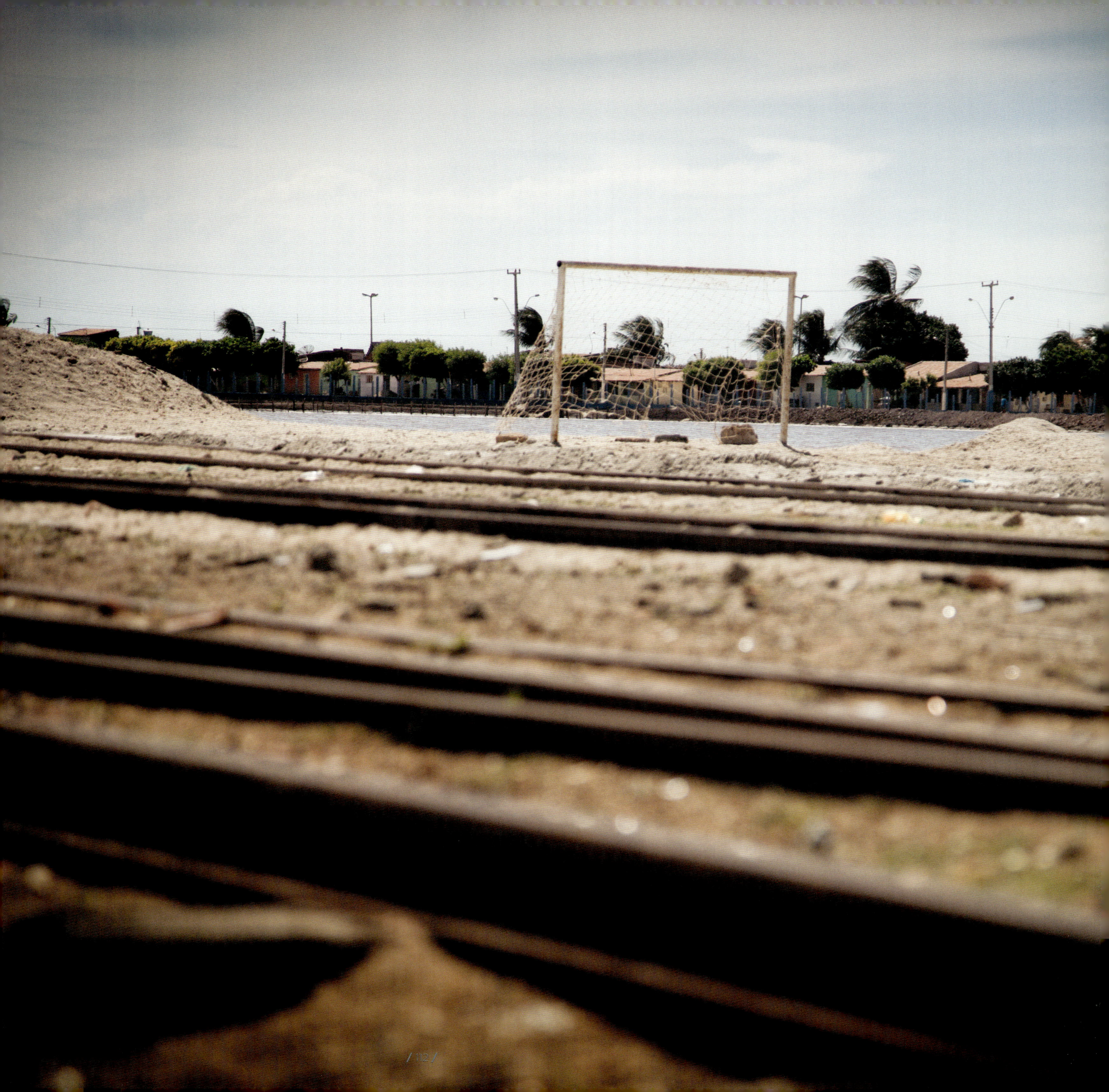

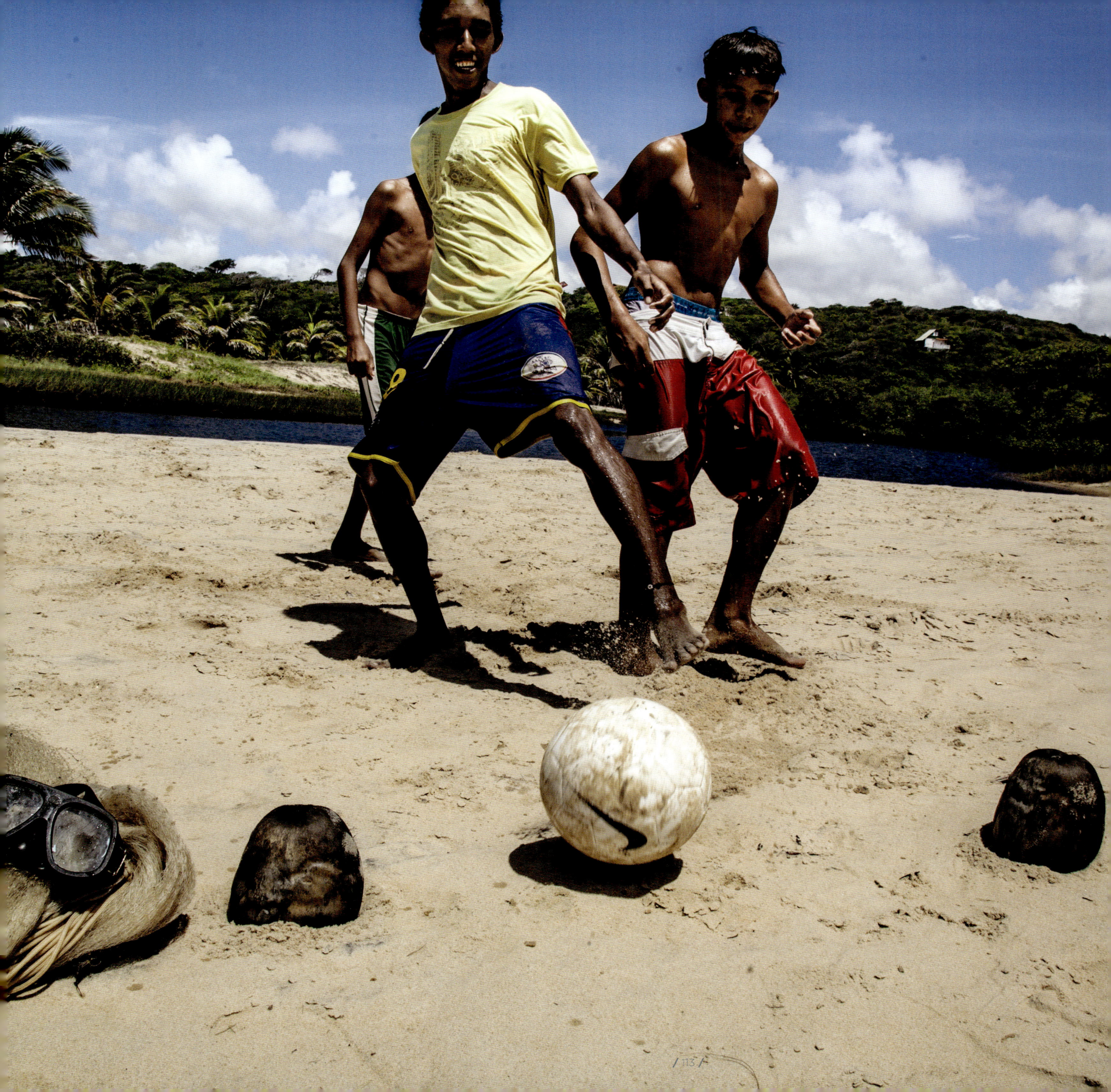

FANATISMO A TODA PROVA

Erinaldo Rafael da Silva, conhecido como Baé, é torcedor fanático do América. Mora na sede social do clube e seu quarto é pintado de vermelho. No chão, o escudo e a frase "Demonstre todo seu amor pelo Mecão" compõem a decoração. Baé, além de torcedor, é funcionário e ajuda a manter em dia as dependências do América.

O momento que ele guarda com carinho foi a conquista da Copa Nordeste, em 1998. "O América venceu o Vitória por 3 a 1. Fomos campeões em um jogo inesquecível", conta. Mas se o time perde... Diz que não ouve rádio, tampouco acompanha os noticiários da TV.

Baé não é o único "doente" por um clube em Natal. Você conhece alguém que tenha dado o nome do time do coração para uma filha? José Normando Bezerra homenageou o Alecrim batizando a filha de Mircela, ou seja, Alecrim invertido. "Ficou até bonito", orgulha-se. Hoje, ele se dedica à presidência da Fera – Fiéis Esmeraldinos Radicais –, a torcida organizada mais antiga do Rio Grande do Norte. Normando e outros colegas foram responsáveis por um feito marcante. Em 1985, o Alecrim vinha de um hiato de 17 anos sem títulos. Insatisfeita com os resultados, parte da diretoria queria licenciar o clube das competições oficiais.

Para piorar, com salários atrasados, os jogadores se recusaram a jogar uma partida. Foi quando os fiéis esmeraldinos impediram que o clube fosse licenciado. Saíram às ruas e pediram contribuições aos torcedores para amparar um dos jogadores que estava com problema de saúde na família. "Ajudamos apenas um jogador, mas eram 22", relembra José Normando.

De novo eles pediram auxílio. "Chegamos com 17 envelopes, com 300 reais, valores de hoje, em cada um." Normando diz que a proposta era que, se o time vencesse o jogo contra o América, os torcedores se comprometeriam a dar mais uma gratificação. O Alecrim ganhou aquele e os jogos seguintes, faturando o título.

A FOOLPROOF FANATICISM

Erinaldo Rafael da Silva, known as Baé, is a fanatic supporter of América. He lives in the clubhouse and his room was painted red. On the floor, the club's shield and the phrase "Prove all your love for Mecão" make up the decor. Baé, apart from being a fan is an employee and helps maintain the club premises.

A moment he will never forget is the Northeast Cup victory in 1998. "América won Vitória 3-1. We were champions in a memorable game", he says. But if the team loses he doesn't listen to the radio, nor watches the TV news.

Baé is not the only one who is crazy about a club in Natal. Do you know someone who has named his daughter after a team's name? Norman José Bezerra honored Alecrim by baptizing his daughter Mircela, which is Alecrim reversed. "It is a pretty name, isn't it", he boasts.

Today he is dedicated to the presidency of FERA – Fiéis Esmeraldinos Radicais - the oldest fan club in Rio Grande do Norte. Norman and some colleagues were responsible for a remarkable feat. In 1985 Alecrim hadn't won a title for 17 years. Dissatisfied with the results, the board of directors wanted to disband the club from the official competitions.

To make matters worse, with low wages, the players refused to play a game. That's when the Fiéis Esmeraldinos prevented the club to be disbanded. They went to the streets and asked the fans for contributions to support one of the players who had health problems in the family. "We helped one player, but they were 22", recalls José Normando.

Again they asked for help. "We arrived with 17 envelopes, with R$ 300.00 each". Norman says that the proposal was if the team won the match against América, the fans would give more money. Alecrim won that game and the following ones too, winning the title.

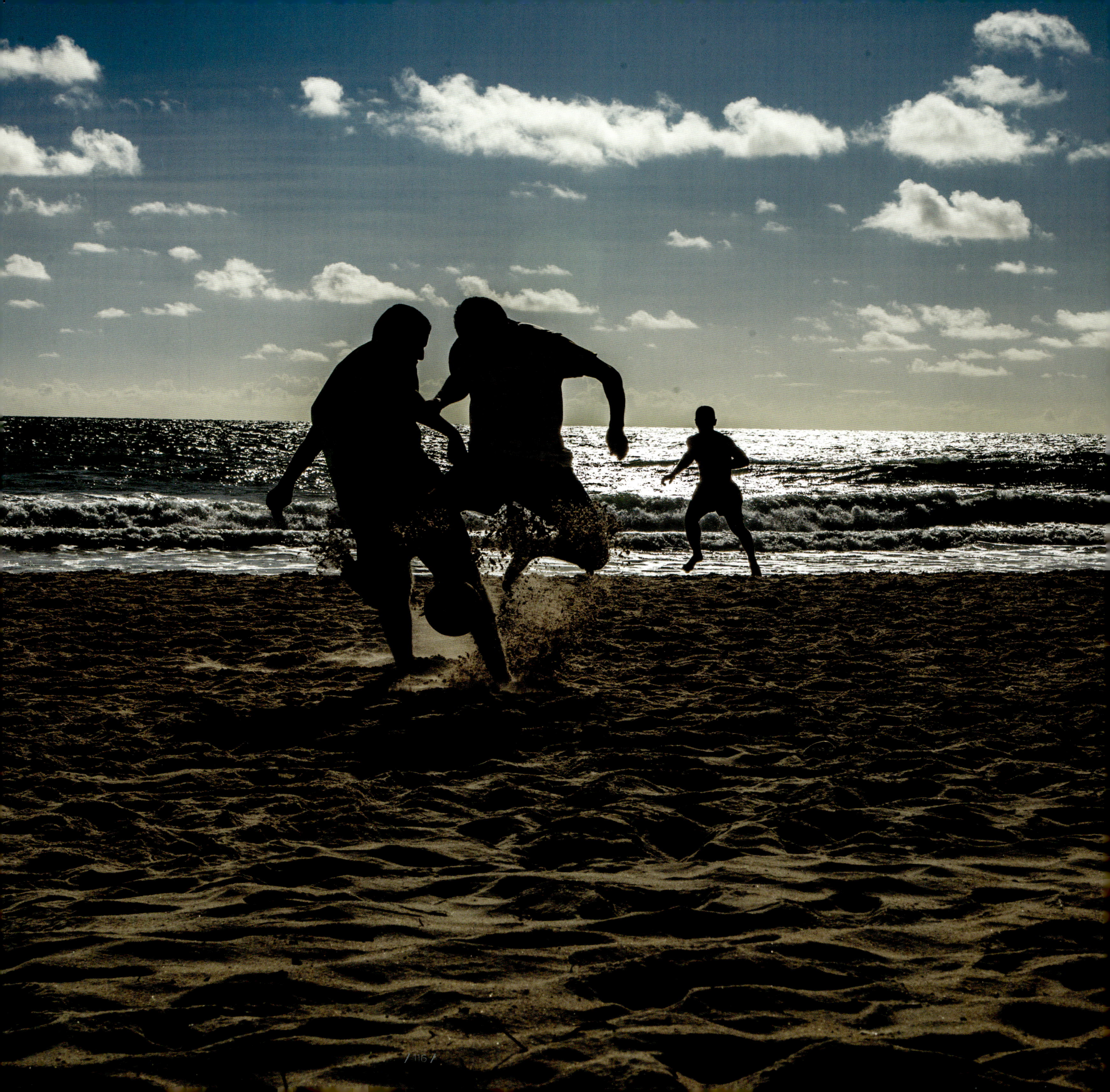

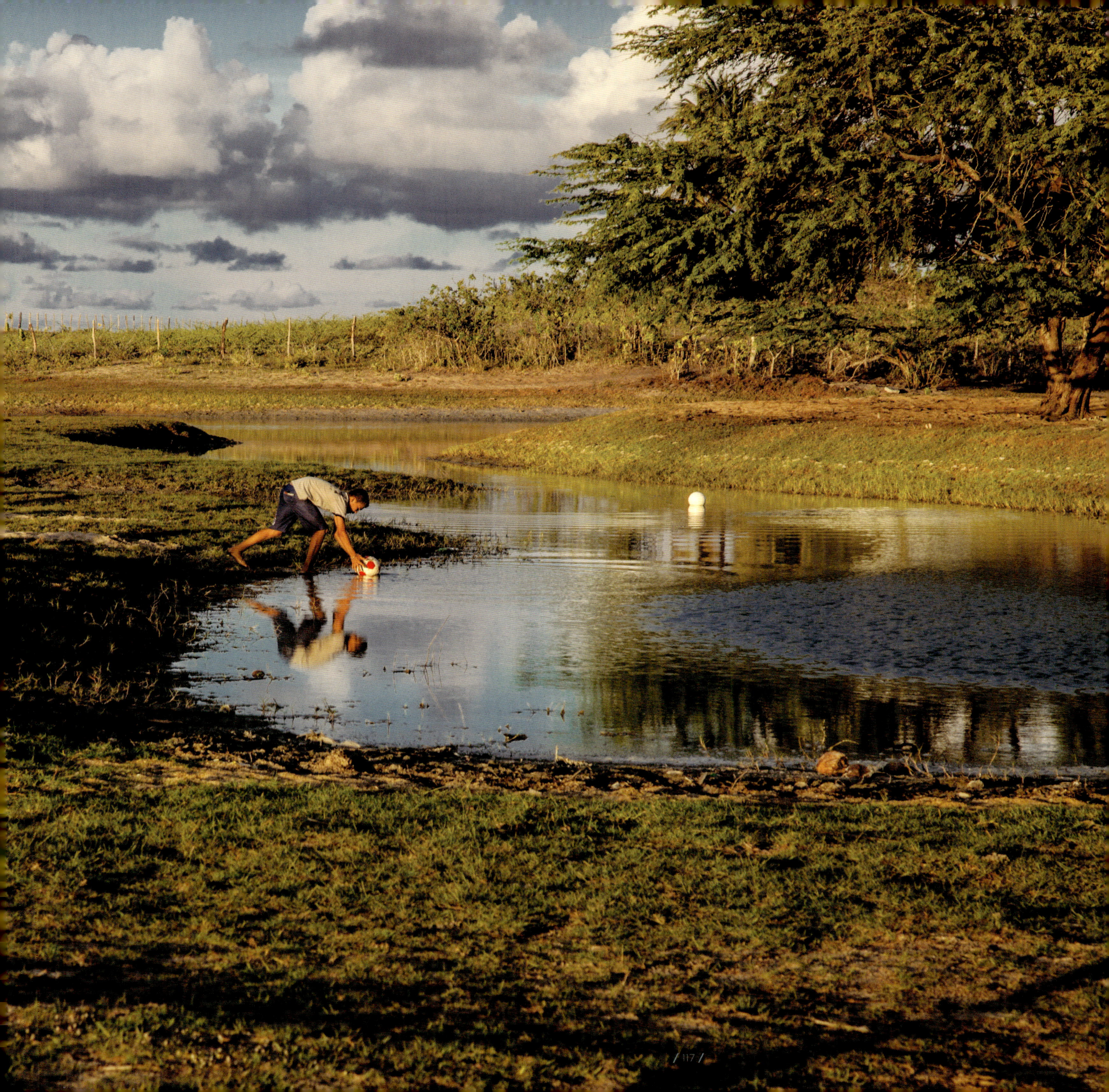

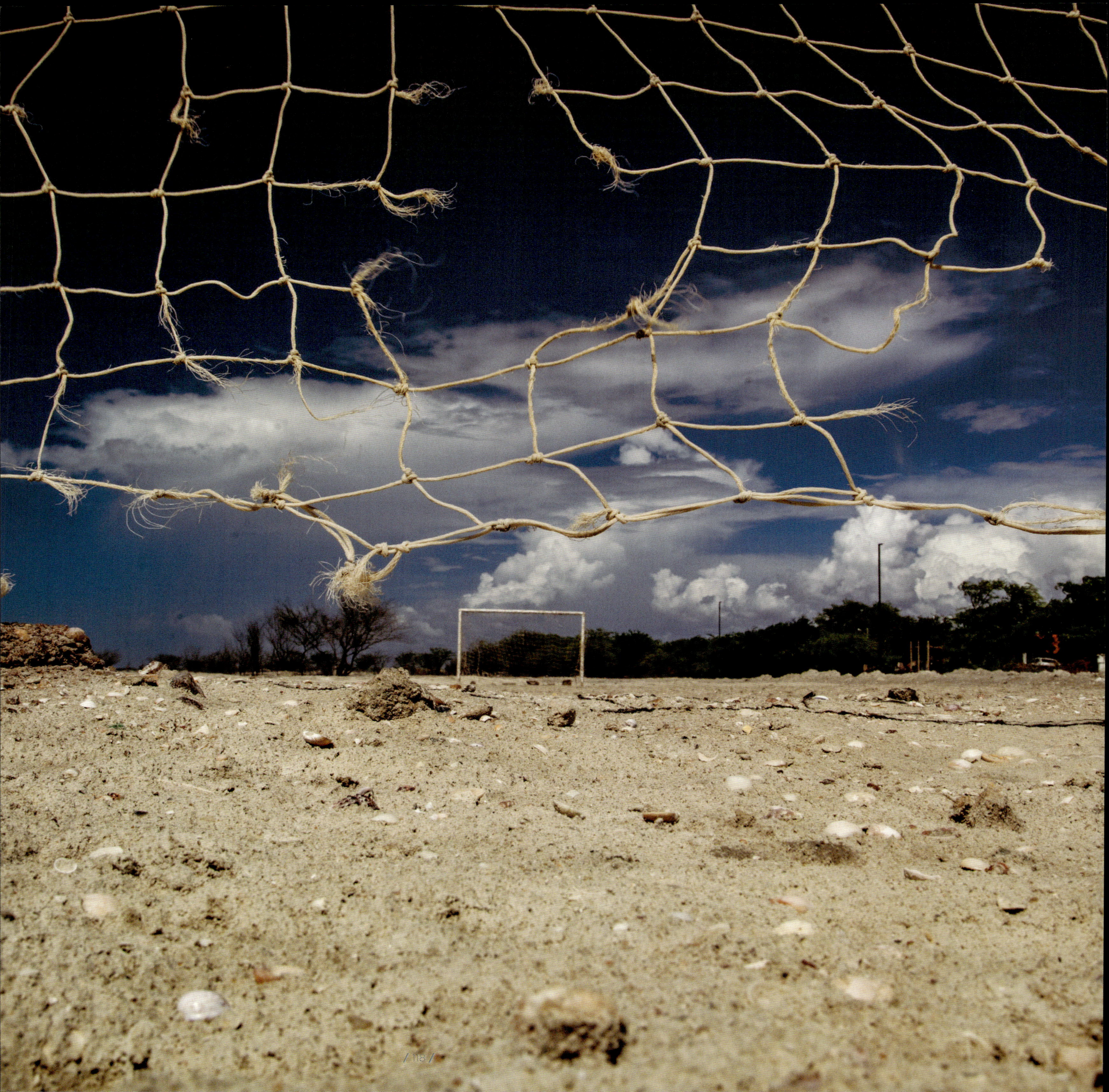

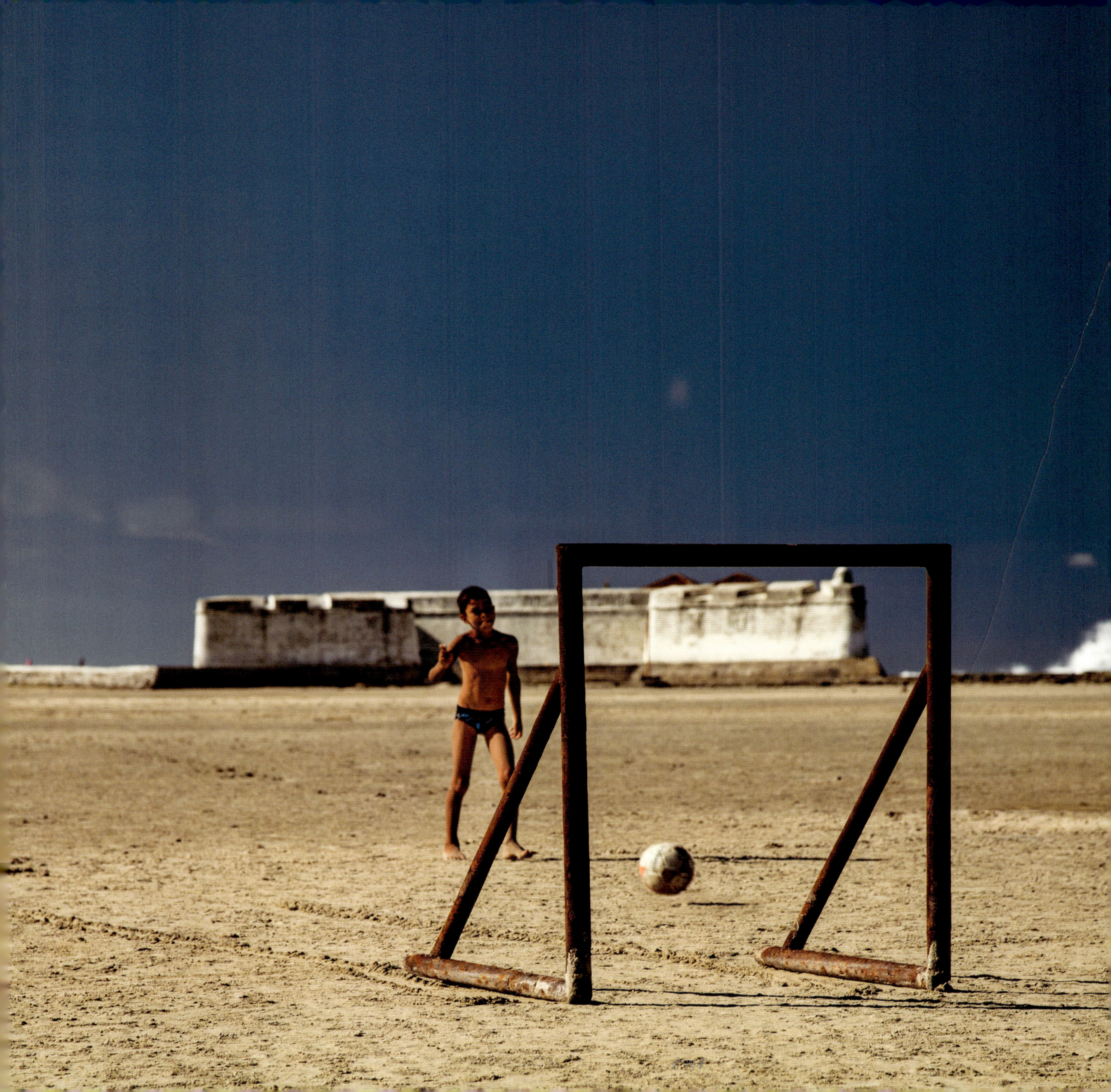

08

CEARÁ
ARENA CASTELÃO

Pág. / 121

BOLA E PAIXÃO NO LUAR DO SERTÃO

BALL AND PASSION UNDER THE MOONLIGHT

O NATAL DO FUTEBOL CEARENSE
THE CHRISTMAS OF FOOTBALL IN CEARÁ

Não havia dia mais simbólico para a chegada do futebol ao Ceará: 24 de dezembro. O ano era 1904 e a data marcava o nascimento de uma paixão. Na época, era comum as famílias ricas mandarem os filhos para estudar na Europa. Alguns deles, no retorno ao Brasil, trouxeram novidades sobre um jogo que virara febre do outro lado do Atlântico, o football.

Em Fortaleza, quem primeiro desembarcou com uma bola foi José Silveira, que havia morado na Suíça e passado pela Inglaterra. O jovem apresentou o esporte aos amigos na Praça do Passeio Público. A partida inaugural envolveu membros da alta sociedade contra um combinado de funcionários britânicos da Companhia de Gás e tripulantes de um navio da Inglaterra ancorado no litoral.

There couldn't be more symbolic day for the arrival of football in Ceará: December 24th. The year was 1904 and the date marked the birth of a passion. At the time, it was common for wealthy families to send their children to study in Europe. Some of them returned to Brazil bringing news about a game that became a fever across the Atlantic, the football.

The one who first landed in Fortaleza with a ball in his luggage was José Silveira, who had lived in Switzerland and passed through England. The young man introduced the sport to friends in Passeio Público square, the main meeting point in the capital.

The first match involved young people from high society against some people from the staff of British Gas Company and the crew of a British ship anchored off the coast of Fortaleza.

RAÍZES
ROOTS

Campo do Prado,
em 1927: o primeiro estádio
do Ceará. Lance do jogo entre
Ceará x Maguary
Campo do Prado, 1927 -
the first stadium in Ceará.
A dribble in a game between
Ceará and Maguary

Os times foram denominados de "Foot-Ball Club" (dos cearenses) e "Ingleses". Os donos da casa perderam por 2 a 0, mas quem se importava? Para o povo de Fortaleza, nascia uma paixão. Sem um local próprio para a prática do futebol, no início a bola corria na praça.

Foram fundados diversos times, a maioria informais que não duraram muito tempo: Stela (que se extinguiu e seus dirigentes criaram o Fortaleza), Rio Branco (que mudou de nome para Ceará), Rio Negro, Humaitá, Hespéria, English Team, Riachuelo, Guarany, Flamengo, Fluminense e Bangu.

Com tantos times, era preciso um espaço exclusivo para os jogos e, em 1913, surgia o primeiro estádio, o Prado. Chamá-lo de estádio, porém, era exagero, ao menos em seus anos iniciais. Não havia arquibancada e uma corda separava o público da área de jogo.

O Prado foi o palco maior do Campeonato Cearense de 1915 a 1941. Com a construção do Estádio Presidente Vargas, ele saiu de cena e o espaço deu lugar a um complexo esportivo, inaugurado em 2011 com o nome de Campo do Prado. Justa homenagem ao pioneiro estádio da cidade.

The teams were named Foot-Ball Club (from Ceará) and British. The cearenses (people from Ceará) lost by 2-0. But who cared about the defeat? A passion was born. Without a proper place for the practice of football in Fortaleza, the games were played in the squares of the city.

Several informal teams were founded, but they did not last long: Stela (which was extinguished and their leaders created Fortaleza), Rio Branco (that now is called Ceará), Rio Negro, Humaitá, Hespéria, English Team, Tabajara, Riachuelo, Guarany, Flamengo, São Cristovão, Fluminense and Bangu.

With so many teams, an exclusive space for the games was needed and in 1913 the first stadium was built and called Prado. Well, maybe it was a little too much to call it a stadium, at least in its early years. There weren't even bleachers and a rope was used to separate the public from the field.

Prado was the greatest stage of Ceará Championship from 1915 to 1941. With the construction of Presidente Vargas Stadium just next door, Prado left the scene to become a sports complex, opened in 2011 with the name of Campo do Prado, in honor of the first stadium in town.

MUITO ALÉM DE ALVINEGROS E TRICOLORES

Ceará e Fortaleza têm, cada um, cerca de 1 milhão de torcedores. A igualdade de forças se reflete nos títulos do Campeonato Cearense. Em 99 edições (de 1915 a 2013), o Ceará conquistou 42 e o Fortaleza, 39.

O Ceará, fundado em 1914, tem sua sede no bairro de Porangabuçu e sempre foi identificado como um clube popular. O time é conhecido também como Vovô e Alvinegro. A sede do Fortaleza, fundado em 1918, fica no Jóquei Clube. Originalmente sua torcida era mais elitista que a do Ceará. O time é conhecido como Leão e Tricolor.

Já o Ferroviário surgiu na classe trabalhadora, em 1933. Foi formado por funcionários da Rede de Viação Cearense (RVC), companhia ferroviária estadual. O clube tem a terceira maior torcida do Estado, porém, seu último título foi obtido em 1995. O time, com nove títulos, é conhecido como Ferrim.

O Icasa, fundado em 1963 em Juazeiro do Norte, foi desativado em 1998 e retomado em 2002. O clube ganhou força na década passada, quando foi três vezes vice do Cearense e chegou à Série B do Campeonato Brasileiro. O time tem um título estadual conquistado no tapetão, em 1992, dividido com Ceará, Fortaleza e Tiradentes. É conhecido como Verdão do Cariri.

O Guarany de Sobral surgiu em 1937 e é o clube profissional mais antigo do interior cearense. Foi, junto com o Quixadá, um dos primeiros times do interior na Primeira Divisão do Cearense, em 1968. Em 2010, conquistou o primeiro e único título nacional de uma equipe do Ceará, a Série D.

O futebol cearense atrai a média de público de 10 mil pessoas no Campeonato Estadual. Fortaleza é a terceira cidade do país com maior número de clubes profissionais: dez, atrás de Rio de Janeiro (24) e Manaus (12) e está empatada com São Paulo e Belém. Além de Ceará, Fortaleza e Ferroviário, há, por exemplo, América, Calouros do Ar e Tiradentes.

UMA BOLA, UM APITO E MUITA VONTADE

Este personagem merece destaque. O garoto Wesley Bruno, de 12 anos, é morador do bairro Novo Barroso, na periferia de Fortaleza. Ao contrário dos meninos da sua idade, o sonho dele não era ser jogador, mas sim treinador. Em frente à casa onde mora, uma área que poderia ter sido uma praça acabou virando o campinho de futebol da criançada da vizinhança.

Com uma bola, um apito e muita vontade, Wesley reuniu a turma do bairro, passou a dar orientações e a formar os times para os jogos. Dessa forma, ajudou a tirar muitos colegas da rua. E a si mesmo. A decisão de Wesley veio após a morte do irmão, de 16 anos, vítima do tráfico de drogas.

BEYOND ALVINEGROS AND TRICOLORES

Ceará and Fortaleza have practically the same number of fans, about 1 million each. This equality of forces reflects in the number of titles in the Ceará State Championships. In 99 editions (1915-2013), Ceará won 42 cups and Fortaleza 39.

Ceará was founded in 1914 and its field was in Porangabuçu neighborhood. It has always been identified as a popular club. The team is also known as 'Grandpa' and 'Alvinegro'.

The field of Fortaleza, founded in 1918, is the Jockey Club. Originally his cheerers were part of the elite of Ceará. The team is known as 'Lion' and 'Tricolor'.

Ferroviário emerged from the working class in 1933. It was formed by employees of Ceará Traffic Network (RVC), state railway company. The club has the third largest crowd in the state, but its last title was in 1995. The team, with nine titles, is known as 'Ferrim'.

Icasa, founded in 1963 in Juazeiro do Norte, was deactivated in 1998 but reappeared in 2002. It gained strength in the past decade when it was for three times vice in Ceará and got to the Brazilian Championship Série B. The team has won a state title in 1992, shared with Ceará, Fortaleza and Tiradentes. It is known as "Verdão do Cariri".

Guarany de Sobral was founded in 1937 and it is the oldest professional club in the interior of Ceará. It was along with Quixadá, one of the first teams from the interior to reach the First Division in 1968. In 2010 it was the first team from Ceará to win a national title: the Série D.

Football in Ceará can be considered one of the most passionate, with an average of 10.000 spectators in a State Championship. Fortaleza is the third city in the country with the largest number of professional clubs (10), just behind Rio de Janeiro (24 clubs) and Manaus (12 clubs) and tied with São Paulo and Belém. Appart from Ceará, Fortaleza and Ferroviário, there are other clubs such as América, Calouros do Ar and Tiradentes.

A BALL, A WHISTLE AND A LOT OF DESIRE

Another character worth mentioning is Wesley Bruno, 12, a resident in Novo Barroso neighborhood, on the outskirts of Fortaleza. Unlike a boy of his age his dream was not to be a player, but a coach. In front of the house he lived, there was an area that could have been turned into a square but it became a soccer field for the children of the neighborhood.

With a ball, a whistle and a lot of desire, Wesley united the kids from the neighborhood, gave them guidance and formed teams to play. Thus, he helped to take many fellows from the streets. Wesley's decision came after the death of his brother, aged 16, a victim of drugs trafficking. "I hope the boys stay away from marginality. And football is a way to do so", explains.

Wesley Bruno, aos 12 anos de idade. Seu sonho é ser técnico de futebol

Wesley Bruno when he was 12 years old. His dream is to be a football coach.

MITO
MYTH

"Desejo que os meninos fiquem longe da marginalidade. E o futebol é uma porta para isso", explica.

Ao time, deu o nome de Cearazinho, referência ao clube do coração, o Ceará. O técnico Wesley é rígido com os seus pupilos e não se intimida com o tamanho ou a idade dos jogadores: chama atenção e cobra postura de todos. Véspera de jogo se dá em regime de concentração. "Tem de ir para casa cedo. Se dormir tarde, vai render mal", alerta.

Depois de ver sua história divulgada na cidade, o então técnico do Ceará, PC Gusmão, convidou Wesley para acompanhar um treino. Deu palestra para os jogadores como gente grande e emocionou todos que acompanharam as dicas do pequeno treinador. Agora, Wesley busca o sonho de virar técnico profissional daqui a 15 anos. Sua meta é o próprio Ceará. "O PC Gusmão que se cuide", brinca Wesley. A façanha lhe rendeu um apelido bastante sugestivo: "PC Gusminha".

AH, EU TÔ MALUCO!

Célebre jornalista esportivo do Ceará, Alan Neto cunhou uma frase fartamente repetida: "Se o futebol cearense não existisse, precisaria ser inventado". Afinal, poucos Estados registraram situações tão inusitadas.

Xilindró neles!

Todo o time do Ferroviário foi preso, em 1948, por se retirar de campo, em um jogo contra o Fortaleza, ao discordar de decisões do árbitro. Os jogadores andaram em fila indiana até a delegacia, mas em seguida acabaram liberados.

Parece piada

Poucos Estaduais já tiveram tantos jogadores com apelidos engraçados: Buceteiro; Cabaço, Chibata, Cu de Rã e Fedorento; Horroroso, Já Morreu e Nojento; Tenebroso, Três Orelhas e Zé Bosta.

A verdadeira pelada!

Em 1987, um torcedor do Fortaleza promoveu um strip-tease com algumas amigas para atrair público a um jogo contra o Quixadá, no Presidente Vargas. Apesar da empolgação da torcida, o caso repercutiu negativamente.

A taça é minha!

A taça de campeão do Cearense de 2012 faz parte da decoração da casa do advogado Érico Silveira. O Ceará alegava que a Federação tinha interesse no título do Fortaleza naquele ano, por isso recusou a taça, comprada por 5 mil reais.

The team was named Cearazinho as a reference to the club of his heart, Ceará. Coach Wesley was strict with his pupils and was not intimidated by the size or age of the players: he used to tell the players off and asked them to have attitude. The day before the game was very important. "You have to go home early. If you sleep late, you won't play well", he warned.

After seeing his history published, Ceará's coach, PC Gusmão, invited Wesley to visit the Training Center of the club. Wesley talked to the players as he was an adult and touched everyone's heart. Now Wesley is going after the dream of becoming a professional coach in 15 years. His goal is Ceará. "PC Gusmão should be worried. I will take his place", jokes Wesley. He is nowadays called 'PC Gusminha'.

AH, I AM GOING CRAZY!

One of the most important sports writer in Ceará, Alan Neto, came up with a phrase that is abundantly repeated: "If football did not exist in Ceará, it would need to be invented." After all, few states had as many unusual situations as Ceará.

Clink Them!

All players of Ferroviário were arrested in 1948 for leaving the field in the middle of a game against Fortaleza because they disagreed with the referee's decisions. The players walked in line to the police station. They were eventually released.

It Sounds Like a Joke

Few states had so many players with funny nicknames: Buceteiro, Cabaço, Chibata (Whip), Cu de Rã (Frog's ass), Fedorento (Stinky); Horroroso (Horrible), Já Morreu (Already Dead), Nojento (Disgusting), Tenebroso (Darkness), Três Orelhas (Three Ears) and Zé Bosta. Imagine the embarrassment of the narrator having to say those names…

Indeed Naked!

In 1987, a Fortaleza's fan promoted a striptease with some girlfriends to attract audience to a game against Quixadá in PV. Despite the excitement of the crowd the case had a negative impact and the organizer was almost arrested.

The Cup is Mine!

The cup of the 2012 Ceará Championship is part of the decor in the house of the lawyer Erik Silveira. Ceará claimed that the federation wanted Fortaleza to get the title that year and because of that the club refused the cup. The cup was bought by an Alvinegro's fan at an auction for R$ 5,000.00.

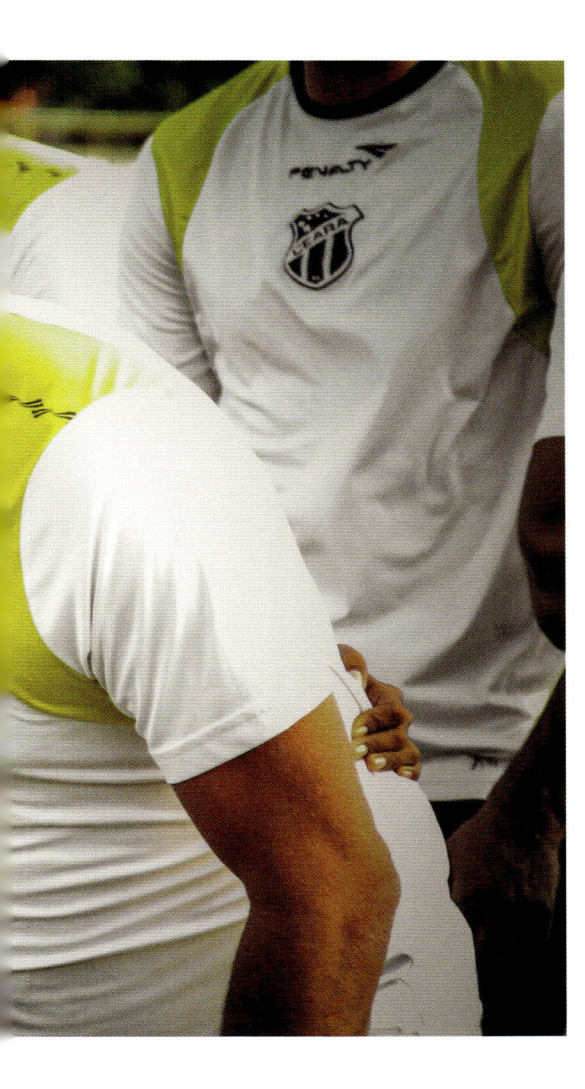

Uma TV, dez antenas

Elenilson Dantas investiu em uma antena capaz de captar o sinal de vários satélites. São cerca de dez receptores para pegar partidas do mundo todo. Além do Campeonato Cearense, ele acompanha o do Rio de Janeiro, Kuait, Qatar e muitos outros.

Essa paixão é de morte!

Existem torcedores que de tão apaixonados escolhem até o caixão com o escudo de seu clube. José Bananeira de Carvalho não dormiu no ponto e abasteceu sua funerária Caminho do Céu com ataúdes de diversos clubes de futebol. Os caixões inicialmente serviam para decorar o espaço, mas caíram no gosto dos moradores de Senador Pompeu. Além dos times do Estado, há peças alusivas a Corinthians, São Paulo, Palmeiras, Botafogo e Portuguesa.

O DIA EM QUE CEARÁ E FORTALEZA SE UNIRAM

No futebol, clubes rivais são como água e óleo. Não se misturam. Em 95 anos de muita disputa, Ceará e Fortaleza só estiveram unidos uma vez. Foi na noite de 2 de setembro de 1982 que o Vovô e o Leão formaram um combinado inédito para enfrentar o Flamengo, então campeão mundial, no Estádio Castelão. Algo impensável atualmente, com a tensa rivalidade entre as duas torcidas.

O primeiro entrave era qual uniforme o combinado Ceará-Fortaleza usaria. Numa época de jogadores fortemente identificados com cada clube, ninguém aceitava vestir as cores do rival, mesmo que por apenas um tempo. Escolheu-se o verde-amarelo, que remetia ao Brasil.

Para compor o combinado, foram convocados oito jogadores de cada lado. Os técnicos dos times, o alvinegro Sérgio Redes e o tricolor Moésio Gomes, dividiram o comando. Difícil era formar o grupo titular, devido ao número ímpar de atletas. "Cinco jogadores de cada time começariam jogando. O problema era o goleiro. Eu queria o Lulinha, o Moésio pedia o Salvino. Acabei vencendo com o argumento de que o Ceará estava à frente do Fortaleza no Campeonato Cearense", relata Sérgio Redes.

Apesar das divergências, alvinegros e tricolores se entenderam bem em campo e o combinado cearense venceu por 2 a 0. E, diferentemente do que poderia se imaginar hoje, alvinegros e tricolores dividiram a mesma arquibancada. Juntos, vibraram pelo mesmo time. União bem distante nos dias atuais, quando os confrontos espantam os torcedores que não fazem parte das torcidas organizadas.

A vitória cearense foi uma surpresa para os 46 mil torcedores pagantes, já que do outro lado estavam ídolos rubro-negros como Zico, Júnior, Andrade, Adílio e Nunes. No

One Tv, Ten Antennas

If you like watching several championships, then you need to meet Elenilson Dantas. His passion for football is such that he invested in a traceable antenna with a mobile base, able to capture the satellites signals from across the globe. There are about ten different receivers to capture matches worldwide. Besides the Ceará State Championship, he follows the Rio de Janeiro one and many other states leagues. Among the most curious games, Elenilson said he watched the Kuwait and Qatar leagues. "It was hard to understand the names of the teams and the players, but the games were interesting", he laughs.

What a Passion!

Some supporters are so crazy about their teams that even in death they want to be close to their clubs. José Bananeiro de Carvalho didn't waste time and stocked in his funeral parlor several coffins with many different emblems.

According to the owner of Caminho do Céu Mortuary the coffins initially served only to decorate the space, but fell in the taste of the residents of Senador Pompeu. Apart from the teams of the region, there are pieces alluding to Corinthians, São Paulo, Palmeiras, Botafogo and Portuguesa.

THE DAY FORTALEZA AND CEARÁ UNITED

In football, rival clubs are like oil and water. In 95 years of a lot of disputes, Ceará and Fortaleza were united only once. It was the night of September 2nd, 1982, that 'Grandpa' and 'Lion' joined to play against Flamengo in Castelão. That would be something impossible nowadays such is the rivalry between the two clubs.

The first obstacle was to choose the uniform they would use. In an era of players strongly identified with their club, nobody would accept to wear the colors of the rival, even if only for a while. The yellow-green was chosen which referred to the flag of Brazil and FCF.

Eight players from each side were chosen to compose the team. The coaches of the teams, Sérgio Redes (Alvinegro) and Moésio Gomes (Tricolor) divided the command. It was difficult to form the line-up team, since the number of players was odd. "Five players from each team would start playing. The problem was the goalkeeper. I wanted Lulinha but Moésio asked for Salvino. I won the argument by saying that Ceará was ahead of Fortaleza in the State Championship", says Sérgio Redes.

Despite the differences, Alvinegros and Tricolores got along well in the field. The team from Ceará won 2-0. And Alvinegros and Tricolores shared the same stands. Together they cheered for the same team. That union is not known anymore, as clashes erupt in the stands nowadays and scare away fans who are not part of fan clubs.

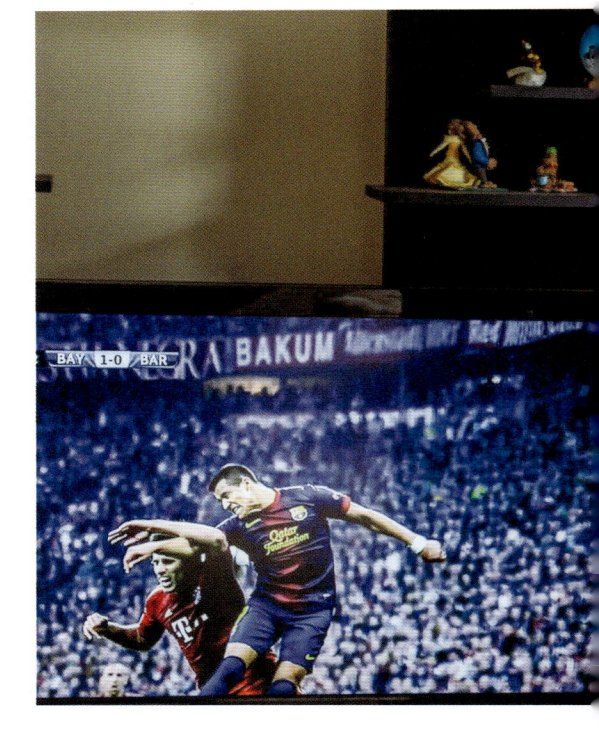

Elenilson Dantas: uma TV, dez controles

Elenilson Dantas: a TV set and ten remote control

placar do amistoso, uma lição de que, se brigassem menos, Ceará e Fortaleza poderiam ser muito maiores do que são.

O JOGADOR QUE VIROU SOLDADO

"Soldado Alvinegro" parece um apelido exagerado, mas representa pouco diante de tanta história que Dimas Filgueiras tem no Ceará. Uma relação de amor que começou há 41 anos. Por ironia, ele começou a jogar no Fortaleza, onde ficou apenas um ano.

"Há males que vêm para o bem. Não fiquei no outro time, mas ganhei uma casa", recorda Dimas, sem citar o clube rival. "Foi a melhor coisa que já aconteceu comigo", reforça o ex-lateral, conhecido pela polivalência na defesa.

Ao pendurar as chuteiras, em 1976, Dimas seguiu no clube. Foi técnico, auxiliar, supervisor e vice-presidente. "O Ceará é como um filho. Virei torcedor, por isso nunca nego ajuda", diz. Não é à toa que Dimas assumiu o comando técnico da equipe em 40 ocasiões a partir de 1982.

Foram 506 jogos até junho de 2013. Era ele o técnico no vice-campeonato da Copa do Brasil de 1994. "Só não fomos campeões porque acabamos garfados pela arbitragem", lamenta, relembrando o empate sem gols contra o Grêmio.

Nascido no Rio de Janeiro, Dimas começou a carreira no Botafogo nos áureos tempos de Garrincha. Pela seleção brasileira, disputou os Jogos Olímpicos de Tóquio, em 1964.

De Garrincha, guarda boas recordações. Dimas chegou a dividir o quarto com o craque e escrevia as cartas que ele endereçava às namoradas. "Convivi quatro anos com Mané. Era amigo também de Elza Soares, e a gente costumava ir a sessões espíritas", conta.

Dimas é devoto de Nossa Senhora de Fátima, e essa fé ajudou a superar um câncer, na década passada. Supersticioso, usa uma camisa com a imagem da santa nos jogos do Ceará. Aos 69 anos e com a saúde debilitada, o treinador enfrenta a resistência da família sempre que há a possibilidade de assumir o time de novo. Mas, como diz, soldado não nega o chamado do quartel. Se o Ceará precisar, é só falar com o Dimas.

MIRANDINHA, O SAMBA SHOW

Aos 53 anos, Francisco Ernandi Lima da Silva orgulha-se de ter uma vida dedicada ao esporte. Em especial, ao futebol. Alguns devem se perguntar: mas quem é ele? Se contarmos a história de Mirandinha, muitos saberão de quem se trata.

Mirandinha tem marcas históricas no futebol brasileiro e também em campos ingleses. Saiu do Fortaleza aos 17 anos para jogar na Ponte Preta e fez grandes feitos no Pal-

The victory of Ceará was a big surprise for 46.000 fans since the other team had famous idols such as Zico, Júnior, Andrade, Nunes and Adílio. The score of the friendly game showed that if they fought less, Ceará and Fortaleza could be much bigger than they are.

THE PLAYER WHO BECAME A SOLDIER

'Alvinegro soldier' seems to be an exaggerated nickname widely used by the press. But it represents a little before the history of Dimas Filgueiras in Ceará. It is a relationship of love that completes 41 years in 2013. Ironically he began in Fortaleza, where he played for just one year.

"But there are blessings in disguise. I lost the job, but I got a house", recalls Dimas, without mentioning the rival club. "It was the best thing that have ever happened to me", adds the former winger, known for his versatility on defense.

When he retired in 1976, Dimas followed the club. He was a technical assistant, a supervisor and a vice president. "Ceará is like a son. I became a supporter and that's why I never deny helping when the team needs me". So Dimas took charge of the team on 40 different occasions from 1982 on.

There were 506 games until June 2013. He was the coach in the 1994 Brazilian Cup, when the team won the silver medal. "We were not champions because of the referee," Dimas regrets, recalling the draw against Grêmio in Porto Alegre.

He was born in Rio de Janeiro and began his career playing for Botafogo together with Garrincha. He played for the Brazilian team in the 1964 Olympic Games in Tokyo.

He has good memories of Garrincha. Dimas even shared a room with him and wrote letters to Garrincha's girlfriends. "I lived four years with him. I was also Elza Soares's friend and we used to go to a Spiritism Center together", says.

Dimas is devote to Nossa Senhora de Fátima. It was faith that helped him overcome a cancer at the beginning of the last decade. Superstitious, he usually wears a shirt with the image of the saint in the games of Ceará. In his 69 and poor health, the coach faces resistance from the family about the possibility of coaching the team again. But as he says, a soldier can't deny a call from the command. "If Ceará needs help again, just call me".

MIRANDINHA, THE SAMBA SHOW

At the age of 53, Francisco Ernandi Lima da Silva is proud to have a life dedicated to football. Some may wonder - but who is he? If we tell the story of Mirandinha, many will know who he is.

Mirandinha has historical markers in Brazilian football and in the English fields. He left Fortaleza when he was 17

meiras. Ostenta o título de maior artilheiro do clube em um Campeonato Brasileiro, com 22 gols. A carreira o levou a defender clubes também em Minas Gerais, Pernambuco e Ceará, até sua ida para a Inglaterra, para defender o Newcastle. Foi o primeiro jogador brasileiro a atuar na terra da rainha e logo ganhou o apelido de Samba Show.

Da época do futebol inglês, ficaram as lembranças engraçadas das dificuldades com a língua. "Era corriqueiro o time parar no restaurante e pegar 'chicken chips' para comer dentro do ônibus. Certa vez, a viagem estava demorada e o atacante Paul Gascoigne, o Gaza, me falou para ir ao treinador, mister Willians, e dizer 'I am fucking stove' ("eu estou fodendo o forno"), como para dizer que estava morrendo de fome. Eu, inocente, não sabia falar inglês, gravei a frase, fui lá e falei para o treinador. O ônibus todo caiu na gargalhada", relembra, divertindo-se com a expressão que nada tem a ver com apetite.

Depois da carreira como jogador, Mirandinha adquiriu grande experiência como treinador. Passou por clubes de norte a sul do país e foi dar sua contribuição ao futebol da Arábia Saudita, Malásia e Japão. No Brasil, Mirandinha contribuiu ativamente para a instalação do memorial do Castelão, na Arena Castelão, em Fortaleza, onde recepciona grupos nas visitas guiadas.

E O AMOR PELO FUTEBOL, APENAS PELO FUTEBOL

Se houve um cearense muito apaixonado por futebol, esse foi, sem dúvida, José Antonio de Lima. Morador de Quixadá, ele ficou conhecido como José Abílio, nome que herdou do pai. Dedicou-se tanto à bola que os estabelecimentos comerciais que teve foram se perdendo ao longo do tempo. "Se chegasse alguém ligado ao futebol, ele primeiro conversava sobre os jogos, depois atendia o cliente", lembra a filha Joana Emília Azevedo de Lima Castro.

Ele tinha o hábito de acompanhar um jogo pela TV, outro pelo rádio e ainda tinha cabeça para discutir a partida do Quixadá, que muitas vezes nem era transmitida - e isso tudo ao mesmo tempo. Era uma espécie de faz-tudo do Quixadá: dirigente, massagista, motorista, roupeiro... Certa vez, a equipe ficou sob o comando de José de Freitas, o Freitinhas. Só que José Abílio não desgrudava do time por nada. De pura birra, sempre que José Abílio sugeria um jogador, Freitinhas recusava. "Aí ele passou a usar a tática inversa e dizia: 'Freitinhas, põe ele não, esse jogador é ruim que só!' E aí Freitinhas colocava", conta o genro Rogeres de Castro.

O destino da família mudou quando a filha mais velha de José Abílio, Maria José Lima, a Mazé, acertou os 13 jogos da loteria esportiva, concurso que pagou 2,5 milhões de reais em valores de hoje. José Abílio poderia ter des-

---

to play in Ponte Preta and made great achievements in Palmeiras. He is the main scorer of the club in a Brazilian championship with 22 goals. The career led him to play for clubs in Minas Gerais, Pernambuco and Ceará until his departure for England to defend Newcastle. He was the first Brazilian player to act in the land of the Queen and soon got the nickname of Samba Show.

He has funny memories of the difficulties he had with the language. "It was common for the team to stop at a restaurant and order some 'chicken chips' to eat on the bus. Once the trip was quite long and the striker Paul Gascoigne, Gaza, told me to say to Mr. Williams, the coach: 'I am fucking stove', which would mean that we were starving. In my innocence I said to the coach what I was told. The whole bus burst into laughter, "he recalls, amused by the expression that has nothing to do with appetite.

After the playing career, Mirandinha acquired great coaching experience. He coached clubs in the whole country and in Saudi Arabia, Malaysia and Japan. In Brazil Mirandinha actively contributed to the installation of Castelão memorial, in Estádio Castelão, Fortaleza, where he welcomes groups for guided tours.

AND ... IN LOVE WITH FOOTBALL, FOOTBALL ONLY

If there is someone who deserved to be called passionate about football, this would be undoubtedly José Antonio de Lima. Resident of Quixadá, he was known as José Abílio, his father's name. He was so dedicated to football that the stores he had were shut down. "If someone crazy about football entered the store, he would first talked about games, then business", says his daughter Joana Emília Azevedo de Lima Castro

He used to watch a game on TV while listening to another one on the radio. And he could even discuss about Quixadá, a game which wasn't often transmitted.

He was the Quixadá's handyman: manager, masseur, chauffeur... Once the team was under the command of one of his great friends, José de Freitas, known as Freitinhas. The official coach was Freitinhas and José Abílio his faithful squire, someone who was always there for the team. To be against José Abílio, whenever he suggested a player, Freitinhas refused. "Then he thought of a strategy. He would say to Freitinhas: "Don't call that player!! He is so bad!" And then Freitinhas would call that player", says his son-in-law Rogeres Viscucia de Castro.

The family's fate changed when the eldest daughter of José Abílio, Maria José Azevedo de Lima (Mazé), won the lottery. That lottery card yielded approximately 2.5 million reais nowadays. From that time on, José Abílio

<u>Mirandinha, com suas habilidades conquistou os ingleses.</u>

Mirandinha, with his powerful kick, amazed the British

frutado uma vida de luxo, mas preferiu investir parte da fortuna naquilo que mais amava: o futebol.

Com parte do prêmio, comprou dois carros – um deles para levar o time do Quixadá às competições –, uma boa casa na capital e uma propriedade com um campinho de futebol modesto. Mesmo com todo esse dinheiro, José Abílio continuou a se vestir de maneira simples e a andar de bicicleta. Sua história dedicada ao futebol rendeu um lugar na fundação da Liga Quixadaense de Futebol, também sob sua batuta, e o nome no estádio de Quixadá.

could have enjoyed a luxurious life, but he chose to spend nearly all his fortune in what he loved most: football.

With part of the prize, José Abílio bought two cars - one for the family and the other to carry the Quixadá's players for competitions. He bought a nice house in the capital and a comfortable property with a modest football field.

Even with all this money José Abílio continued wearing simple clothes and riding a bike. His dedication to football was recognized with a special place in the football Foundation of Quixadá and by having Quixadá Stadium named after him.

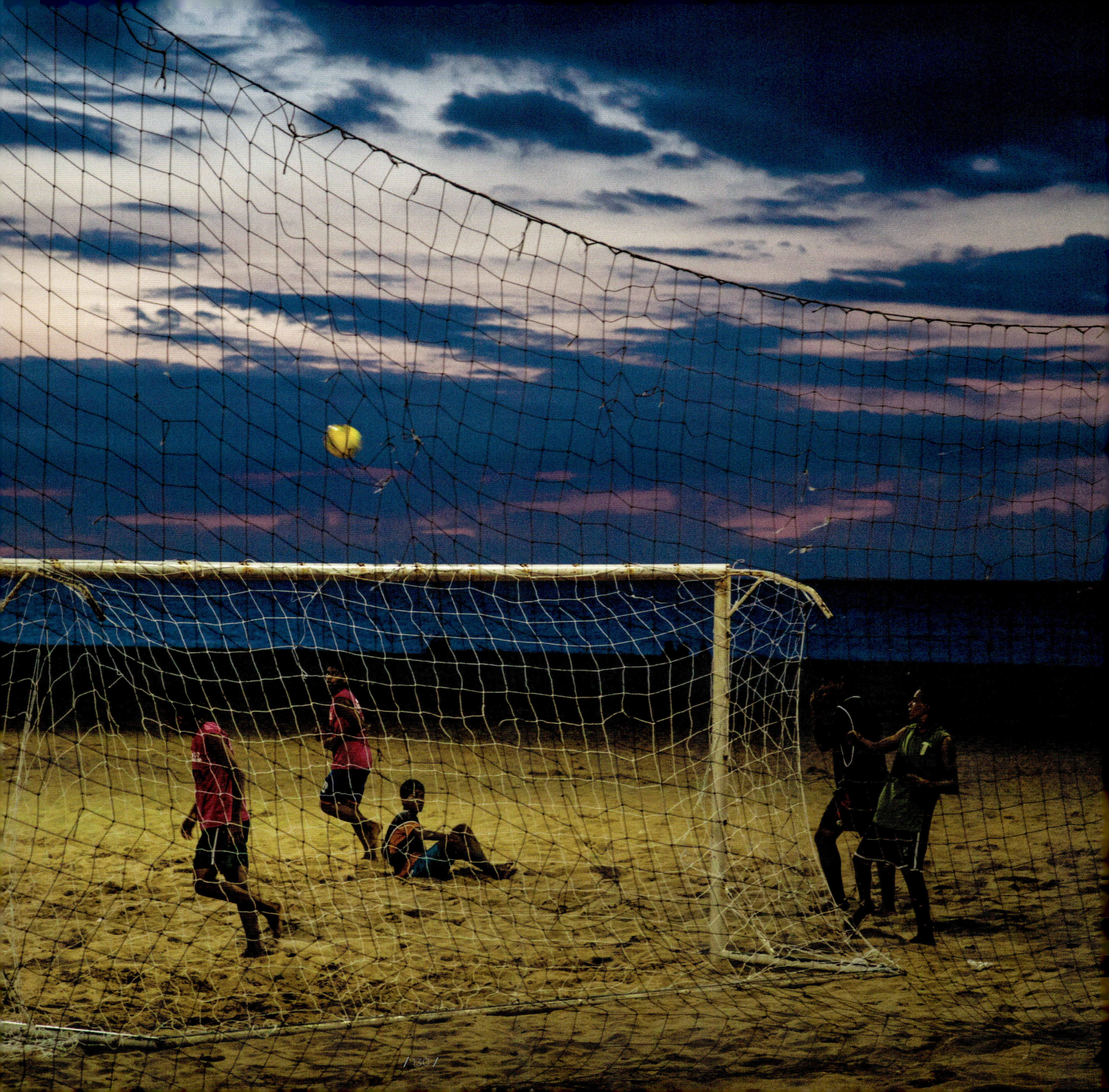

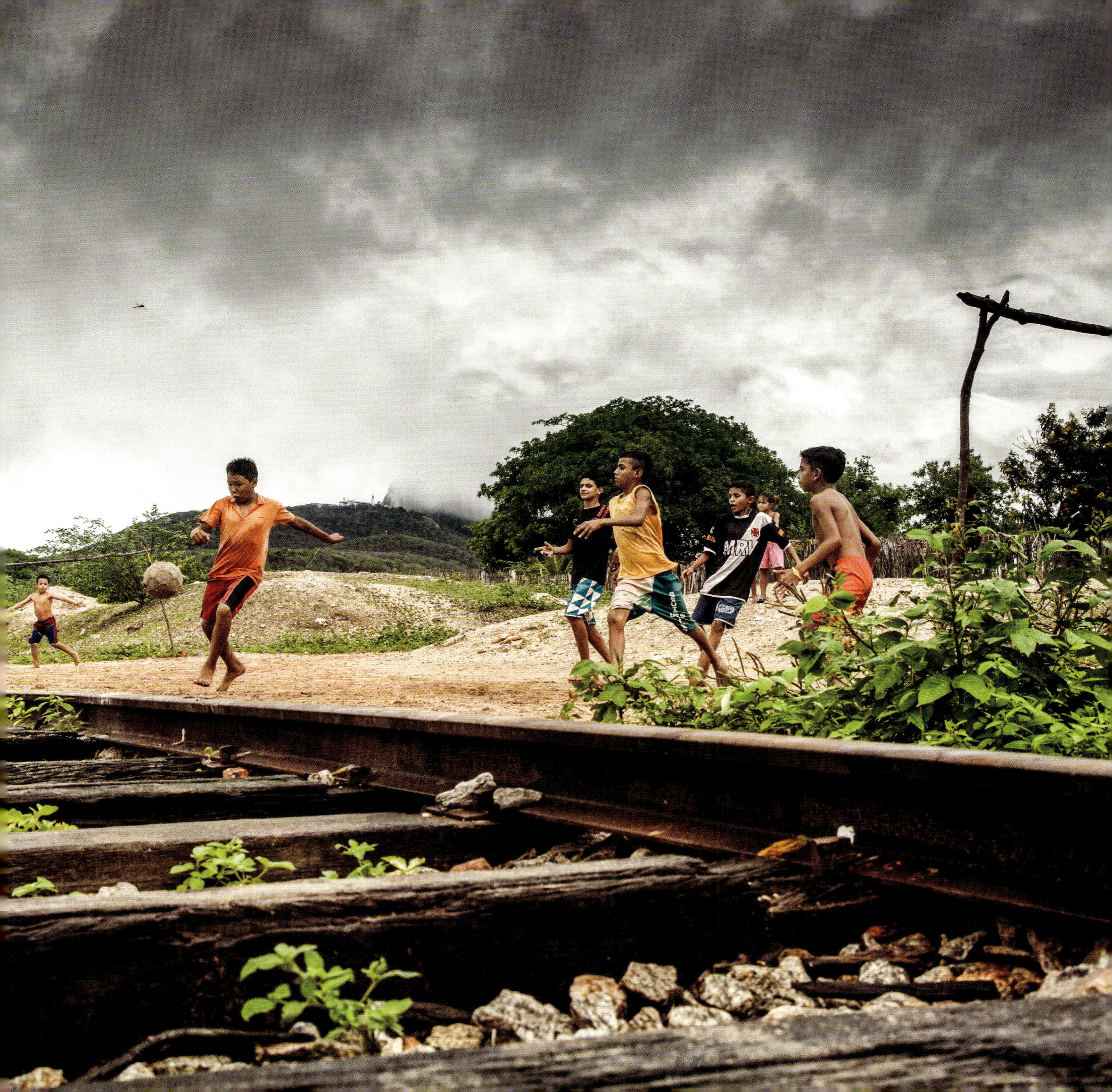
MRV

UM CASTELO À ALTURA DO REI
A PERFECT CASTLE FOR A KING

Depois da Copa do Mundo de 1938, o futebol virou paixão popular no Brasil. Equipes passaram a cruzar o país em excursões. Em Fortaleza, Bahia e Palestra Itália (atual Palmeiras) estiveram na cidade em 1938 e venceram todos os jogos. Mas as condições com que os visitantes eram recepcionados melindravam os cearenses, já que a estrutura era precária.

Em 1939, foi lançada a pedra fundamental do Estádio Presidente Vargas, inaugurado dois anos depois com o jogo Ferroviário 1 a 0 Tramways-PE. O projeto previa arquibancada em volta de todo o campo, em formato oval. O que foi entregue, porém, resumiu-se ao pequeno lance de arquibancadas de madeira herdado do Prado.

De 1941 a 1973, o PV, como ficou conhecido, foi o centro das atenções do futebol cearense. Ali, Garrincha vestiu a camisa do Fortaleza na vitória sobre o Fluminense por 1 a 0, em 1968. Já era visível que o PV não comportava eventos como aquele. Mas foi outro gênio que teve papel fundamental para a chegada do Castelão. Digamos que foi o apagar das luzes para uma nova era.

O destino foi pródigo ao reservar para Fortaleza o jogo mil de Pelé pelo Santos. Seria contra o Ceará, pelo Campeonato Brasileiro de 1972. Aquele jogo prometia, pois o gol mil da carreira havia sido em 1969 e o jogo mil, em 1971. Para completar a trinca, faltava o milésimo jogo com a camisa do time que o consagrou. A expectativa era enorme, pois Pelé dava sinais de que o fim da carreira estava próximo. Mas o Ceará levou a melhor: 2 a 1.

After the 1938 World Cup, football became a popular passion in Brazil. Teams began to cross the country on tours. In Fortaleza, Bahia and Palestra Itália (currently Palmeiras) came to the city in 1938 and won all the games. Apart from losing games, people from Ceará would be mad at the way visitors were greeted, since the structure was precarious.

In 1939, the foundation stone of Presidente Vargas Stadium was laid. Two years later it was inaugurated with a game between Tramways-PE x Ferroviário, that won by 1x0. The project of the stadium included the stands around the whole field, oval-shaped. What was delivered, however, was the wooden bleachers inherited from Prado.

From 1941 to 1973, Presidente Vargas Stadium, also known as PV, was the limelight of football in Ceará. It was in that stadium that Garrincha wore the shirt of Fortaleza in the victory over Fluminense by 1-0 in 1968. But it became clear that PV could not hold events like that anymore. That was when a 'genius' had an important role in the construction of Castelão.

Let's say it was the beginning of a new era. Fortaleza was chosen to be the host of the game that would be remembered forever. It was the 100th game of Pelé for Santos. It would be against Ceará for the 1972 Brazilian Championship.

It would be an incredible game. Pelé had scored his 1.000th goal in 1969 and his 1.000th game happened in 1971. To complete his achievements, the 1.000th game played for the team that made him famous was missing. The expectation was huge because Pelé was giving signs that he was close to the end of his career. But Ceará won by 2-1.

pg. 133 / Ceará

Terminado o jogo, um torcedor invadiu o campo e ofereceu 10 mil cruzeiros (26 mil reais em valores de hoje) pela camisa 10 de Pelé. O rei, acuado, cobrou das autoridades um estádio que melhor comportasse o futebol cearense. Onze meses depois, foi inaugurado o Castelão, que só teve tempo de receber sua majestade uma única vez.

After the game a fan invaded the field and cornered Pelé to offer him Cr$10.000 (R$ 26.000,00 twenty six thousand reais nowadays) for the number 10 shirt. Pelé felt hampered and asked authorities to build a stadium that would serve better the teams and the fans from Ceará. Eleven months later, in 1973, Castelão was inaugurated. Unfortunately Pelé had only one opportunity to play in its field before retiring.

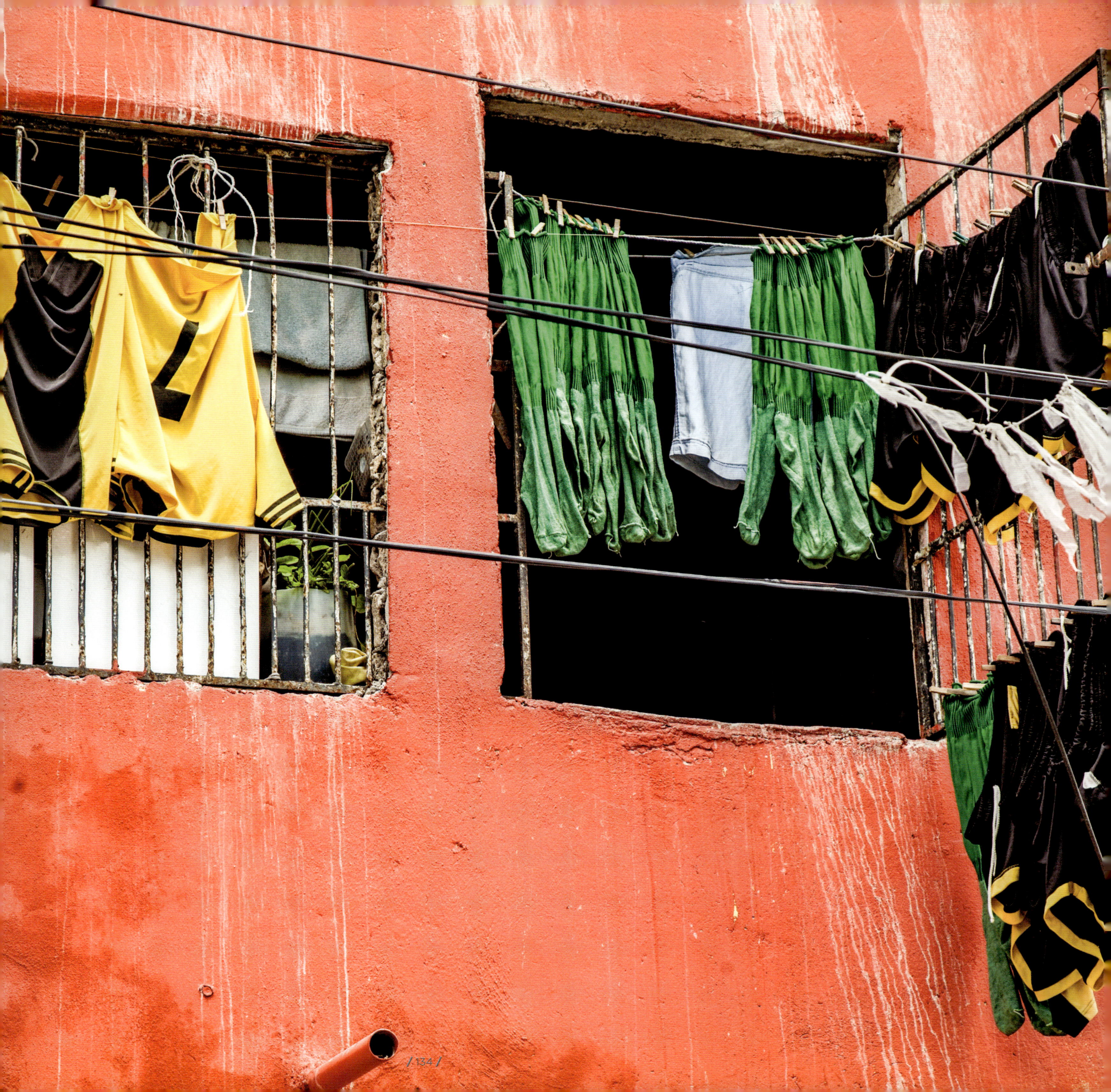

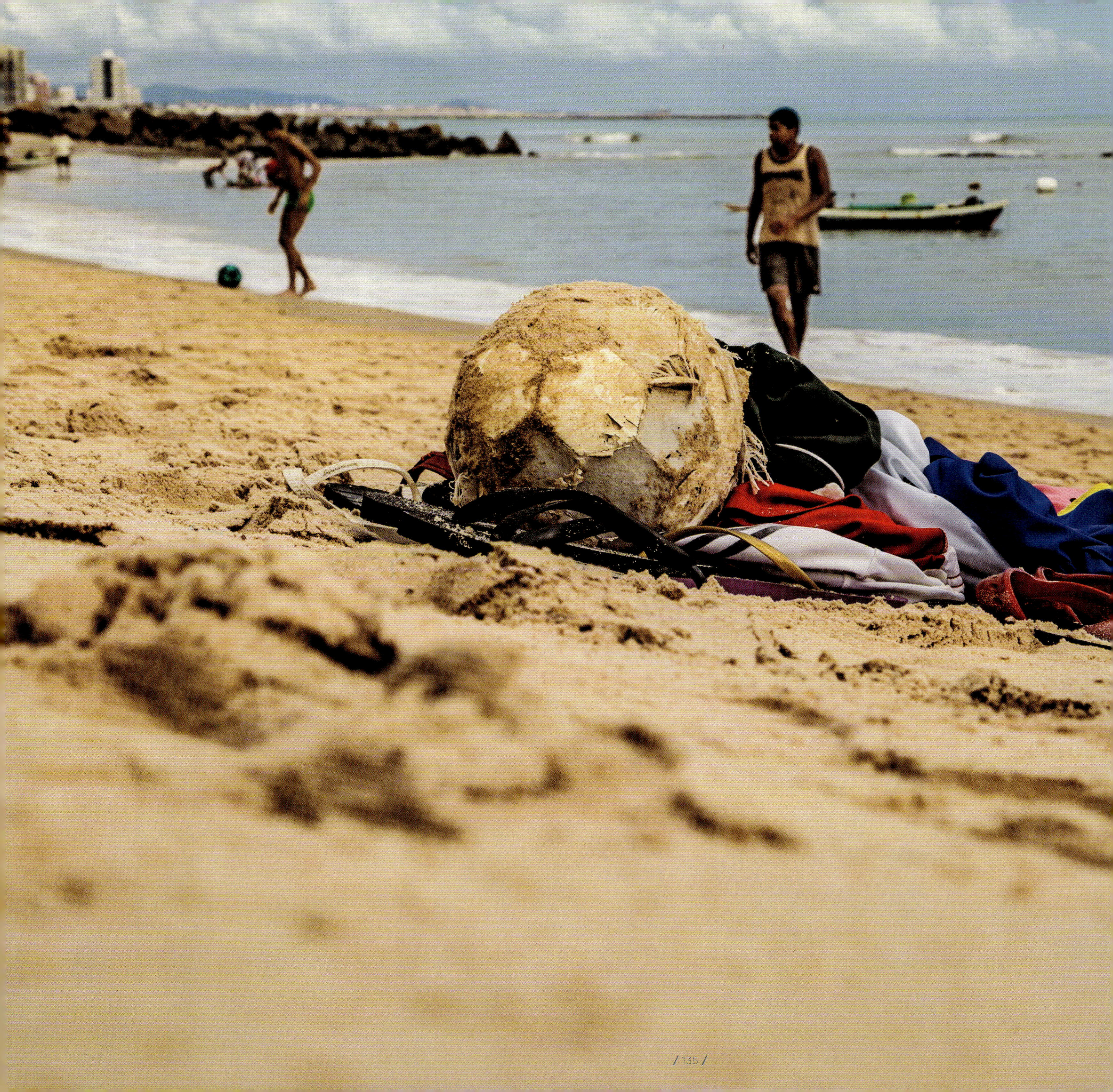

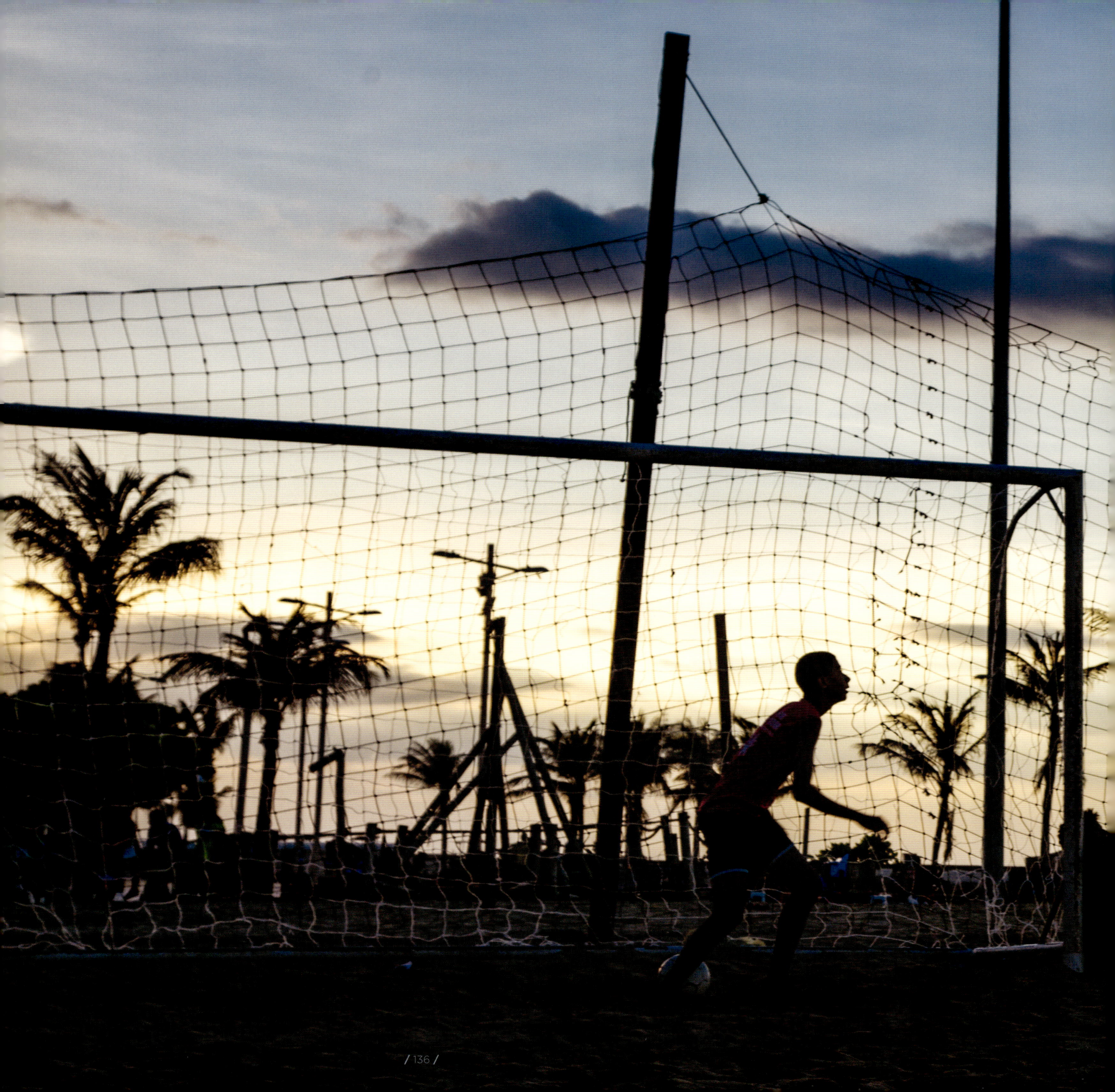

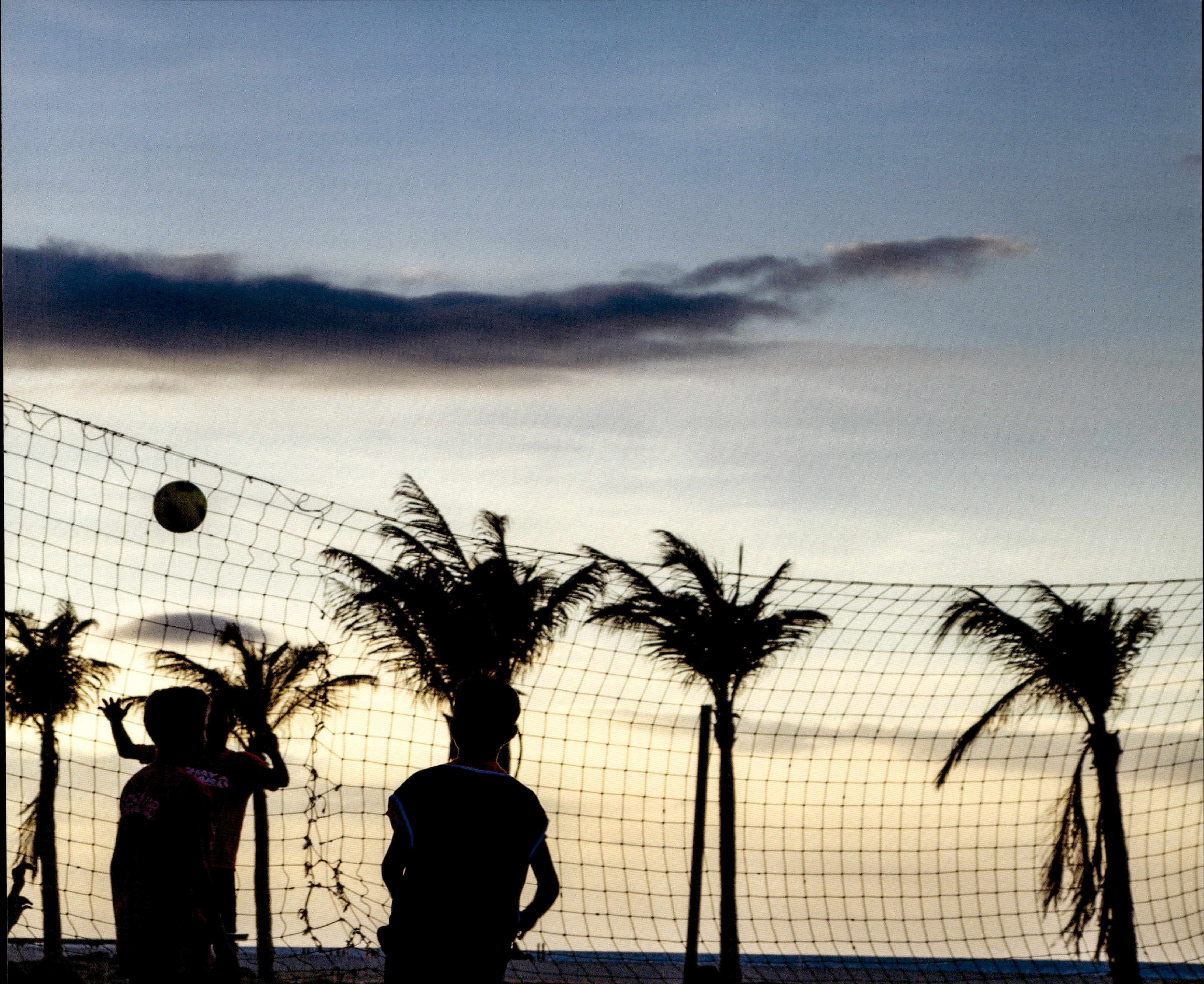

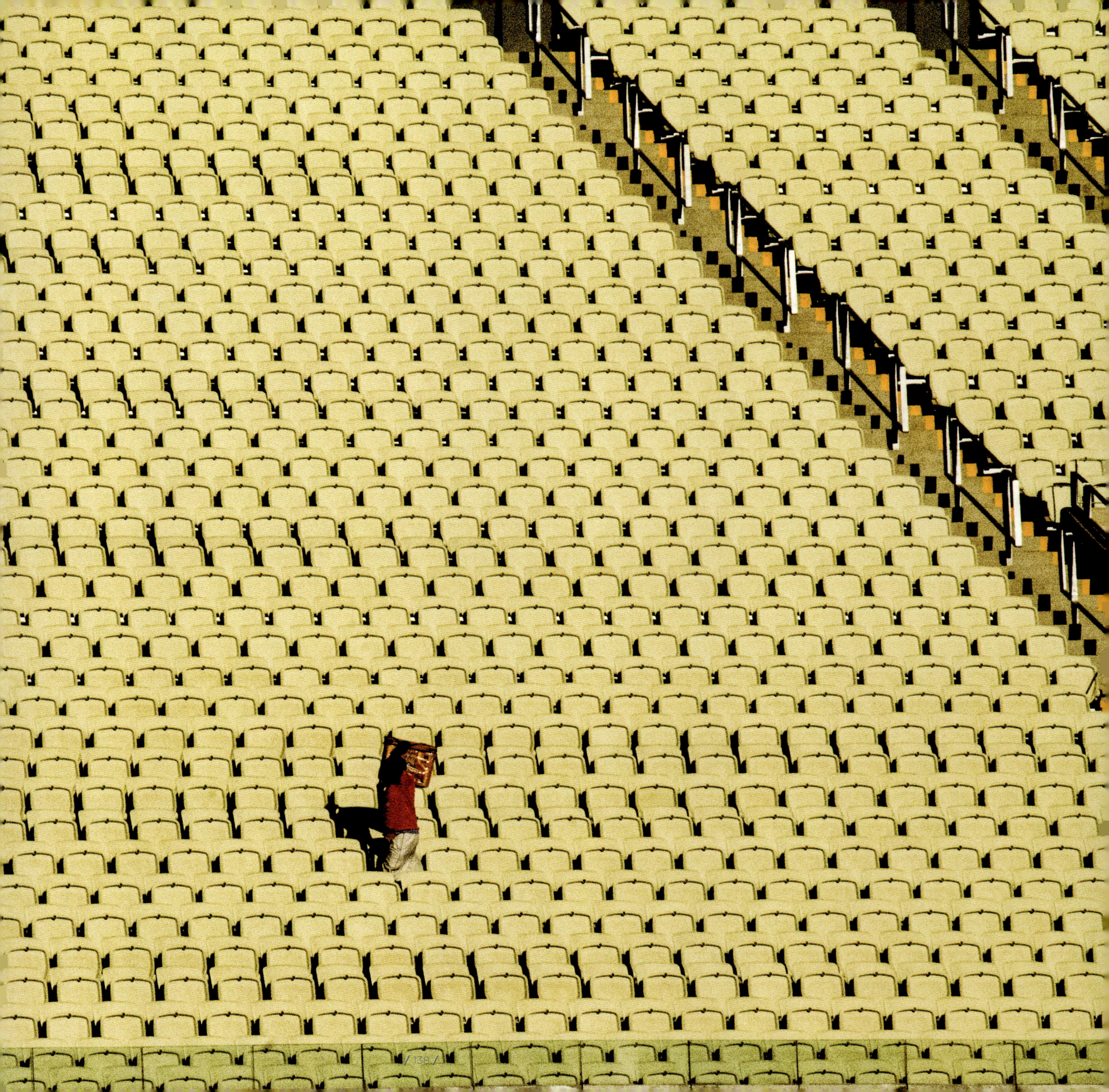

SAÍDA

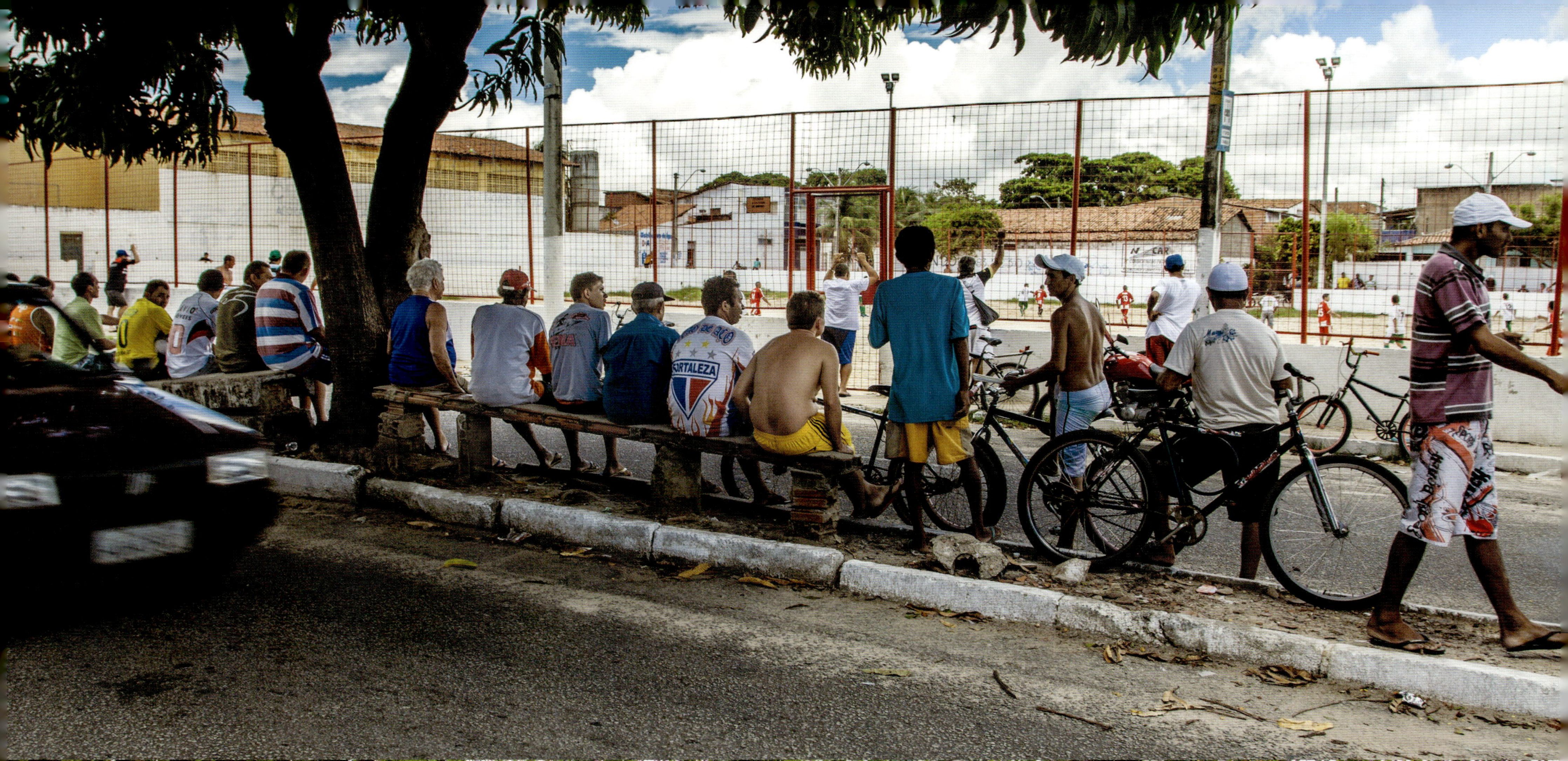
FORTALEZA

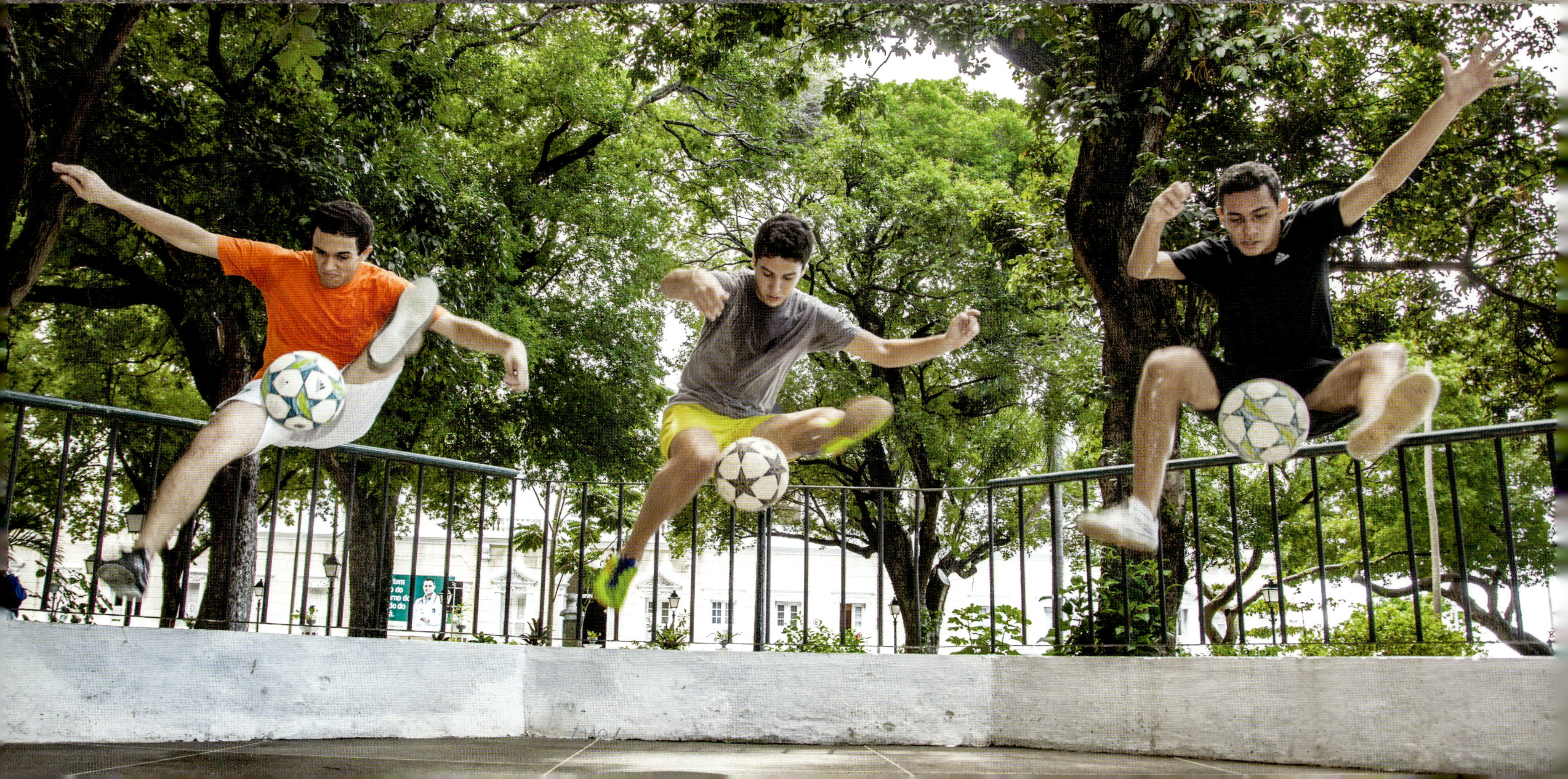

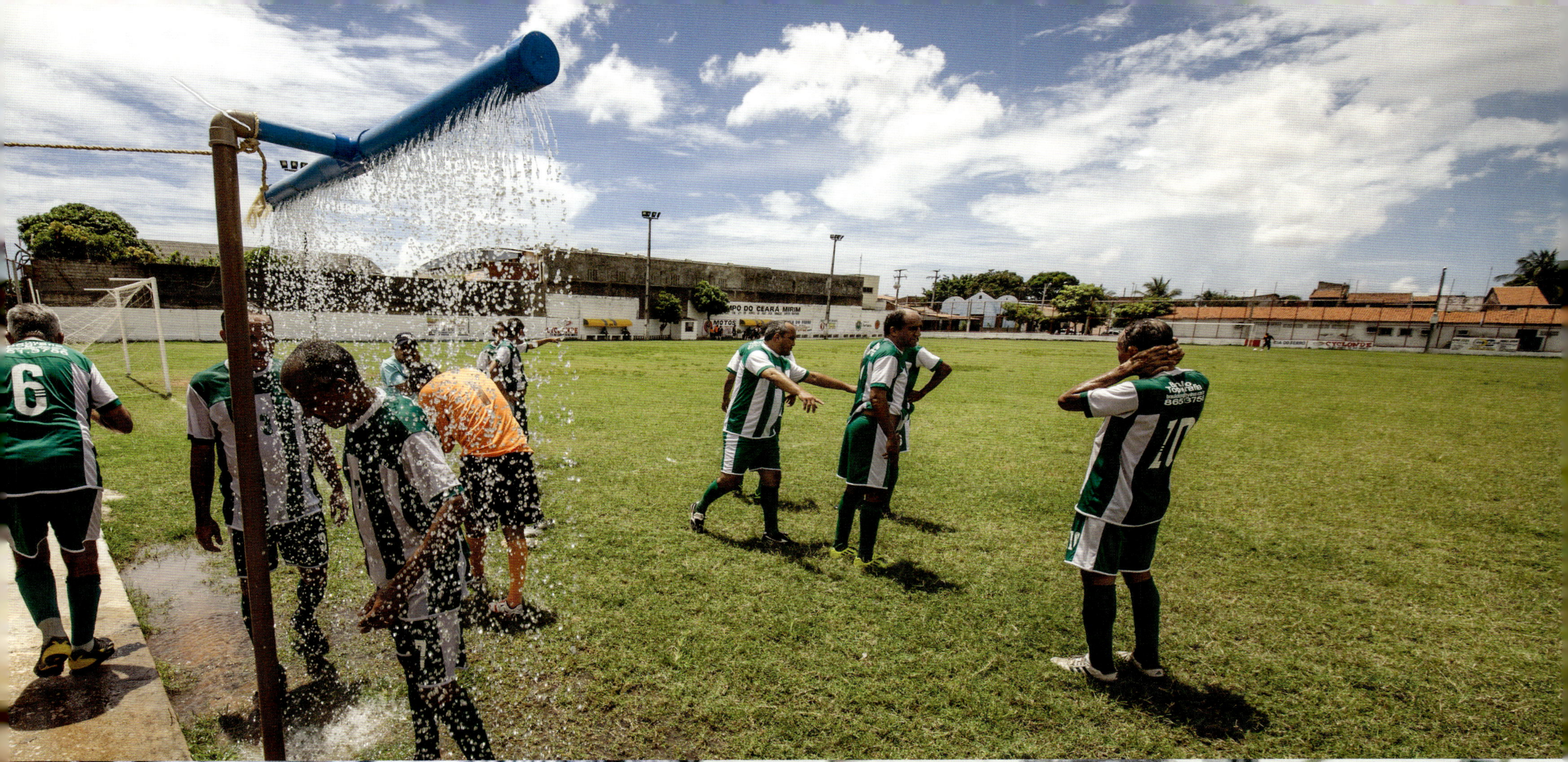

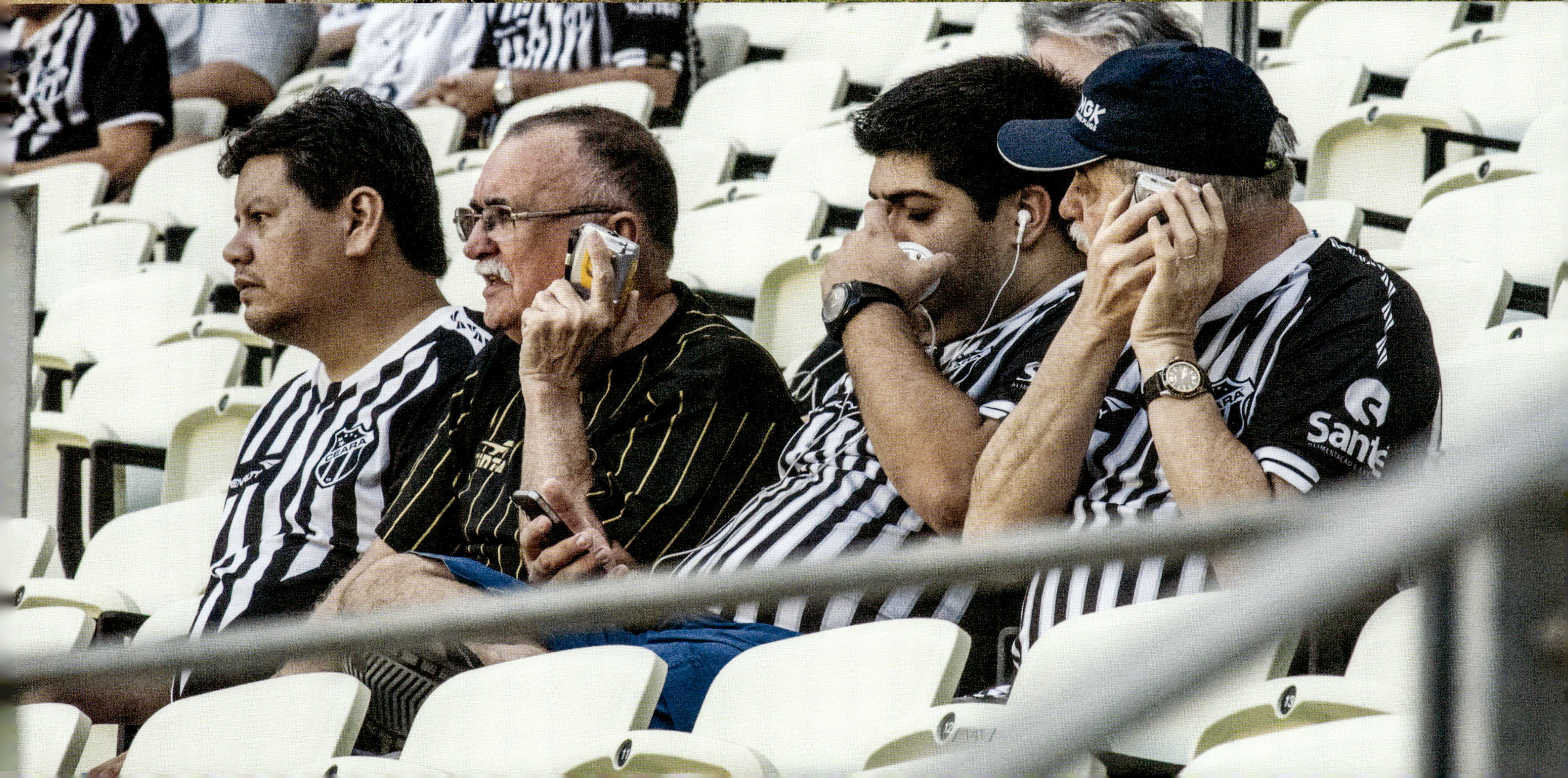

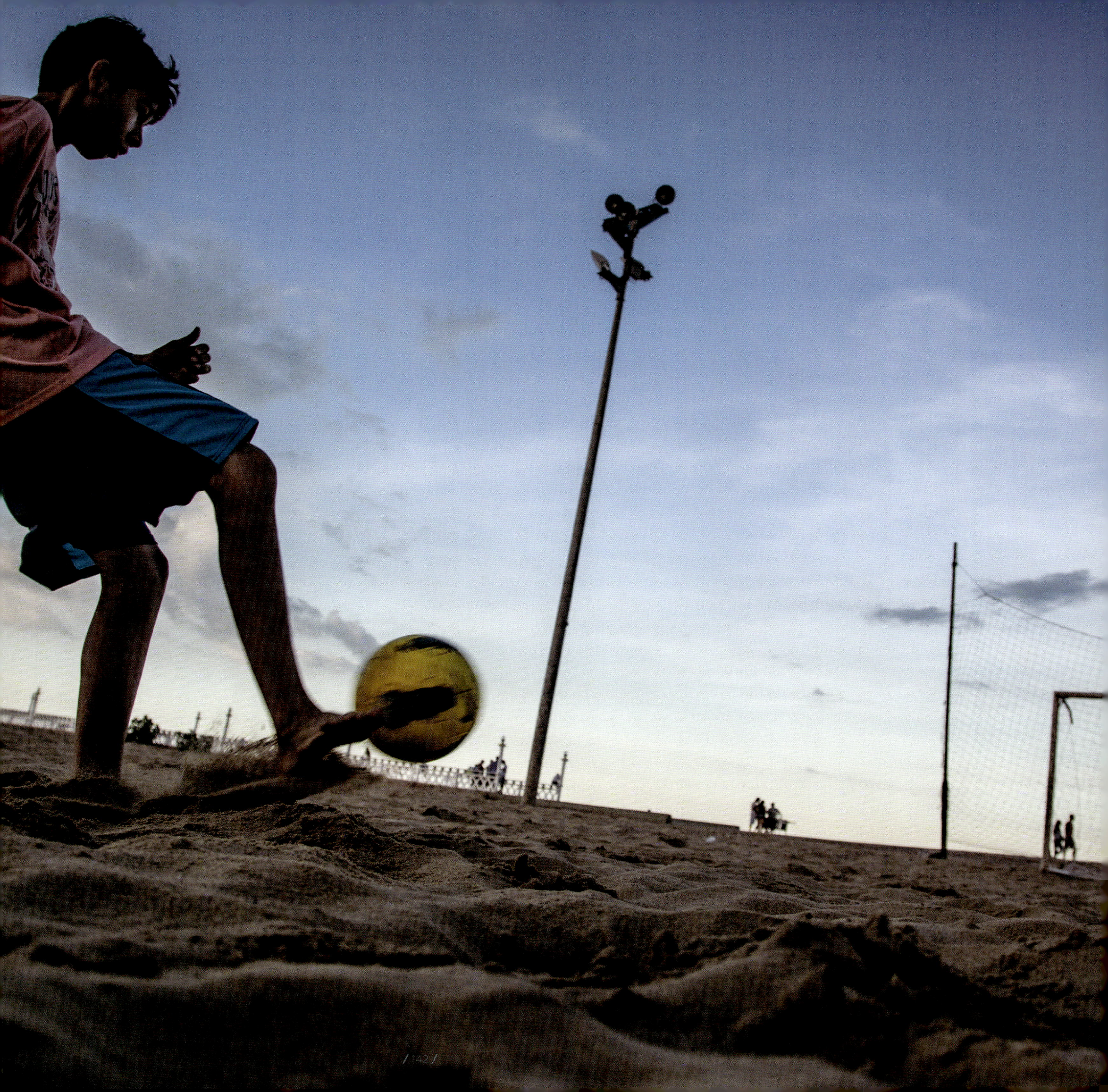

/143/

09

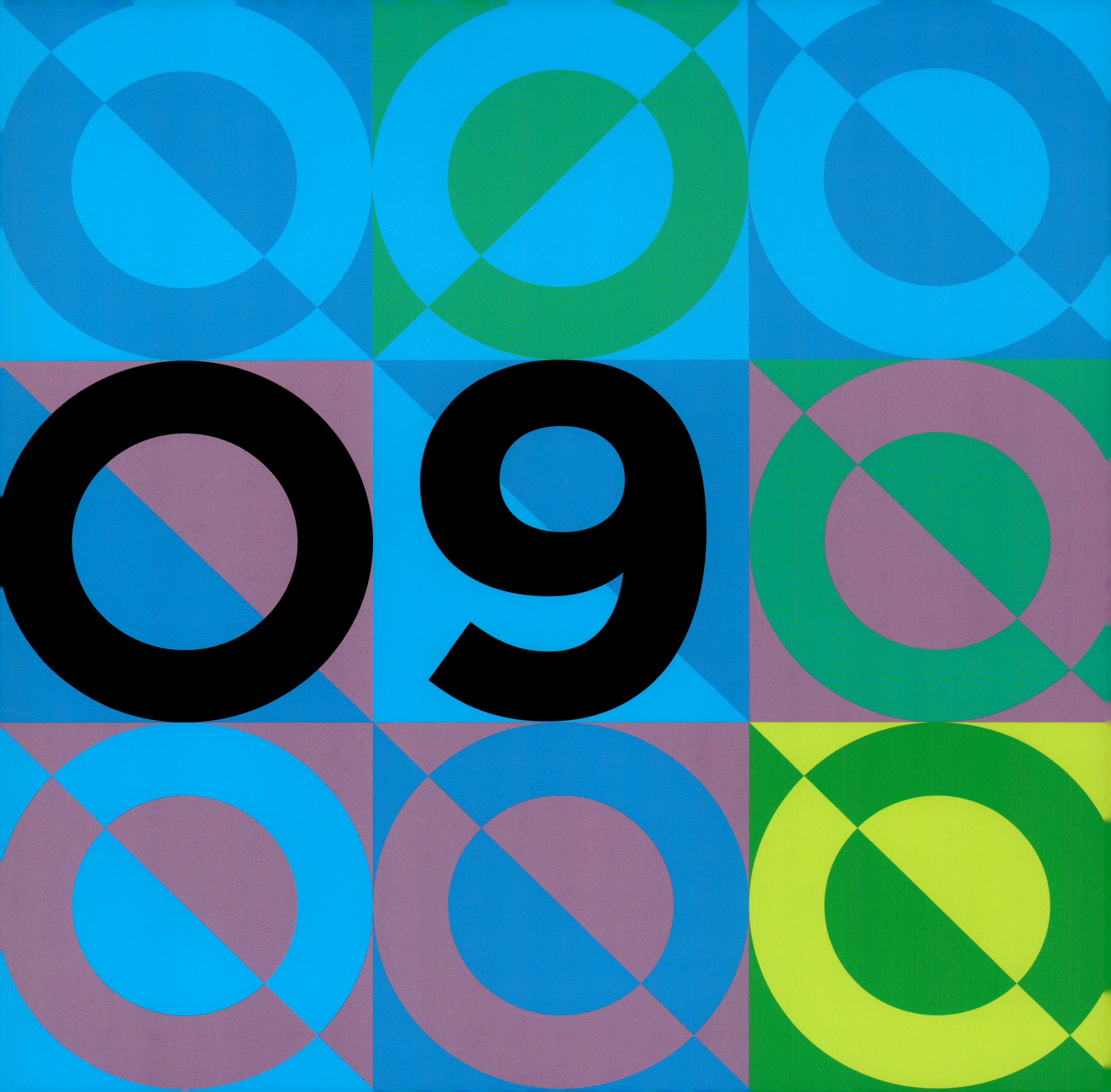

TRADIÇÃO NAS ARAUCÁRIAS
TRADITION IN THE ARAUCARIAS

A INFLUÊNCIA DOS IMIGRANTES
THE INFLUENCE OF IMMIGRANTS

O Paraná recebeu a primeira bola de futebol em 1903, trazida pelo professor Victor Ferreira do Amaral. No entanto, a prova documental mais antiga da realização de jogos é de 30 de dezembro de 1905.

O futebol paranaense originou-se nos bairros, nas empresas e entre os grupos étnicos que formaram a sociedade local: Coritiba era o clube de imigrantes e descendentes de alemães; Palestra e Savóia, de italianos; Juventus, de poloneses; e Britânia, dos ingleses que construíram as ferrovias na capital. Posteriormente surgiu o Ferroviário, clube da classe operária ligado à Rede Ferroviária, da mesma forma que o Operário Ferroviário, de Ponta Grossa. Na sequência, vieram América e Internacional, que se uniram em 1924 para conceber o Atlético.

Cada cidade teve um ou mais clubes, como Ponta Grossa (Operário e Guarani); Paranaguá (Rio Branco e Seleto); Irati (Iraty e Olímpico); Guarapuava (Grêmio, Guarapuava e Batel); Castro (Caramuru); União da Vitória (Iguaçu); Bandeirantes (União), além dos times que carregavam os nomes dos respectivos municípios: Londrina, Cambará, Jacarezinho, Apucarana, Arapongas, Jandaia, Grêmio Maringá, Paranavaí, Toledo e Cascavel.

Paraná saw the first soccer ball in 1903, brought by Professor Victor Ferreira do Amaral. However, documentary evidence shows that the oldest performance was on December 30th, 1905.

Football in Paraná started to be played in the streets, among the employees of companies and ethnic groups that formed the local society. Coritiba was the club of the German immigrants and descendants; Palestra and Savóia, Italians; Juventus, Poles, and Britânia was the club of the British who built the railroads in the capital. Later on Ferroviário was founded by the Network Rail's employees. The same happened in Ponta Grossa. After Ferroviário, América and Internacional were founded and in 1924 they united to form Atlético.

Each city had one or more clubs. In Ponta Grossa there were Operário and Guarani, in Paranaguá, Rio Branco and Seleto; in Irati, Iraty and Olímpico; in Guarapuava, Grêmio, Guarapuava and Batel; in Castro, Caramuru; in União da Vitória, Iguaçu; in Bandeirantes there was União. There were also other teams that carried the names of the respective cities: Londrina, Cambará, Jacarezinho, Apucarana, Arapongas, Jandaia, Grêmio Maringá, Paranavaí, Toledo and Cascavel.

RAÍZES
ROOTS

O futebol exerceu um importante papel na integração social e política do Estado, que foi habitado desde o início no litoral e na Região Sul. Somente na metade do século 20 surgiram cidades do Norte, colonizadas por paulistas e mineiros e, mais tarde, os municípios do Sudoeste, povoados pelos gaúchos.

O Norte só integrou-se ao Sul a partir de 1965, com a inauguração da Rodovia do Café (antes as estradas eram precárias, os trens lentos e o transporte aéreo muito caro). O futebol ajudou no progresso com a unificação do Campeonato Paranaense. Até ali havia um campeonato do Norte e outro do Sul, com os campeões decidindo o título em dois jogos extras.

Football played an important role in the social and political integration of the state, which was inhabited at first on the coast and in the southern region. Only in the middle of the 20th century cities in the north emerged, colonized by people from São Paulo and Minas Gerais. Later on counties in the southwestern were formed by people from Rio Grande do Sul.

The North only integrated into the South in 1965, with the opening of Rodovia do Café. Roads were precarious, trains were slow and travelling by air was too expensive. Football helped the progress of the region with the unification of the Paranaense Championship. Until then there was a championship in the north and another one in the south, with the two champions deciding the title on two extra games.

A BAIXADA ESTÁ EM ALTA

O Estádio Joaquim Américo completará cem anos em 2014. Foi inaugurado no dia 6 de setembro de 1914, sob o nome Baixada da Água Verde, em alusão ao bairro onde está localizado.

Conhecido como Arena da Baixada, o estádio foi construído sob o comando de Joaquim Américo Guimarães, então presidente do Internacional (agremiação que, dez anos mais tarde, originaria o Clube Atlético Paranaense, que herdou o patrimônio e o rebatizou com o nome do responsável pela sua construção).

A partida inaugural do Estádio Joaquim Américo Guimarães foi Internacional (PR) 1 a 7 Flamengo (RJ). O primeiro gol saiu dos pés de Arnaldo, da equipe carioca. Depois de o clube retornar à Série A do Campeonato Brasileiro, em 1995, surgiu a necessidade de ampliação da velha Baixada.

A construção da nova Arena, orçada em 30 milhões de dólares, durou um ano e meio e foi entregue em 20 de junho de 1999. No entanto, o clube não pôde finalizar o projeto original por completo, pois o espaço reservado para as arquibancadas da reta situada ao lado da Rua Brasílio Itiberê estava ocupado por um colégio. Na reinauguração, em 20 de junho de 1999, o Atlético venceu o paraguaio Cerro Porteño por 2 a 1.

Após uma longa disputa judicial, o clube finalmente conseguiu concluir a primeira fase da obra. No dia 24 de junho de 2009, o anel do setor Brasílio Itiberê estava concluído. Com isso, a capacidade da Arena saltou para 28.273 lugares.

Atualmente, o estádio passa por reformas para a conclusão da segunda e última fase do projeto. Escolhida para ser uma das sedes da Copa do Mundo, a Arena da Baixada inicialmente passaria a ter 41.200 lugares. Com a recente implantação de um novo projeto, que prevê a retirada das torres de iluminação, a capacidade chegará a 43.981. Curitiba receberá quatro partidas da Copa, todas da primeira fase. O investimento total gira em torno de 234 milhões de reais.

ATLETIBA PREDOMINA

Atualmente, os times mais importantes do Paraná são Coritiba, Atlético Paranaense, Paraná Clube e Londrina. Foram eles que conquistaram os títulos mais importantes da região no cenário nacional.

Criado em 26 de março de 1924 após, a fusão de Internacional Futebol Clube e América Futebol Clube, o Clube Atlético Paranaense é também conhecido como Furacão. O clube foi campeão brasileiro de 2001 e vice-campeão da Copa Libertadores da América de 2005. Além disso, possui uma Seletiva da Taça Libertadores da América de 1999 e 22 troféus do Campeonato Paranaense.

THE 'BAIXADA' STADIUM

Joaquim Américo Stadium will be 100 years old in 2014. It was inaugurated on September 6th, 1914 under the name of Baixada da Água Verde, the name of the neighborhood where it is located.

Arena da Baixada was built under the command of Joaquim Américo Guimarães, by that time president of Internacional. The club originated Clube Atlético Paranaense 10 years later, which inherited the patrimony of Internacional and renamed the stadium after the person responsible for its construction.

The inaugural match in Joaquim Américo Guimarães Stadium was Internacional (PR) and Flamengo (RJ). The team from Rio de Janeiro won 7-1. The first goal was scored by Arnaldo. After returning to Série A of the Brazilian Championship, a new stadium became essential.

The construction of the new Arena, budgeted at US$ 30 million, lasted a year and a half and was delivered on June 20th, 1999. However, the club could not finish the original project completely, because there was a school located exactly where part of the stands would be built, just beside Brasílio Itiberê St.

At the reopening on June 20th, 1999 Atlético played against Cerro Porteño from Paraguay and won 2-1.

After a long legal battle the club finally managed to complete the first phase of the project. On June 24th, 2009 Brasílio Itiberê sector was completed. So, the capacity of the Arena jumped to 28,273 places.

Currently the stadium undergoes renovations to complete the second and final phase of the project. Chosen to be one of the venues of the 2014 World Cup, Baixada Arena initially would have 41,200 seats. With the recent implementation of a new project, which previews the removal of light towers, the capacity will reach 43,981. Curitiba will host four World Cup matches, all in the first phase. The total investment is around US$ 234 million.

ATLETIBA PREDOMINATES

Nowadays the most important teams in Paraná are Coritiba, Atlético Paranaense, Paraná Clube and Londrina. They were the ones that won the most important titles in the region.

Created on March 26th, 1924, after the merger of Internacional Futebol Clube and América Futebol Clube, Clube Atlético Paranaense was originated and became known as Furacão (Hurricane). The club was Brazilian champion in 2001 and vice in Copa Libertadores in 2005. In addition, it has a Selective of Copa Libertadores da América in 1999 and 22 trophies of Paranaense Championship.

MITO
MYTH

Fundado em 1909, o Coritiba Foot Ball Club conta com 37 títulos do Campeonato Paranaense, dois do Campeonato Brasileiro da Série B e outro da Série A. Seu estádio é o Major Antônio Couto Pereira, com capacidade para 37.182 pessoas.

Criado em dezembro de 1989, o Paraná Clube é um dos clubes mais novos do Brasil. No entanto, seu histórico de títulos em pouco mais de duas décadas de vida impressiona: sete Estaduais (um pentacampeonato) e dois Brasileiros da Segunda Divisão. O Estádio Durival Britto, chamado também de Vila Capanema, tem capacidade para receber pouco mais de 20 mil pessoas.

O Londrina é um dos principais clubes do interior do Paraná. Foi fundado em 5 de abril de 1956. Conta com três títulos estaduais (1962, 1981 e 1992), uma Copa Paraná (2008) e três da Divisão de Acesso (1997, 1999 e 2011). Tem ainda com um título do Campeonato Brasileiro da Série B (1980).

O CARISMA DE BOLINHA

O massagista do Atlético Paranaense é um ídolo da torcida. Edmilson Aparecido Pinto, o popular Bolinha, estreou em janeiro de 1994, em um amistoso contra o Foz e, desde então, já ajudou a equipe em diversas competições nacionais e internacionais. Sempre que entra em campo para atender um jogador, ele tem o seu nome gritado pelo torcedor atleticano.

Mas o início dele no Atlético não foi fácil. Chegou a pedir demissão com apenas dez dias de atividade por não se adaptar à filosofia do clube. No entanto, foi convencido a ficar. No total, já fez mais de 1.100 jogos e participou das principais conquistas do time, como o Campeonato Brasileiro da Série B, em 1995, e da Série A, em 2001.

Em 2011, Bolinha teve problemas de saúde, passando um bom tempo internado. Nessa fase, os fãs do Atlético se mobilizaram nas redes sociais para lhe prestar apoio. Durante os jogos, os torcedores levaram faixas de apoio e, em um Atletiba, os jogadores entraram em campo com as costas das camisas estampando a frase "Força, Bolinha". Somente em janeiro de 2013, ele voltou a participar de jogos oficiais.

Se Bolinha faz sucesso em campo, há outro personagem que garante a alegria dos torcedores nas arquibancadas. Há 20 anos existe um vendedor de sorvete que se tornou famoso em Curitiba. Carismático, ele conseguiu ganhar notoriedade nos principais estádios da capital vestido com uma camisa que leva a marca do seu produto e um boné com a aba para o lado.

Com os óculos levemente caídos na face, essa figura engraçada carrega sua caixa de isopor para cima e para baixo. Há quem diga que ninguém consegue vender mais sorvetes do que ele por lá. Os gritos são sempre os mes-

Founded in 1909, Coritiba has 37 titles of Paranaense Championship, two of the Brazilian Championship Série B and one of Série A. Its home is Major Antônio Couto Pereira Stadium with a capacity for 37,182 people.

Created in December 1989, Paraná Clube is one of the newest clubs in Brazil and its history of titles in a little bit more than two decades is impressive: seven state titles and two Brazilian titles - Second Division. Dorival Britto Stadium, also known as Vila Capanema, has capacity for 20,000 people.

Londrina is one of the top clubs in the state of Paraná. It was founded on April 5th, 1956. It has three state titles (1962, 1981 and 1992), one Paraná Cup (2008), three Divisão de Acesso (1997, 1999 and 2011) and a Brazilian Championship - Série B (1980).

BOLINHA'S CHARISMA

The Atlético Paranaense's masseur is an idol of the fans. Edmilson Aparecido Pinto, the popular Bolinha, started working for Atlético in January 1994 in a friendly game against Foz and since then has helped the team in several national and international competitions. Whenever he enters the field to help a player, he has his name shouted by the fans.

But in the beginning it was not easy. He resigned after only ten days of activity because he couldn't adapt to the philosophy of the club. However, he was persuaded to stay. In total he has participated in more than 1,100 games and in the major achievements of the team, as the Brazilian Championship Série B in 1995 and Série A in 2001.

In 2011 Bolinha had health problems, spending a lot of time in hospital. During that period, Atlético's fans mobilized in social networks to provide him support. During the game, fans carried banners with words of encouragement, and in a match players entered the field wearing shirts with the phrase "Strength, Bolinha". Only in January 2013 he got back to the official games.

If Bolinha makes success in the field, there is another character that ensures the joy of the fans in the stands. 20 years ago there was an ice cream vendor who became famous in Curitiba. Charismatic, he managed to gain notoriety in the main stadiums of the capital by wearing a shirt with the brand of his products and a cap.

With the glasses slightly fallen in the face, this funny figure carries a styrofoam box up and down. The people say that no one could sell more ice cream than him. The screams were always the same: "Chocolate, Coconut, Mango ... mango, coconut, chocolate, pineappleeeee". Diplomatic, he would always say that he supported the

mos, a plenos pulmões: "Chocolate, coco, manga... manga, coco, chocolate, abacaxiiiiiiii". Político, sempre diz que torce para o time da casa. Não é à toa que ganha a simpatia da freguesia...

TECNOLOGIA NAS ARQUIBANCADAS

A principal e mais antiga torcida organizada do Atlético Paranaense chama-se "Os Fanáticos", fundada em 1977 após a extinção do ETA (Esquadrão da Torcida Atleticana). Sua estreia foi em 24 de outubro de 1977, em um jogo contra o Brasília, no Estádio Couto Pereira.

Na Arena da Baixada, ela se acomoda atrás do gol, na reta da Rua Buenos Aires. É ali o ponto inicial da festa rubro-negra, sob batuque, caveiras (símbolo da torcida) de isopor, bandeiras, faixas e sinalizadores. Fora de campo, Os Fanáticos promovem ações que visam arrecadar alimentos não perecíveis para instituições de caridade.

Outra torcida de destaque é a Ultras, fundada em 1992 e que costuma se encontrar nos dias de jogo no Bar do Porto, também próximo à Arena da Baixada. No local se realizam reuniões e confraternizações antes das partidas. Atualmente, o Atlético tem a maior torcida do Paraná, com 1,2 milhão de seguidores.

A principal torcida do Coritiba é a Império Alviverde. Estreou na final do Campeonato Paranaense de 1977, contra o Grêmio Maringá. Nos últimos anos, caracteriza-se pelo Green Hell, uma festa que antes era realizada com fogos de artifício. Desde a proibição dos artefatos, foi criado o "Green Hell tecnológico".

A Império mantém desde 2006 o projeto Torcida Social, cujo objetivo é fomentar uma cultura de responsabilidade social, dando ênfase à solidariedade humana.

Outra torcida importante do Coxa é a Mancha Verde, fundada em 1984 e extinta dez anos depois. Retomou as atividades em 2005 e, desde então, ajuda a colorir os jogos do time.

A Fúria Independente é a maior facção do Paraná Clube. Assim como o time, ela também surgiu de uma fusão. Em setembro de 1993, integrantes da Torcida Organizada Fúria Tricolor e da Torcida Independente Paranista decidiram se unir para criar a Fúria.

team that was playing. That's how he gained the sympathy of the clientele.

TECHNOLOGY IN THE STANDS

The main and oldest Paranaense's fan club is called 'The Fanatics', founded in 1977 after the extinction of ETA (Esquadrão da Torcida Atleticana). Its debut was on October 24th, 1977 in a game against Brasília in Couto Pereira Stadium.

In Baixada Arena the fan club stays behind the goal. And that's where the party starts amid drumming, skulls (the fan club symbol) made of styrofoam, flags and banners. Off the field, The Fanatics promotes actions to collect non-perishable food to charity.

Another highlight is 'Ultras', founded in 1992. They usually meet on match days in Bar do Porto, near Baixada Arena. Gatherings and parties are held in the bar before the games. Currently Atlético has the largest fan club in Paraná, with 1.2 million followers.

The main Coritiba's fan club is Império Alviverde. Its first appearance was in the final game of the 1977 Paranaense Championship against Grêmio Maringá. The fan club is characterized by the Green Hell, a party that used to be held with fireworks. When the ban of fireworks happened, a technological Green Hell was created.

Império Alviverde has maintained the Torcida Social project since 2006, whose objective is to foster a culture of social responsibility, emphasizing the human solidarity.

Another important fan club of Coritiba is Mancha Verde, founded in 1984. It was extinguished ten years later. It reappeared in 2005 and since then has helped coloring the games.

Fúria Independente (Independent Rage) is the largest fan club of Paraná. Just like the team it also came from a merger. In September 1993 members of Torcida Organizada Fúria Tricolor and Torcida Independente Paranista decided to unit, becoming Fúria.

COXA-BRANCA, FUSÕES, CÁPSULA DO TEMPO...

1) O Coritiba Foot Ball Club ganhou o apelido de Coxa do presidente do seu maior rival, Jofre Cabral e Silva. Durante um Atletiba de 1941, ele desferiu xingamentos contra o zagueiro alviverde Hans Breyer, de nacionalidade alemã. Uma dessas ofensas dizia "Coxa-branca!".

2) O Atlético é conhecido como Furacão devido à campanha de 11 goleadas seguidas no Campeonato Paranaense de 1949. O retrospecto na competição foi de 11 vitórias e uma derrota, com 49 gols marcados e 19 sofridos. Uma média de quatro gols por partida.

3) O Paraná Clube é o clube brasileiro com o maior número de fusões. A última delas foi a unificação do Colorado e do Pinheiros, em 1989.

4) Em 1997, o Atlético Paranaense esteve ligado ao caso Ivens Mendes. O escândalo envolvia um esquema de corrupção dentro da CBF que vendia resultados de jogos. Numa das gravações, uma voz identificada como a do então presidente da Comissão Nacional de Arbitragem, Ivens Mendes, pedia 25 mil reais ao presidente do Atlético Paranaense, Mario Celso Petraglia, insinuando que o clube poderia ser beneficiado pelos juízes. O Furacão foi suspenso por um ano, mas não deixou de participar de nenhuma competição. Como punição, iniciou o Campeonato Brasileiro de 1997 com cinco pontos negativos.

5) Atualmente, o Coritiba detém o recorde histórico mundial de vitórias consecutivas, com 24 triunfos, feito realizado durante a temporada de 2011.

6) Em dezembro de 1999, o jornal norte-americano The New York Times fez uma parceria com o Museu Americano de História Natural na construção de uma cápsula do tempo. A ideia era reunir diversos objetos que representassem o mundo contemporâneo e lacrá-los por mil anos. Entre os elementos escolhidos, estava a camisa do Atlético. A cápsula foi lacrada em 26 de março de 2000, mesma data em que se comemora a fundação do Atlético, para ser aberta no ano 3000.

WHITE THIGH, MERGERS, TIME CAPSULE ...

1) Coritiba Foot Ball Club got the nickname Thigh from Jofre Cabral e Silva, the president of its main rival. In a game between Atlético e Coritiba in 1941 he insulted the German defender Hans Breyer of Coritiba. One of those offenses was "White Thigh".

2) Atlético is known as Furacão (Hurricane) due to eleven consecutive victories in the 1949 Paranaense Championship. It was 11 victories and one defeat, with 49 goals scored and 19 conceded, an average of four goals per game.

3) Paraná is the Brazilian club with the largest number of mergers. The last of them was the unification of Colorado and Pinheiros in 1989.

4) In 1997 Atlético Paranaense was involved in the Ivens Mendes case. The scandal was about a scheme of corruption within CBF, which was selling game results. In one of the recordings, a voice was identified as of the president of the National Arbitration Ivens Mendes, asking the current president of Atlético Paranaense, Mario Celso Petraglia for R$ 25,000.00, insinuating that the club could be benefited by the judges. The Hurricane was suspended for a year, but participated in all competitions. As a punishment, the club started the 1997 Brazilian Championship with minus five points.

5) Currently Coritiba holds the world record for consecutive victories with 24 trumps accomplished during the 2011 season.

6) In December 1999, the American newspaper 'The New York Times' established a partnership with the American Museum of Natural History to build a time capsule. The idea was to gather various objects that represent the contemporary world and seal them for a thousand years. Among the elements chosen, was the shirt of Atlético. The capsule was sealed on March 26th, 2000, the same day that marks the foundation of Atlético, and it will be opened in 3000.

ÍDOLOS DAS ARAUCÁRIAS

José Kléberson Pereira foi um dos 23 convocados do técnico Luiz Felipe Scolari para a Copa do Mundo de 2002. Na época, atuava pelo Atlético Paranaense e, inicialmente na reserva, ganhou espaço nas fases decisivas, principalmente após fazer a jogada do segundo gol brasileiro nas oitavas de final, contra a Bélgica.

Natural de Ponta Grossa, Cireno Brandalise, o Cireno, ex-ponta-esquerda do Atlético Paranaense e Guarani de Ponta Grossa, foi um dos primeiros jogadores paranaenses convocados para a seleção brasileira, chamado pelo técnico Flávio Costa para a preparação da Copa do Mundo de 1950. Ele ficou concentrado 25 dias em Poços de Caldas (MG), mas foi cortado para dar lugar ao vascaíno Chico.

Alexandro de Souza, o Alex, foi e ainda é um dos maiores jogadores da história do Coritiba. Destacou-se também no Palmeiras, pelo qual conquistou a Taça Libertadores da América de 1999. Passou pelo Flamengo, teve uma fase

IDOLS OF ARAUCARIA

José Kléberson Pereira was one of the 23 players called by coach Luiz Felipe Scolari to play in the 2002 World Cup. At the time he was playing for Atlético Paranaense, initially as a backup, but gained ground in the decisive stages, especially after helping the team score the second goal against Belgium in the knockout phase.

Born in Ponta Grossa, Cireno Brandalise, a former left-winger of Atlético Paranaense and Guarani de Ponta Grossa, was one of the first players called by coach Flavio Costa to play for the Brazilian Team in the 1950 World Cup. He was in preparation for 25 days in Poços de Caldas (MG), but was replaced by Chico from Vasco.

Alexandro de Souza, Alex, was and still is one of the greatest players in the history of Coritiba. He also stood out in Palmeiras, where he won Copa Libertadores in 1999. He played for Flamengo, had a discrete phase in Parma, Italy, and lived a great time in Cruzeiro. Made

discreta no Parma, da Itália, e viveu um excelente período no Cruzeiro. Fez história no Fenerbahçe, da Turquia, clube em que jogou 365 jogos e marcou 182 gols.

Washington e Assis formaram o "Casal 20" (em alusão a um seriado de TV na época) entre 1982 e 1983 no Atlético. Nos anos seguintes, brilharam com as cores do Fluminense. A dupla foi campeã paranaense em 1982 e ajudou o time a conquistar um honroso terceiro lugar no Campeonato Brasileiro do ano seguinte.

O Atlético Paranaense contou com dois campeões mundiais de 1962 no seu elenco. Djalma Santos disputou mais de cem partidas pela seleção brasileira. Pelo Atlético Paranaense, jogou até os 42 anos de idade. Fez 32 partidas entre 1968 e 1972 e marcou dois gols. Djalma faleceu no dia 23 de julho.

Hideraldo Luiz Bellini consagrou-se como capitão da seleção brasileira na Copa do Mundo de 1958. Em 1968 foi contratado pelo Atlético Paranaense, onde encerrou a carreira no ano seguinte.

history in Fenerbahçe, Turkey, where he played 365 games and scored 182 goals.

Washington and Assis formed the 'Casal 20' (Hart to Hart) between 1982 and 1983 in Atlético. In the following years they shone with the colors of Fluminense. The duo was champion of Paraná in 1982 and helped the team win an honored third place in the Brazilian Championship in the following year.

Atlético Paranaense had two champions in its cast. Djalma Santos played over a hundred games for the Brazilian Team. In Atlético Paranaense he played until the age of 42, scoring only 2 goals in 32 matches between 1968 and 1972. He died on July 23rd.

Hiraldo Luiz Bellini was acclaimed as captain of the Brazilian Team in the 1958 World Cup. In 1968 he was hired by Atlético Paranaense where his career lasted for just a year.

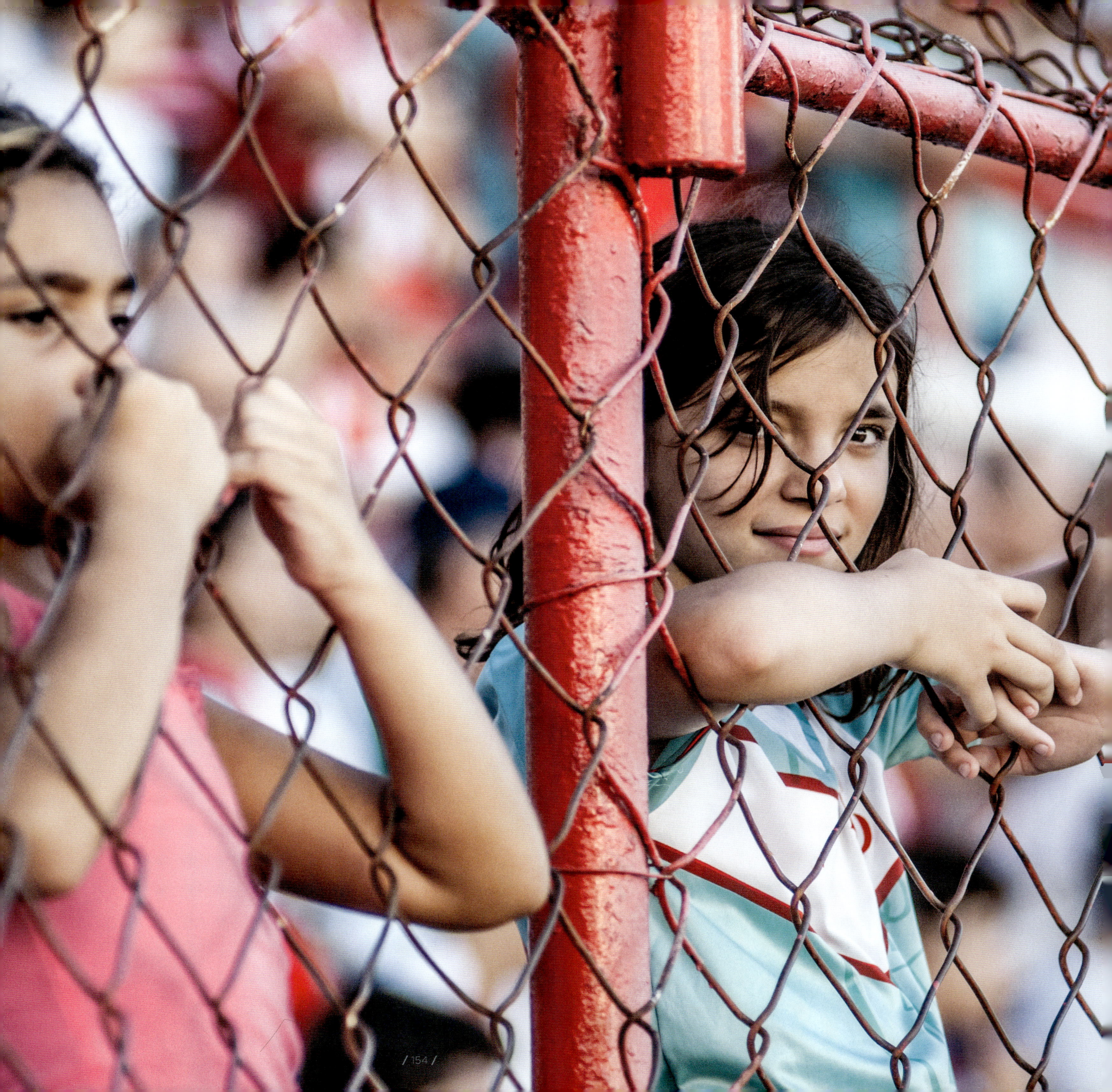

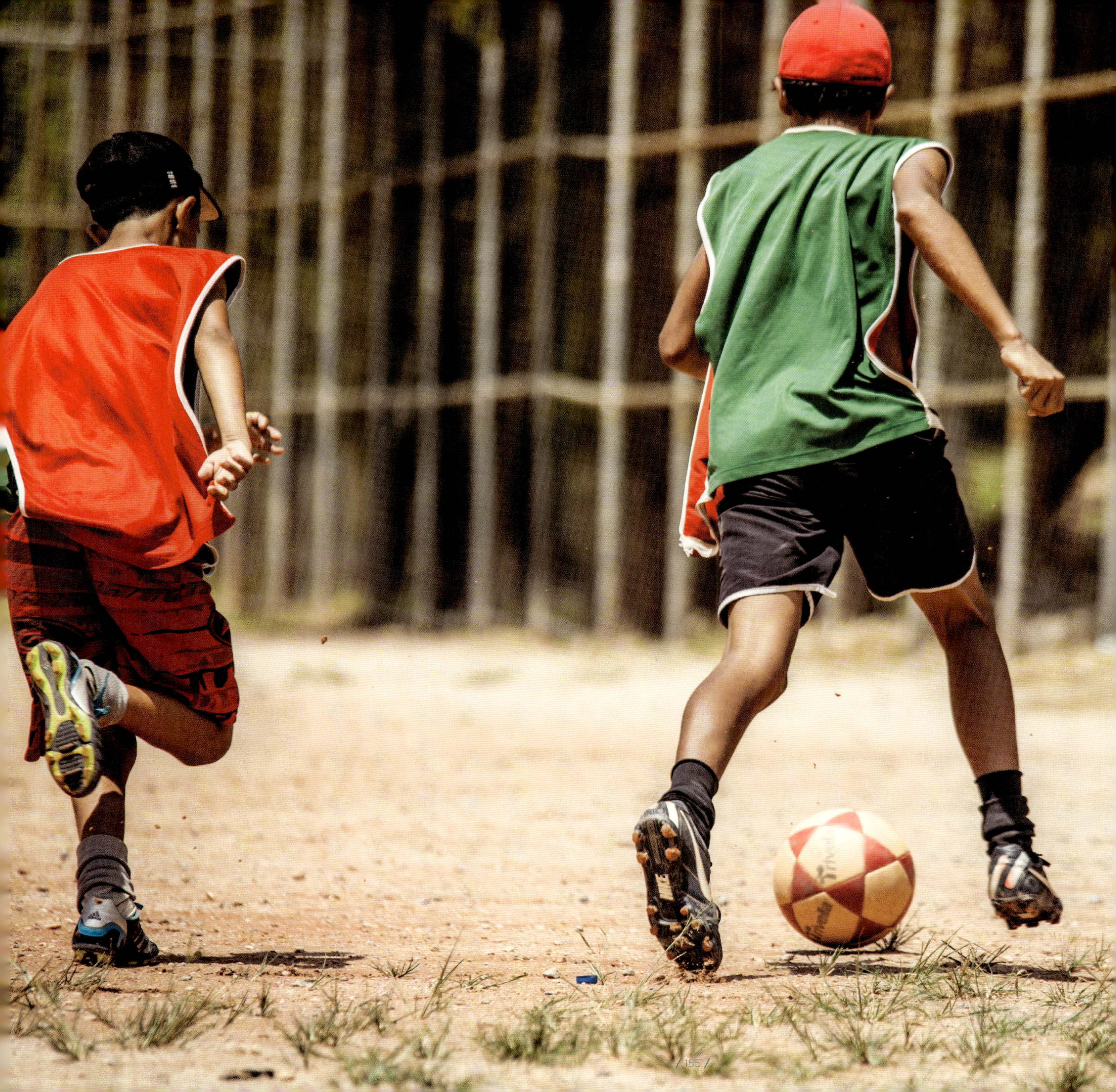

10

A BOLA ROLA AO SA[I]
DOS RIOS

THE BALL ROLLS LIKE
THE RIVERS

UM INÍCIO IGNORADO
AN IGNORED BEGINNING

Trazido pelos ingleses, o futebol em Manaus começou tímido e sem chamar atenção, entre o final dos séculos 19 e início do 20. O *football* praticado pelos marinheiros, empresários e despachantes ingleses era tão ignorado que os jornais da época davam prioridade às competições realizadas no Velódromo de Manaus.

Mas as partidas continuaram timidamente em praças da cidade e no bosque municipal, sempre disputadas entre os próprios ingleses. Os amazonenses não se interessavam por aquela modalidade diferente.

Os jogos tinham horário estabelecido de acordo com o status dos times. Os principais jogavam por volta das 16h30; em seguida era a vez do segundo e do terceiro *team*. Os clubes menos gabaritados entravam em campo de madrugada.

O primeiro registro de uma partida de *football* entre os britânicos em Manaus data de 1906, ano de fundação do Parque Amazonense, com capacidade para 12 mil pessoas. O local nasceu para a prática de turfe e depois agregou a nova modalidade.

Os primeiros clubes começaram a surgir em 1912 e 1913. Em 1914 foi fundada a Liga Amazonense de *Football* para organizar a primeira edição do Campeonato Amazonense, vencido pelo Manaos Athletic Club, composto apenas por britânicos, que se autointitulavam "Os Imbatíveis".

Brought by the English, football began shy and without attracting attention between the late nineteenth and early twentieth century in Manaus. The football played by sailors, businessmen and English brokers was so ignored that the newspapers of the time would give priority to competitions held at the velodrome in Manaus.

But the games continued shyly in the squares of the city and were always disputed among the British. The Amazonians were not interested in that sport modality.

The games were scheduled according to the status of the teams. The main ones would play around 4:30 pm, and then it was the turn of the second and third 'teams'. The less important clubs would play at dawn.

The first record of a football game among Britons in Manaus was in 1906, the year of the Amazonian Park foundation, with a capacity for 12,000 people. The place was built for the practice of turf, but then added the new modality.

The first clubs began to emerge in 1912 and 1913. In 1914 the League of Amazonian Football was founded to organize the first edition of Amazonian Championship, won by Manaos Athletic Club, composed only of British, who used to call themselves "the unbeatable".

The championship was played by five teams: Nacional, Rio Negro, Vasco da Gama, Manaos Sporting and

RAÍZES
ROOTS

O campeonato foi disputado por cinco equipes: Nacional, Rio Negro, Vasco da Gama, Manaos Sporting e Manaos Athletic. Apenas em 1964 foi realizado o primeiro campeonato profissional do Estado e, a partir dos anos 1980, o futebol local começou a declinar. Atualmente, as equipes enfrentam dificuldades financeiras: os times são formados quase às vésperas das competições e no final são desfeitos.

Manaos Athletic. Only in 1964 the first professional championship was held in the state and from 1980 on, the local football began to decline. Currently the teams are facing financial difficulties: the teams are formed almost on the eve of the competition and at the end are dissolved.

VIVALDÃO VIVO NA LEMBRANÇA

O original Estádio Vivaldo Lima, o Vivaldão, começou a ser erguido em 1955, mas a construção ficou parada por muitos anos e só foi retomada em 1964. Sua inauguração ocorreu em 5 de abril de 1970, mesmo parcialmente concluído. As obras ainda demoraram mais alguns meses até que ele ficasse totalmente pronto.

A ideia de construir um estádio de grande porte em Manaus foi dos torcedores apaixonados pelo Nacional Vivaldo Lima (médico, advogado e deputado federal) e Plínio Ramos Coelho, ex-governador do Amazonas. Vivaldo morreu antes de ver o sonho realizado e deu nome ao empreendimento.

O primeiro jogo disputado no Vivaldão foi entre as seleções brasileira e amazonense, às vésperas da Copa do Mundo do México. Dadá Maravilha marcou os quatro gols da seleção brasileira na goleada de 4 a 1.

O estádio foi palco das finais de vários campeonatos, recebeu a seleção para um amistoso e também serviu de cenário de decisões de um dos maiores campeonatos de futebol de várzea da região, o Peladão. A paixão do amazonense pelo Peladão é tão grande que mais de 42 mil pessoas acompanharam a final entre Unidos da Alvorada e Panair Futebol Clube, em 2009. Uma despedida em grande estilo do Vivaldão.

Antes disso, um de seus jogos mais emocionantes havia sido um amistoso em 1971 entre os grandes rivais de Manaus: Rio Negro e Nacional, o clássico Rio-Nal – o mais antigo da capital amazonense. O jogo só poderia ser acompanhado por aqueles que tinham adquirido um carnê antecipadamente. A posse desse carnê dava desconto de 50% no preço do ingresso. O fato teve ampla divulgação na mídia e atraiu 30 mil pessoas, que assistiram ao empate de 2 a 2. Agora, a sucessora do Vivaldão, a nova Arena Amazônia, espera ser palco de momentos tão marcantes como esse.

SONHO DE CRIANÇA

Amadeu Teixeira realizou um sonho de criança. Ao lado do irmão Arthur Teixeira, levou a sério aquela brincadeira de jogar futebol e fundou o América, em 1939. O que era para ser apenas um passatempo virou história de vida. Com quase 90 anos de idade, ele dedicou a vida ao clube e envolveu toda a família nisso. É o presidente de honra e sempre conta com um familiar próximo na presidência. "Foi a única exigência do vovô quando não pôde mais ocupar o cargo", contou a neta, Bruna Alves Parente, atual presidente do América.

O carinho pelo clube fez com que Amadeu fosse um faz-tudo no América: contratava jogadores, controlava o caixa, era massagista, olheiro, além de ser o técnico do time prin-

VIVALDÃO VIVID IN THE MEMORIES

The original Vivaldo Lima Stadium, Vivaldão, began to be built in 1955, but the construction was stopped for many years and was only finished in 1964. Its inauguration took place on April 5th, 1970, partially completed. The construction took a few more months until it was fully ready.

The idea of building a large stadium in Manaus was because of the passion of two supporters of Nacional: Vivaldo Lima (doctor, lawyer and congressman) and former governor of Amazonas, Plínio Ramos Coelho. Vivaldo died before seeing his dream coming true and that's why the stadium was named after him.

The first match played in Vivaldão happened between the Brazilian and the Amazonian teams, on the eve of the World Cup opening in Mexico. Dadá Maravilha scored four goals for the Brazilian team.

The stadium hosted the finals of several championships, received the Brazilian national team for a friendly game and was also the stage of one of the biggest decisions: the 'Peladão'. The passion for 'Peladão' is so huge that more than 42 thousand people attended the final between Unidos da Alvorada and Panair Futebol Clube in 2009. It was a farewell in great style.

Before that, one of the most exciting games in Vivaldão was a friendly game between Rio Negro and Nacional, main rivals in Manaus, in 1971. The game could only be watched by the ones who had purchased a carnet in advance. The possession of this carnet would give a 50% discount on the ticket price. It had wide media coverage and attracted 30,000 people. The game ended in a draw. Now, the successor of Vivaldão, the new Amazônia Arena, expects to be the stage of striking moments as well.

CHILDHOOD DREAM

Amadeu Teixeira fulfilled a childhood dream. Alongside his brother Arthur Teixeira took football seriously and founded América in 1939. What was supposed to be just a hobby turned into a life story. With almost 90 years of age, he has dedicated his life to the club and has involved the whole family in this. He is the president of honor and always counts with a close relative in the presidency. "It was the only thing Grandpa asked for when he could no longer hold the position," said her granddaughter, Bruna Alves Parente, current president of América.

The affection for the club made Amadeu become a handyman in América: he would contract players and control the finance, he was the masseur, a scout and the coach

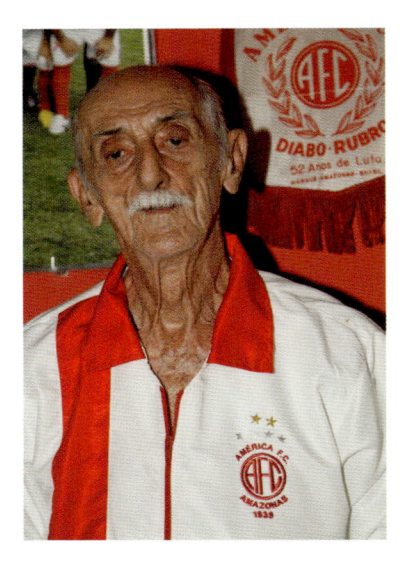

Amadeu Teixeira, fundador do América de Manaus

Mr. Amadeu Teixeira, América de Manaus's founder

MITO
MYTH

cipal – o que o fez entrar para a história como o técnico que passou mais tempo à frente de um único time: 55 anos.

Tudo que dizia respeito ao clube passava obrigatoriamente por seu crivo, mesmo depois que deixou a presidência e passou a tomar conta apenas da categoria de base.

Amadeu lamenta o declínio do futebol local. "Em Manaus, nenhum time tem condições financeira de disputar o Campeonato Brasileiro", desabafa. O América conquistou seis Campeonatos Estaduais (1951, 1952, 1953, 1954, 1994 e 2009) e quatro troféus do Torneio Início (1955, 1965, 1986 e 1996).

Episódios recentes de desvio de verba do clube e a situação financeira cada vez mais difícil provocaram uma tristeza profunda no fundador, que hoje enfrenta problemas de saúde. Os médicos bem que tentaram afastá-lo do futebol, mas ele sempre dá um jeito de acompanhar o clube. Em reconhecimento à sua trajetória no esporte local, foi homenageado com um ginásio que leva seu nome em Manaus, a Arena Poliesportiva Amadeu Teixeira.

RIVALIDADE ÀS MARGENS DO RIO

Em 1912 nasceram duas agremiações da cidade, o Manaos Atletic Club e o Luso Sporting Clube. Em 1913, o futebol continuou crescendo e mais três clubes despontaram: Manaus Sporting Club, Nacional Futebol Clube e Atlético Rio Negro Clube. Em 1918, aparece o São Raimundo Esporte Clube.

O Nacional conquistou 40 vezes o Campeonato Amazonense e tem no Rio Negro seu maior rival. O clássico Rio-Nal é o mais antigo do Estado, disputado desde 1914.

O clube nasceu para a prática do futebol depois de um desentendimento entre o capitão do time e o presidente do Manaos Sporting, que reuniu alguns dissidentes e fundou o Eleven Nacional. Somente em 1930 houve a alteração definitiva para Nacional.

O rival Atlético Rio Negro Clube surgiu da vontade do jovem Schinda Uchôa, que convenceu os amigos a fundar o clube para jogar futebol. O nome é uma homenagem ao Rio Negro, já que Manaus está situada na margem esquerda desse importante rio. O clube conquistou 16 vezes o Campeonato Estadual.

O São Raimundo foi fundado em 1918, logo após o fim do período áureo da borracha. Conquistou sete vezes o Campeonato Amazonense em sua história, mas só começou a participar das competições oficiais organizadas pela antiga Federação Amazonense de Desportos Atléticos em 1955.

Da década de 1930 vêm Fast Clube e América. O Fast ganhou seis vezes o Campeonato Amazonense e, em 1961, participou de um amistoso contra o Sport do Recife, na inauguração dos refletores do Estádio Ismael Benigno, conhecido como Colina. O Sport vinha de duas vitórias con-

of the lineup team for 55 years, which made him famous in history for being a club's coach for the longest time.

Everything related to the club would need his approval, even after leaving the presidency and starting taking care of the base category.

Amadeu regrets the decline of local football. "In Manaus no team has financial conditions to compete the Brazilian Championship", he says. América won six state championships (1951, 1952, 1953, 1954, 1994 and 2009) and four Torneio Início trophies (1955, 1965, 1986 and 1996).

Recent episodes of embezzlement and a difficult financial situation provoked a deep sadness in the founder who now faces health problems. Although doctors tried to keep him away from football, he always finds a way to get close to the club again. In recognition of his career in local sport, he was honored with a gymnasium named after him in Manaus, the Amadeu Teixeira Multisport Arena.

RIVALRY ON THE RIVER'S BANK

Two clubs were founded in Manaus in 1971: Manaos Atletic Club and Luso Sporting Clube. In 1913 football was growing and three more clubs emerged: Manaus Sporting Club, Nacional Futebol Clube and Atlético Rio Negro Clube. In 1918 São Raimundo Esporte Clube was founded.

Nacional won 40 times the Amazonense Championship and has Rio Negro as its major rival. The Rio-Nal classic is the oldest in Manaus and has been played since 1914.

Nacional was founded after a disagreement between the captain of the team and the president of Manaos Sporting, who gathered some dissidents and founded Eleven Nacional. Only in 1930 the club became Nacional.

The rival Atlético Rio Negro Clube arose from the desire of Schinda Uchôa, who persuaded some friends to found a club to play football. The name is a tribute to Rio Negro, an important river in the region. Manaus is situated on the left bank of it. The club won the state championship 16 times.

São Raimundo was founded in 1918, shortly after the end of the golden age of rubber in Manaus. It won the Amazonense Championship seven times, but it only began to participate in official competitions organized by the former Amazonian Federation of Athletic Sports in 1955.

In the 1930s Fast Club and América were created. Fast won the Amazonense Championship six times and participated in a friendly match against Sport Recife in 1961 at the inauguration of the illumination system in Ismael Benigno Stadium, known as Colina. Sport de Recife had won São Raimundo and Santos de Manaus, but lost 7-5 to the hosts.

tra São Raimundo e Santos de Manaus, mas acabou perdendo de 7 a 5 para os anfitriões.

Já o América foi fundado pelos irmãos Artur e Amadeu Teixeira e teve a honra de faturar o último campeonato realizado no Estádio Vivaldo Lima, em 2009, antes da construção da Arena Amazônia. A final foi contra o Nacional, com placar de 3 a 0.

A LENDA DA TOALHA VERMELHA

O que seria do futebol se não fossem a magia, o misticismo e os personagens que dão asas à imaginação coletiva? Em Manaus, o goleiro Aranha Negra foi protagonista de uma das lendas mais conhecidas no Amazonas. Herdeiro do apelido do goleiro russo Lev Yashin por conta do uniforme preto e da agilidade incomum, Clovis Amaral Machado foi goleiro do Rio Negro Clube, onde se destacou nos anos 1970.

Clovis nasceu na cidade de Parintins, em 1943. Em 1959, já estava no juvenil do Auto Esporte, onde passou de zagueiro para a posição que o consagraria mais tarde. Chegou ao time titular em 1961. Dois anos mais tarde, transferiu-se para o Rio Negro.

O goleiro é o protagonista da famosa lenda da toalha vermelha. Ela surgiu em sua fase áurea no Rio Negro, deixando-o conhecido nos campos e reforçando sua fama de imbatível no gol. Nas entrevistas, relatou que a história começou por acaso. No tempo em que os goleiros não usavam luvas, o gramado estava escorregadio para a disputa de um clássico Rio Negro x Nacional.

Para que ele pudesse enxugar as mãos, o técnico Osvaldinho providenciou uma toalha vermelha, prontamente pendurada na trave. Coincidência ou não, o Rio Negro não levou nenhum gol. Bastou para que Clovis adotasse a peça como a "toalha da sorte".

Pelos serviços prestados ao futebol amazonense, o Rio Negro fez uma homenagem a Aranha Negra, convidando-o para um amistoso contra o Bangu, do Rio de Janeiro, em 1982. Clovis estava afastado do futebol fazia nove anos. O jogo terminou empatado sem gols, mas levou uma multidão ao estádio.

Clovis defendeu o Rio em mais de cem jogos oficiais, além de outros 18 amistosos. Depois de encerrar a carreira, não abandonou o futebol. Hoje, atua em um projeto na Zona Norte de Manaus que usa o esporte como forma de inserção social de crianças carentes.

América was founded by the brothers Arthur and Amadeu Teixeira and had the honor to win the last championship held at Vivaldo Lima Stadium in 2009, before the construction of Amazônia Arena. The final was against Nacional with a 3-0 score.

THE LEGEND OF THE RED TOWEL

What would happen to football if there weren't the magic, the mysticism and the characters that give wings to imagination? In Manaus, the goalkeeper Aranha Negra (black spider) was the protagonist of one of the most famous legends in Amazonas. He was named after the Russian goalkeeper Lev Yashin because of the black uniform he used and an uncommon agility. Clovis Amaral Machado was Rio Negro's goalkeeper, where he stood out in the 1970s.

Clovis was born in Parintins in 1943. In 1959 he was already playing in the juvenile category of Auto Sport as a quarterback, but it was there that he started playing in a position that would later consecrate him. He started in the lineup team in 1961. Two years later he moved to Rio Negro.

The goalkeeper is the protagonist of the famous legend of the red towel. It appeared in the heyday of Rio Negro, making him well-known and reinforcing his reputation of being unbeatable. In interviews he said that the story began by chance. At that time goalkeepers didn't wear gloves and the grass was slippery that day, when a Rio Negro x Nacional classic would happen.

Coach Osvaldinho gave him a red towel to wipe his hands, which was hung on the post. Coincidence or not, Nacional didn't score any goal. It was enough for Clovis to adopt the towel as the "luck charm".

For his services to football in Amazonas, Rio Negro paid tribute to Black Spider inviting him to a friendly game against Bangu from Rio de Janeiro in 1982. Clovis had been away from football for nine years. The game ended in a draw without goals but led a crowd to the stadium.

Clóvis defended Rio Negro in more than 100 official games, in addition to 18 friendly games. After ending his career, he didn't abandon football. Today he works on a project in the north of Manaus, which uses the sport as a form of social inclusion of children in need.

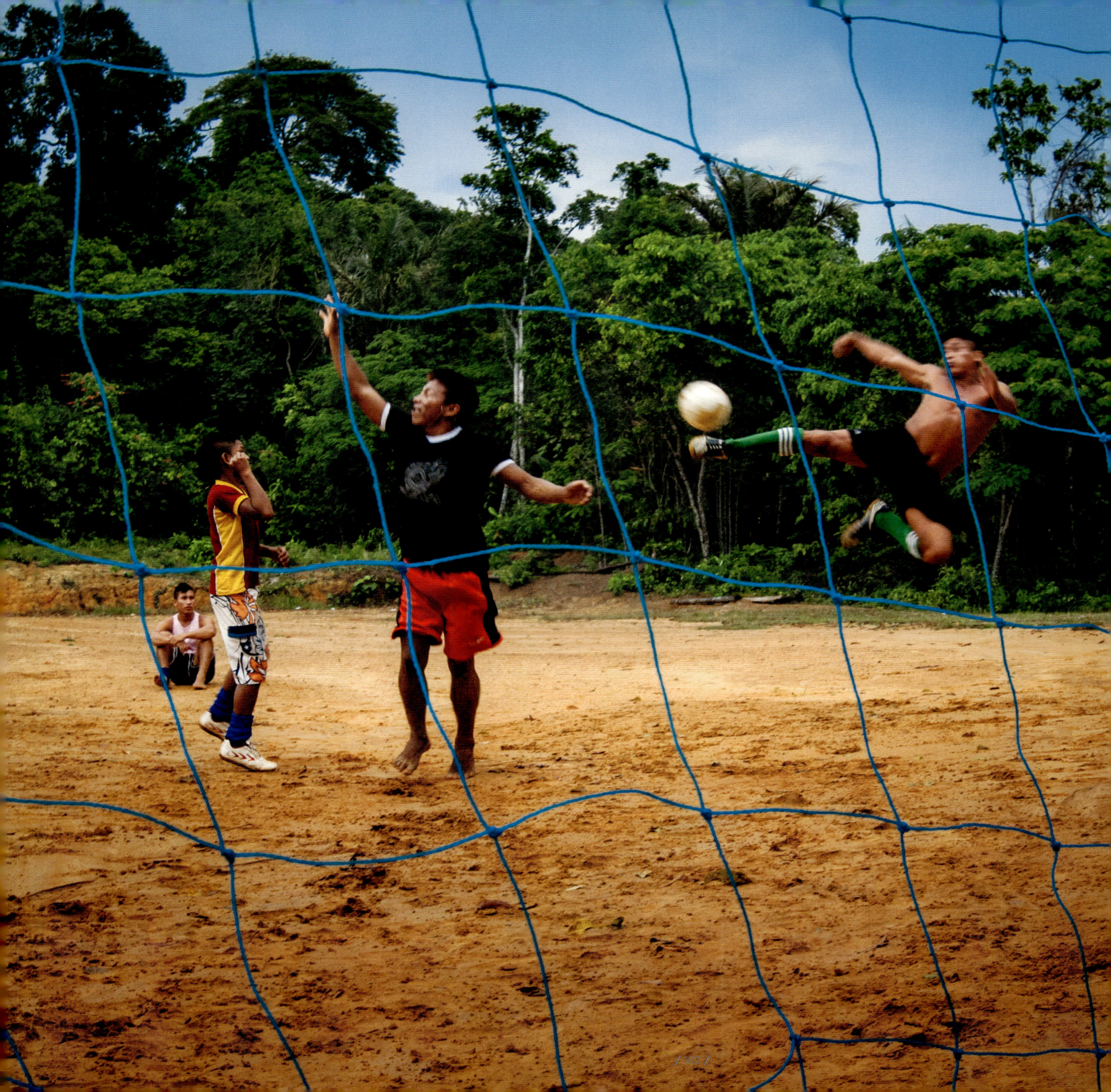

ENTRE O NEGRO E O AMAZONAS

O Negro e o Amazonas, dois dos principais rios que cortam o Estado, não são obstáculos para os times de futebol ou para os peladeiros de fim de semana.

Grande parte do transporte da região é feito por embarcações, criando vida sobre as águas. E, mesmo assim, o futebol brilha. Prova disso é o time do Manicoré, que chegou a viajar 42 horas de barco até Manaus para participar do Campeonato Amazonense. Mesmo enfrentando os perigos das marés e as muitas horas de viagem, o grupo conseguiu participar da competição.

Muitos jogadores passaram mal durante o trajeto e alguns chegaram a cair doentes. Manicoré é um município do interior do Amazonas, que fica a 330 quilômetros da capital. A estrada de acesso estava interditada na ocasião e o único acesso possível era, e ainda é, pelas águas.

O rio acabou se tornando a estrada do povo amazonense, que usa as hidrovias como forma de locomoção. Na época das chuvas, que se concentram no inverno, os rios enchem e permitem a navegação por diversos municípios do interior, isolados pelas águas.

Mas, para quem gosta de futebol, a época ideal é o período da seca, quando as águas recuam e as margens ficam livres para a pelada no fim de tarde. Os peladeiros dividem o espaço com palafitas, construídas para manter as casas acima das águas durante as chuvas. Quando a água desaparece, quase não se pode contar o número de campos que surgem ao longo da margem do Rio Negro.

BETWEEN THE NEGRO AND THE AMAZON RIVERS

The Negro and the Amazon, two of the main rivers that cross the state, are not obstacles for soccer teams or eventual weekend players.

Much of the region's transportation is done by boats, creating life on the water. And yet, football shines. Manicoré is a proof of that. The team travelled 42 hours by boat to get to Manaus for the Amazonense Championship. Even facing the dangers of the tides and many hours travelling, the group managed to enter the competition.

Many players didn't feel well during the trip and some even fell sick. Manicoré is a city in the interior of Amazonas, which is 330 kilometers away from the capi-tal. The access road was closed at the time and the only possible access was, and still is, by water.

The rivers eventually became the roads of people from Amazonas who use the waterways as a mean of transport. During the rainy season in the winter, the rivers are full and allow navigation to several municipalities in the interior, isolated by the waters.

But for those who like football, the ideal time is during the drought, when the waters recede and the banks become fields for the late-afternoon game. The players share space with stilts, built to keep the houses above the water during the rainy season. When water disappears, you can hardly count the number of fields that arise along Rio Negro's bank.

/ 165 /

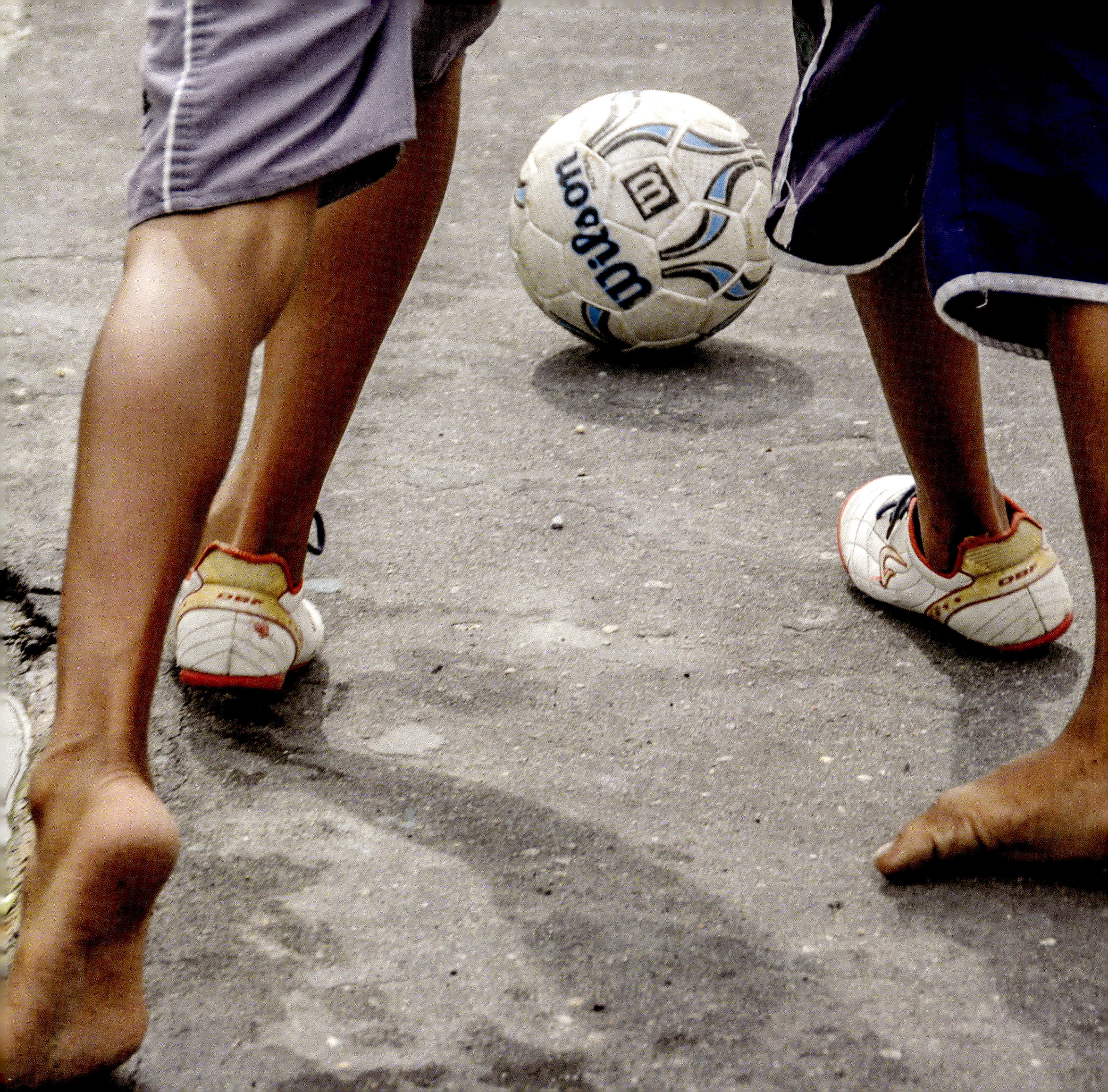
Wilson

/ 168 /

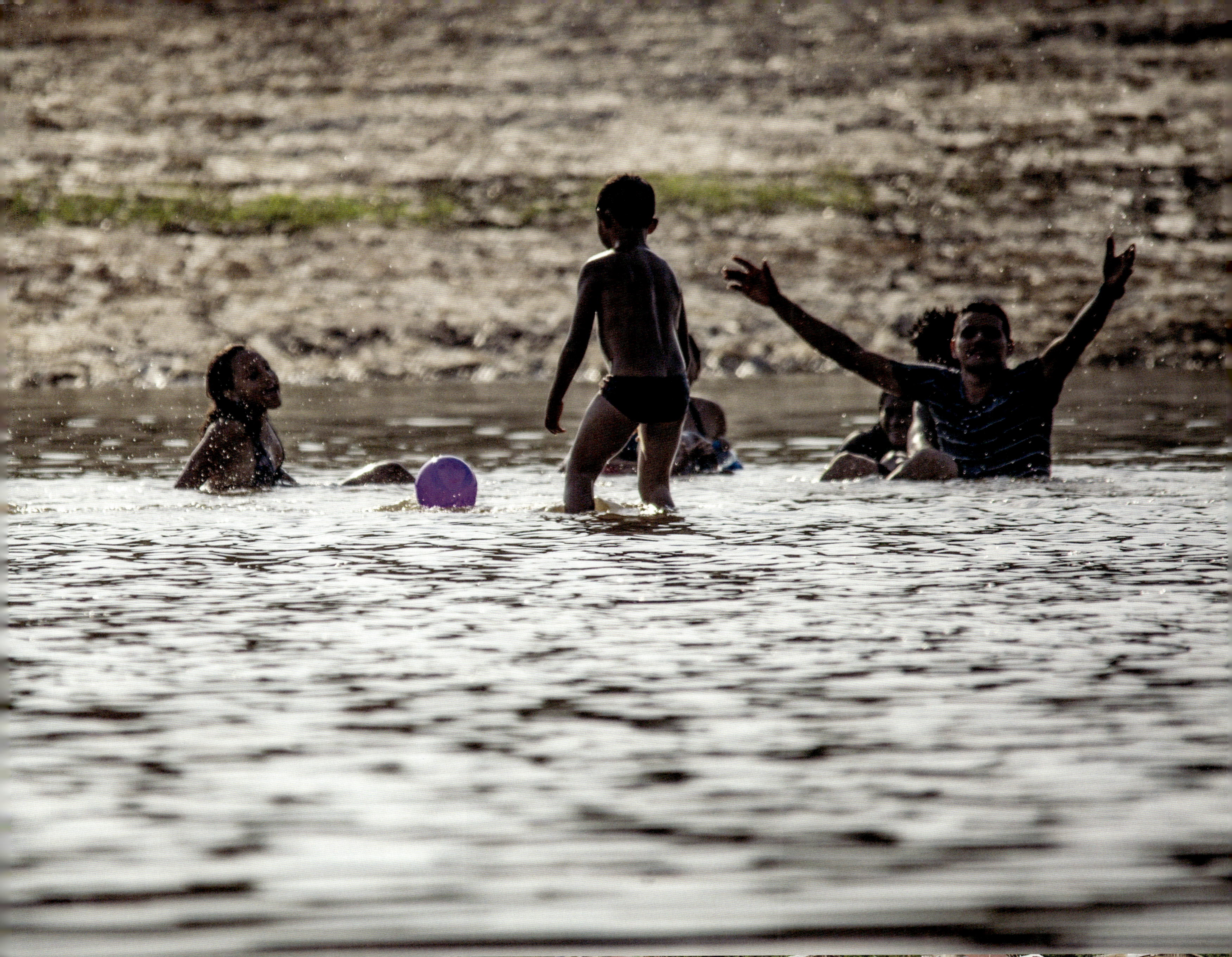

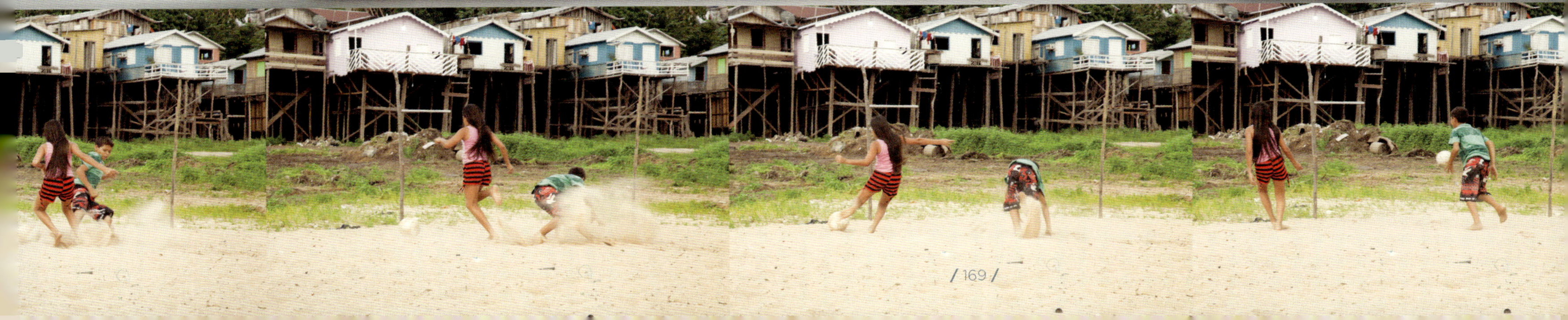

CRAQUES E RAINHAS DO PELADÃO

Na despedida do Estádio Vivaldo Lima, 42 mil pessoas se acotovelaram nas arquibancadas que seriam demolidas para a construção da Arena Amazônia. O adeus aconteceu com a final do Peladão – o campeonato amador mais democrático do país. Unidos da Alvorada e Panair Futebol Clube fizeram a decisão, em janeiro de 2010.

Referência na Região Norte, o campeonato é conhecido pelo número de times: quase 800 inscritos em 2013. As categorias são divididas por idade e envolvem crianças, adultos, idosos e mulheres. Dentro da competição também há as categorias indígenas.

O Peladão foi idealizado em 1973 pelo jornalista Umberto Calderaro Filho. Ele queria uma competição em que as pessoas pudessem jogar nos fins de semana.

Mas em alguns lugares é quase impossível seguir as regras do futebol profissional, como impedimento e pênalti. "Em alguns campos, não há como demarcar a área. Se não tem como marcar a área, não tem como marcar pênalti. A decisão fica por conta do bom senso do árbitro com os outros times", explica o jornalista Kid Mahall, um dos organizadores.

Para participar da competição, os times devem fazer a inscrição e levar bola e apito. O juiz é escolhido entre os próprios competidores, geralmente alguém da comunidade.

Outra peculiaridade é a Rainha do Peladão. Cerca de dois anos depois de criado o campeonato, a organização instituiu o concurso de escolha da rainha. Cada equipe deve inscrever uma representante, que participa do desfile de abertura do campeonato. Depois de pré-selecionadas cem candidatas, 12 são conduzidas à final.

Mas a presença das rainhas não é importante só pela beleza. Também é significativa para os jogadores. Se o time é eliminado, pode voltar para a competição se sua rainha estiver no concurso. Nesses casos, a permanência da equipe no Peladão está nas mãos – ou melhor nas curvas – de sua alteza

PELADÃO'S ACES AND QUEENS

In Vivaldo Lima stadium's farewell, 42,000 people filled up the stands that would be demolished for the construction of Amazônia Arena. The event was the final of Peladão - the most democratic amateur championship in the country. Unidos da Alvorada and Panair Futebol Clube played the decision in January 2010.

The championship is a reference in the North of Manaus and is known by the number of teams: almost 800 in 2013. The categories are divided by age and involve children, adults, seniors and women. There are also teams formed by Indians.

Peladão was idealized by journalist Umberto Calderaro Filho in 1973. He wanted a contest in which people could play on weekends.

But in some places, it is almost impossible to follow the rules of professional football as offside position and penalty. "In some fields, there is no way to demarcate the area and so, no penalty. The decision is up to the good sense of the referee", explains journalist Kid Mahall, one of the organizers.

To participate in the competition, teams must enroll and bring the ball and the whistle. The judge is chosen among the competitors and he is usually someone from the community.

Another peculiarity is the Queen of Peladão. About two years after the creation of the championship the organization instituted the queen's contest. Each team must enter a representative who participates in the opening parade. After pre-selecting 100 candidates, 12 are led to the final.

But the presence of queens is important not only as a question of beauty. It is also significant for the teams. If the team is eliminated, it can return to the competition if its queen is in the contest. In such cases, the permanence of a team in Peladão may be in the hands - or rather - in the curves of the queen.

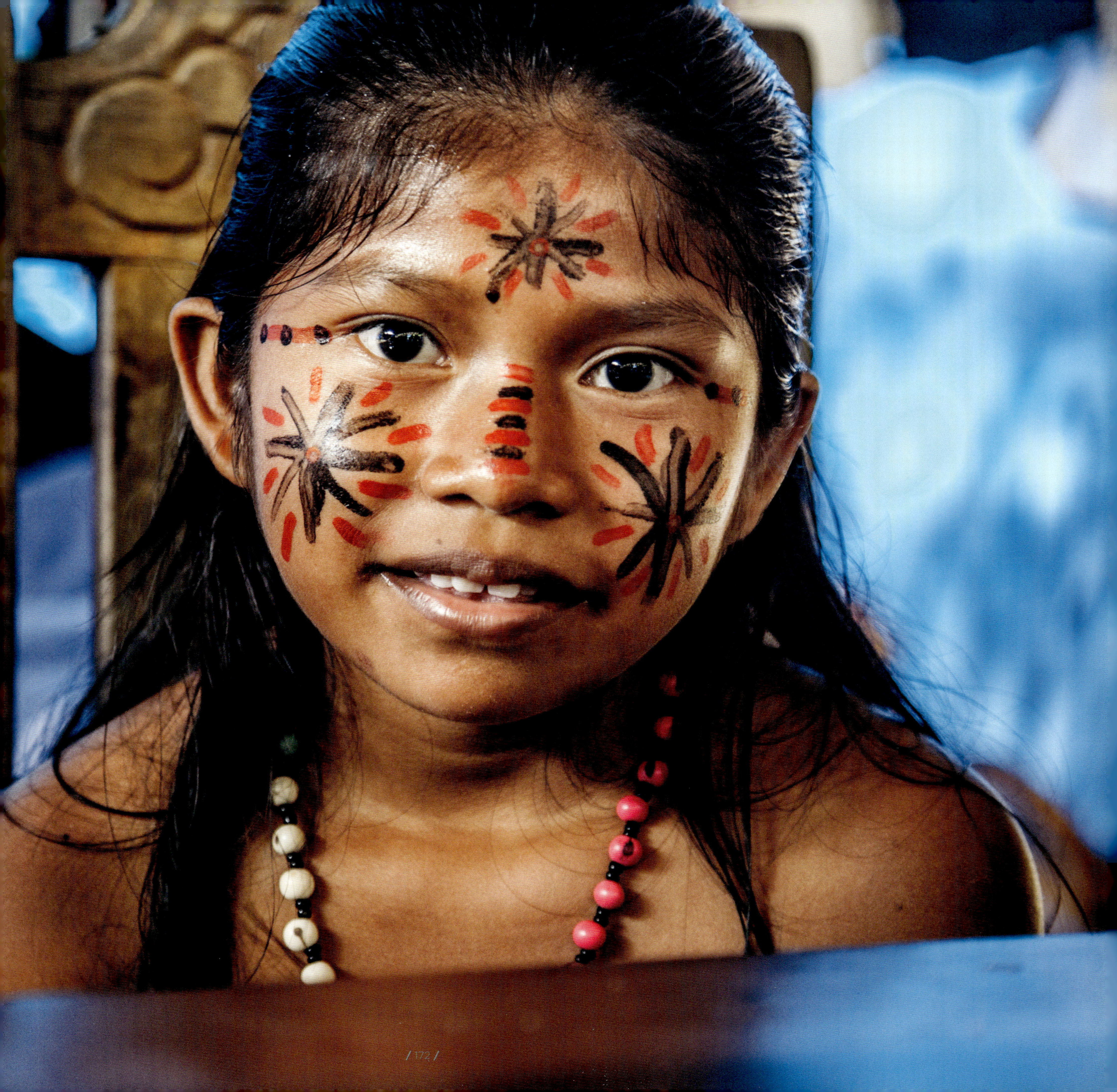

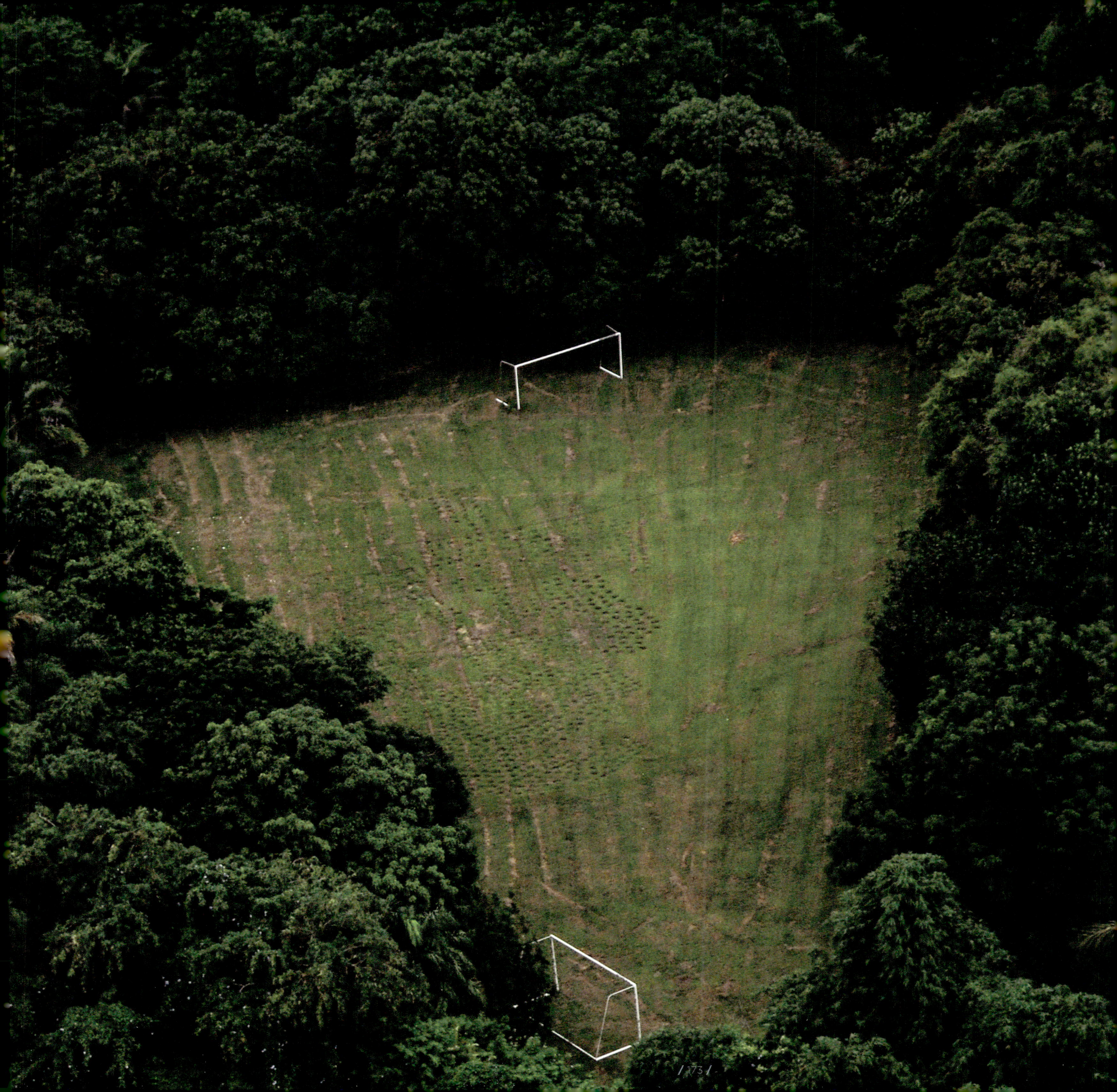

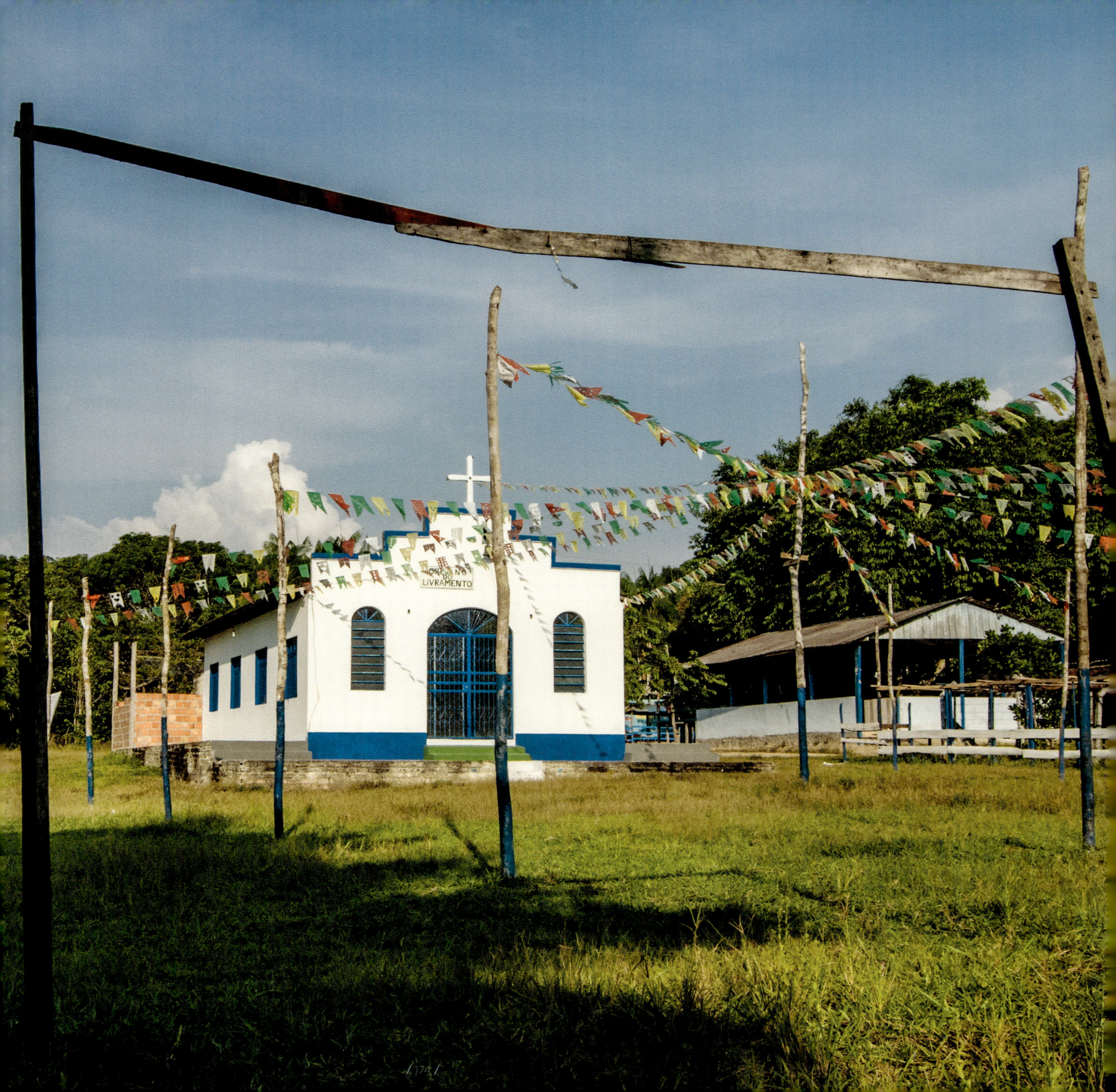
DO
LIVRAMENTO

/ 175 /

11

BAHIA
ARENA FONTE NOVA

Pág. 177

FÉ, FORÇA E FUTEBOL
FAITH, STRENGTH AND FOOTBALL

BAHIA DE TODOS OS CRAQUES
BAHIA OF OUTSTANDING PLAYERS

A Bahia é muito mais que axé, carnaval e sincretismo religioso. O Estado tem como cartão de visitas uma paixão que motiva os moradores, acirra os ânimos das conversas e derrama a fé sobre as arquibancadas: o futebol. Em dia de jogo, principalmente do clássico Ba-Vi, a Bahia de Todos os Santos converte-se na Bahia de Todos os Craques.

A origem do futebol baiano é parecida com a própria chegada do esporte ao Brasil. Assim como Charles Miller voltou da Inglaterra em 1894 com uma bola na bagagem, o jovem Zuza Ferreira também retornou à capital, Salvador, com uma bola de couro na mala. Era 25 de outubro de 1901. Sim, meu rei, a partir dali, o futebol começava a fazer parte da vida dos baianos.

Zuza reuniu os amigos na Praça dos Mártires para a primeira partida de futebol em Salvador de que se tem notícia. Deu algumas instruções a respeito da novidade e demarcou o gol com pedras. Não demorou para que os duelos fossem disputados no campos do Rio Vermelho, Quinta da Barra, Largo do Barbalho e Largo do Papagaio.

Bahia is much more than axé, carnival and religious syncretism. The State has a passion that motivates residents, intensifies the mood of the conversation and pours faith over the stands: we are talking about football. On a game day, especially a 'Ba-Vi' classic, Bahia de todos os Santos becomes Bahia of outstanding players.

The origin of football in Bahia is similar to the arrival of the sport in Brazil. As Charles Miller returned from England in 1894 with a ball in his luggage, the young Zuza Ferreira also returned to Salvador with a leather ball in his luggage. It was October 25th, 1901. Yes, my king, from then on football began to be part of people's lives in Bahia.

Zuza gathered some friends at Mártires Square for the first soccer match in Salvador. With the ball in his arms, he gave some instructions about that novelty and demarcated the goal with stones. Soon the games started to be played in the fields of Rio Vermelho, Quinta da Barra, Largo do Barbalho and Largo do Papagaio.

During the following years, the baianos (people from Bahia) learned how to play football and felt in love with

RAÍZES
ROOTS

Durante os anos seguintes, os baianos aprenderam a praticar e a amar aquela modalidade importada da Europa, mas que rapidamente ganhou alma brasileira e malemolência baiana. As partidas ocorriam nos fins de semana, até que, em 17 de janeiro de 1904, deu-se a primeira partida oficial entre clubes. O Sport Club Bahiano enfrentou o Club de Regatas Itapagipe, no chamado Campo do Papagaio. Primeiro jogo, primeira goleada: 7 a 0 para o Bahiano.

Com o tempo, o futebol passou a ser disseminado nos clubes, fundados inicialmente apenas para a prática do críquete. Outro surgiram por obra e graça do novo esporte. O futebol era um grande evento de fim de semana na capital baiana. Hoje, além de um programa obrigatório aos domingos, a bola rolando faz pulsar a vida da Boa Terra.

that sport imported from Europe. But it quickly gained a Brazilian soul. People would gather on weekends to play the sport until January 17th, 1904, when the first official match between clubs happened. Sport Club Baiano faced Club de Regatas Itapagipe in the field called Campo do Papagaio. First game, first emphatic 7-0 win to Sport Club Baiano.

Over time, football became widespread in the clubs founded in the beginning for the practice of cricket. Other teams were created just for the practice of the new sport. Football was a big event on weekends in Salvador. Today, in addition to being a mandatory program on Sundays, when the ball rolls it makes life worthwhile in Bahia.

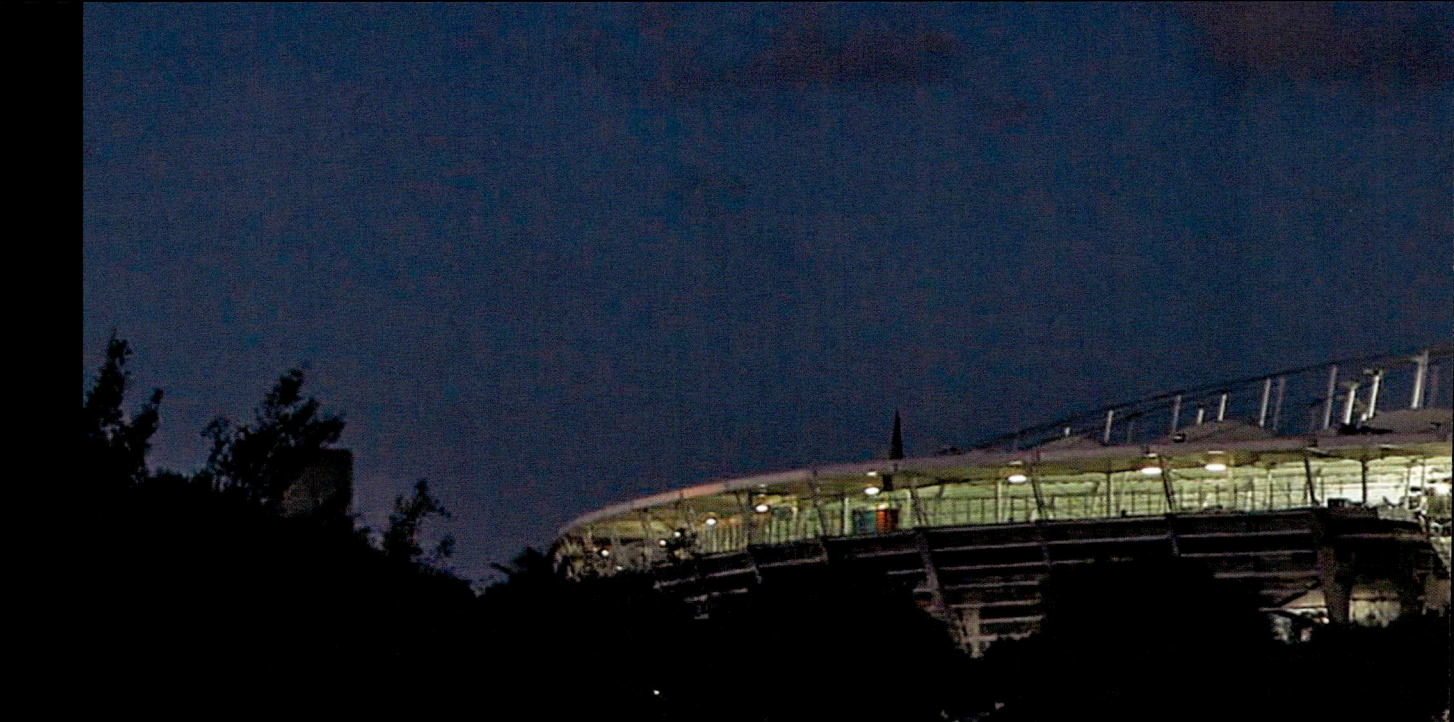

FONTE NOVA, O PALCO DE GRANDES EMOÇÕES

Embora o projeto da Fonte Nova não tenha sido criado com vistas à Copa do Mundo de 1950, a missão era concluir suas obras em 1949. No entanto, o palco baiano só foi inaugurado seis meses depois do Mundial. O jogo de estreia foi Botafogo 1 a 0 Guarany, pelo Torneio Octávio Mangabeira. O apelido do estádio se deve à existência de uma fonte de água usada pelos moradores da região. Durante a construção, ela foi aterrada, o que gerou muitas reclamações. Para contentar a população, uma nova fonte foi feita.

Um dos fatos curiosos da Fonte Nova ocorreu em 1969, quando o zagueiro Nildo, do Bahia, foi vaiado por sua própria torcida depois de impedir que Pelé marcasse o milésimo gol da carreira ao salvar a bola debaixo do travessão.

O maior público foi registrado na Copa União de 1988, na partida da semifinal entre Bahia x Fluminense. O Tricolor baiano venceu de virada por 2 a 1, para alegria da maioria dos 110.438 pagantes que abarrotaram as arquibancadas.

Outra partida histórica foi o clássico Ba-Vi de 1994. Mesmo começando mal no Estadual, o Bahia conseguiu dar a volta por cima e chegou à final contra o Vitória precisando apenas de um empate. No final do primeiro tempo, porém, Dão marcou 1 a 0 para o Rubro-Negro, resultado que se manteve até os 46 minutos do segundo tempo. Com a massa tricolor já fora do estádio, o atacante Raudinei empatou, levando o Bahia ao bicampeonato.

A Fonte Nova tem uma tragédia em sua trajetória. Aconteceu em 26 de novembro de 2007, durante um jogo entre Bahia e Vila Nova. Parte de um degrau do anel superior cedeu, provocando a queda de 11 pessoas de uma altura de 20 metros. Sete delas morreram. O episódio acelerou a modernização do estádio, que foi implodido para a construção da Arena Fonte Nova, inaugurada em 7 de abril de 2013 com uma goleada de 5 a 1 do Vitória sobre o Bahia.

FONTE NOVA, THE SCENE OF BIG EMOTIONS

Although the design of Fonte Nova Stadium hadn't been created thinking of the 1950 World Cup held in Brazil, the mission was to have the stadium ready in 1949, but it was inaugurated six months after the World Cup. The first game was between Botafogo and Guarany, playing the Octávio Mangabeira Tournament. Botafogo won 1-0.

Octávio Mangabeira Stadium got the nickname of Fonte Nova due to the existence of a source of water that was grounded during the construction of the stadium. It was the reason for many complaints. To please the population a new fount was built.

One of the curious facts in Fonte Nova occurred in 1969, when the defender Nildo was loudly booed by their own fans after preventing Pelé to score the thousandth goal of his career by saving the ball under the crossbar.

The largest crowd in Fonte Nova was registered in the 1988 Copa União in a memorable semifinal match between Bahia and Fluminense. Tricolor from Bahia won 2-1 for the delight of 110.438 spectators.

Another great classic was 'Ba-Vi' in 1994. That year, Bahia began the State Championship badly, but managed to bounce back and reached the final against Vitória needing only a draw. At the end of the first half, Dan scored 1-0 for Rubro-negro, a result that was maintained until the end of the second half. With the Tricolor fans already leaving the stadium, Raudinei tied in injury time, leading Bahia to a heroic championship.

Unfortunately Fonte Nova underwent a tragedy in its history. It happened on November 26th, 2007, during a match between Bahia and Vila Nova. Part of the bleachers broke down and 11 people fell from a height of 20 meters. Seven of them died. The episode accelerated the modernization of the stadium, which was imploded to build the Arena Fonte Nova, inaugurated on April 7th, 2013 with a game between Bahia and Vitória that won by 5-1.

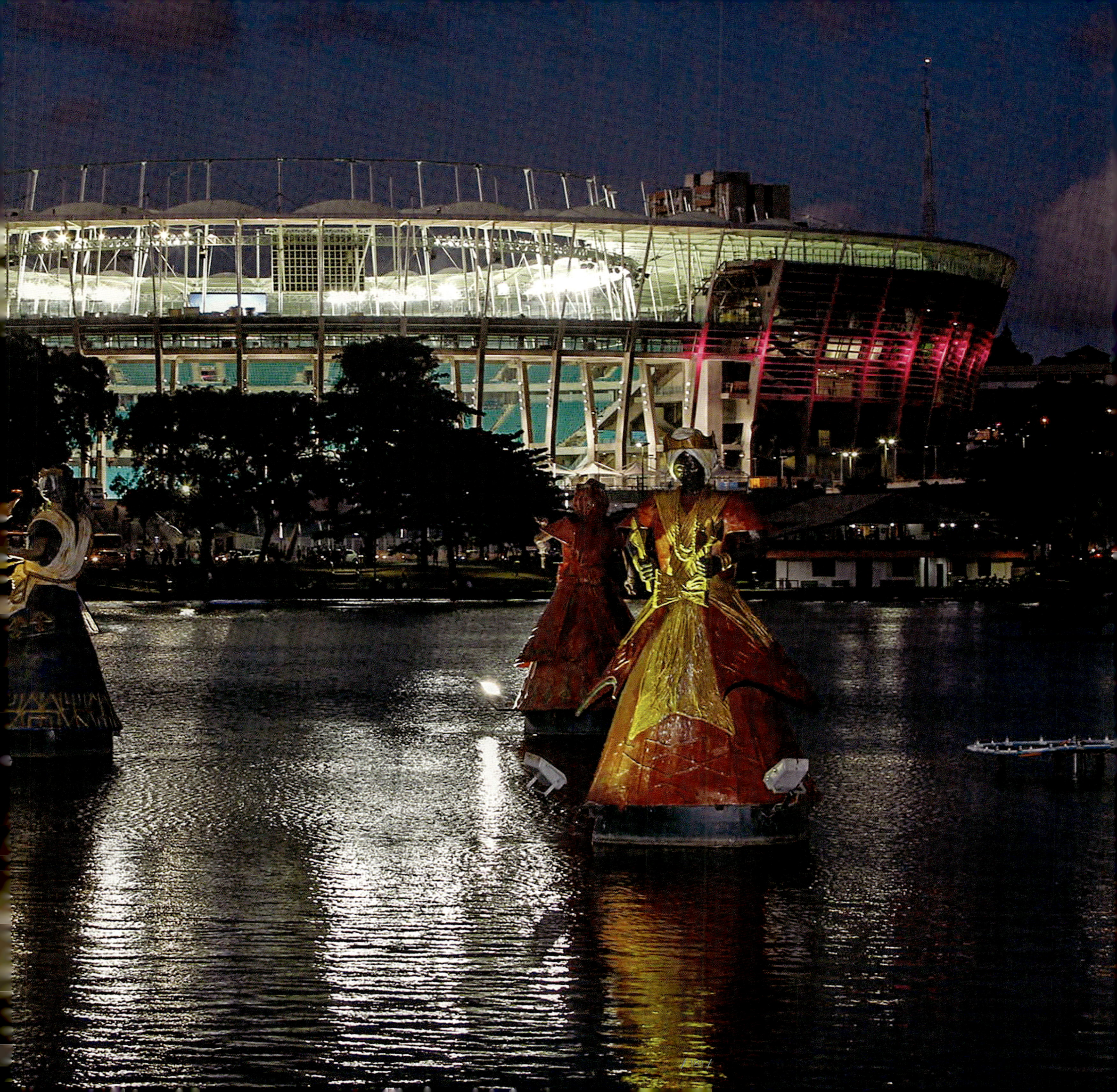

MÃO NA MASSA EM DOSE DUPLA

Os grandes personagens dos estádios são os jogadores. Mas na Arena Fonte Nova há outra "celebridade": Brasilino Almeida dos Santos. Do alto de 78 anos de vida, ele tem orgulho de ostentar em seu sólido currículo de pedreiro a presença na construção das duas versões da Fonte Nova. Em ambas, Brasilino estava lá, ajudando a levantar o estádio.

Brasilino já gostou mais de futebol. Tem uma predileção pelo Vitória, mas não acompanha mais os jogos com entusiasmo. "Nasci mesmo para trabalhar, ser pedreiro", justifica. Ele começou cedo. Tinha 13 para 14 anos quando quebrava brita para fazer o concreto usado na primeira Fonte Nova.

As mais de seis décadas que separaram a construção de uma Fonte Nova da outra não apagaram da sua memória as dificuldades da época. "Existia uma pedreira onde ficavam os presidiários que detonavam aquelas pedras enormes. Depois, o material vinha para cá para a gente quebrar com as marretas", afirma. O pedreiro vem de uma família muito simples, por isso, passou a infância na lida. O pai tinha uma pequena roça, o que fazia Brasilino trabalhar em dois turnos. Acordava de madrugada e ia vender hortaliças produzidas na roça. À tarde, seguia para a Fonte Nova. "Era o jeito para ganhar um dinheirinho e ajudar a colocar comida em casa", diz.

Ele chegou a visitar o estádio erguido também com o suor do seu rosto e com a força de suas mãos. "Acompanhei Bahia e Vitória em algumas partidas aqui, porque eu tinha um irmão louco pelo Bahia. Ele me dizia: 'Bora ver o jogo?' – e eu fazia a vontade dele", destaca.

Um dos orgulhos de Brasilino é ver como a construção civil mudou. "De primeiro, era tudo feito com trilho. Quando o pessoal pulava na arquibancada, tinha aquela trepidação toda. Hoje é tudo bem reforçado, a resistência é outra. Isso aqui é obra para 200 anos", orgulha-se.

ATÉ OS ORIXÁS TOMAM PARTIDO

Se o brasileiro é um povo que convive bem com a diversidade, o baiano merece uma menção especial nessa história. Durante anos, o Estádio da Fonte Nova abrigou uma curiosa torcida mista. Sim, as camisas de clubes rivais, como os dois maiores do Estado, Bahia e Vitória, literalmente se misturavam na arquibancada.

O espaço amistoso e de orgulho dos torcedores baianos, no entanto, não deve ser confundido com falta de rivalidade. O Ba-Vi, considerado o maior clássico do Nordeste, é um verdadeiro caldeirão no qual tricolores e rubro-negros entram em ebulição.

No início da história do confronto, na década de 30, o fogo até que começou baixo, já que os dois clubes ainda

HANDS-ON IN A DOUBLE DOSE

The main characters of a game are the players. But in Arena Fonte Nova, another 'celebrity' deserves the applause of the crowd: Brasilino Almeida dos Santos. In his 78, he is proud to have on his resumé that he was a mason in the construction of the two versions of Fonte Nova. During both constructions, Brasilino was there, helping to raise the stadium.

He used to enjoy more football. He likes Vitória, but today he doesn't watch the games with enthusiasm. "I was born to work, to be a mason", he says. He started when he was 13 and his first job was to break gravel to make concrete used in the first Fonte Nova Stadium.

More than six decades separate the construction of the first and the second Fonte Nova Stadium, but it can't erase Brasilino's memory. Those were difficult times. "There was a quarry, Pedra Preta, which housed inmates who detonated those huge stones. Then the stones were brought here to be broken with sledgehammers", he says.

The mason comes from a very simple family, so it had no choice: he spent his childhood working. The father had a ranch, which made Brasilino work full time. He used to wake up at dawn to go downtown and sell the vegetables produced in the ranch. In the afternoon he headed to Fonte Nova. "It was the way to make some money and help my family," he says.

He visited the monumental stadium built also with the sweat of his brow and the strength of his hands. "I followed Bahia and Vitória in some matches here because I had a brother who was crazy about Bahia. He told me: Let's see the game - and I would do whatever he wanted".

One of the great prides of Brasilino is to see how the construction business has changed. "At first, it was all made of rail. When the fans stepped in the stands the whole thing would shake. Today is all well reinforced, it's very resistant. This is something is going to last for 200 years", boasts Brasilino.

EVEN THE 'ORIXÁS' CHEER FOR A TEAM

If Brazilians have the reputation to live well with diversity, people from Bahia deserve a special place in this matter. For years, Fonte Nova Stadium housed a curious mixed crowd. Fans of the two largest clubs, Bahia and Vitória literally mingled in the stands.

That friendly space that brings so much proud to the supporters can't be confused with lack of rivalry. The 'Ba-Vi', considered as the most representative classic of the northeast, is a true melting pot in which Tricolores and Rubro-negros boil.

In the early history of the confrontation in the 1930s the stadiums were not on fire, since the two clubs were neither victorious nor traditional. Bahia had a few years of life and

Seu Brasilino, "celebridade" na Arena Fonte Nova

'Seu' Brasilino, a "celebrity" in Arena Fonte Nova

MITO
MYTH

não eram tradicionais e vitoriosos. O Bahia tinha poucos anos de vida e o Vitória, apesar de bem mais velho, ainda não tratava o futebol como prioridade. Com o domínio do Bahia a partir de 1950 – foram 26 títulos estaduais em 40 anos contra nove do Vitória no mesmo período –, a torcida tricolor festejou com mais frequência durante muito tempo.

O Rubro-Negro revidou, e seu recente crescimento de conquistas acirrou a rivalidade. Entre 2000 e 2009, foram oito títulos conquistados contra um do Tricolor.

Bahia e Vitória desceram até a Série C em 2005. A massa dos dois clubes, no entanto, nunca deixou de ter fé. Até porque seria difícil perder a crença com tantos santos e orixás para se apegar, mesmo que todos os tricolores achem que eles torcem pelo Bahia e os rubro-negros acreditem que, na verdade, eles vibram é pelo Vitória.

Desde então, os dois maiores times da Bahia lutam para se manter na elite do futebol brasileiro. A rivalidade é que mantém a competitividade do futebol baiano em campo. Mas a verdade é que elas ainda parecem estar sentadas naquelas cadeiras misturadas. Contrárias, mas torcendo perto um do outro.

A CATIMBA QUE GANHA JOGO

"Se macumba ganhasse jogo, o Campeonato Baiano terminava sempre empatado", disse certa vez o jornalista e técnico João Saldanha. Se o sincretismo religioso na Bahia é muito forte, era de se esperar que doutrinas também tão diferentes como o futebol e o candomblé se fundissem.

O baiano nunca deixou de recorrer aos orixás para dar uma forcinha na hora de garantir a vitória O título do Brasileiro de 1988, conquistado pelo Bahia, é até hoje creditado por muita gente às habilidades de Alemão, massagista do clube adepto do candomblé. Conta-se que, no segundo jogo da final contra o Internacional, no Estádio Beira-Rio, os jogadores do Bahia encontraram um trabalho com velas e uma cabeça de boi no vestiário. Alemão anulou a macumba gaúcha, que não poderia mesmo ser mais forte que a baiana. O jogo acabou 0 a 0, mas como o Bahia tinha vencido o primeiro, levou a taça.

Em outro episódio, o atacante do Vitória, André Catimba, quase ficou de fora da final do Campeonato Baiano de 1972. Antes da partida, um excêntrico ritual de purificação foi preparado no vestiário. Os jogadores fizeram fila para uma "limpeza" que envolvia uma galinha preta. Cada um esfregava a ave contra o próprio corpo, e André Catimba era o último.

Quando chegou sua vez, a galinha estava debilitada e morreu ao primeiro contato com ele. Foi o suficiente para o pai de santo ter certeza de que o craque estava possuído. Aconselhou, então, a saída de Catimba do time, mas

Vitória, although much older, didn't treat football as a priority. Bahia became dominant from 1950 on, having achieved 26 state titles in 40 years while Vitória won 9 titles in the same period. The fans of Bahia celebrated much more.

Rubro-negro fought back and its recent growth in achievements intensified the rivalry between the fans. Only between 2000 and 2009 eight titles were won against one of Tricolor.

Bahia and Vitória descended to Série C in 2005. The supporters of the two clubs, however, have never lost faith. Especially because it would be difficult to lose the belief with so many saints and deities to cling to, even knowing that all Tricolores cheer only for Bahia and all Rubro-negros for Vitória.

Since then, the two biggest teams in Bahia struggle to stay in the elite of Brazilian football. The rivalry between their fans is what keeps the competitiveness of football in Bahia. But the truth is that they still seem to be sat in those mixed chairs. Each one is cheering for a specific team but everybody together.

THE CATIMBA THAT WINS GAMES

"If voodoo won games, the Championship in Bahia would always end tied", said once the journalist and coach, João Saldanha. The religious syncretism in Bahia has always been something very strong. It was expected that so different doctrines such as football and Candomblé would merge.

People from Bahia never stopped asking the 'orixás', African gods of Candomblé, to give a little help in order to ensure the victory in finals.

The title of the 1988 Brasileiro won by Bahia is today credited to the skills of Alemão, who was a masseur of the club and a Candomblé believer. It is said that in the second game of the final against Internacional in Beira-Rio Stadium the players of Bahia found some candles and a bull's head in the locker room. Alemão, however, annulled the gaúcho voodoo that could not be stronger than the baiano one. The game ended tied 0-0, but as Bahia had won the first match, took the cup.

In another episode an attacker of Vitória, André Catimba, was almost out of the final of the 1972 Baiano Championship. Before the game, an eccentric ritual of purification was prepared in the locker room. The players queued for a 'cleansing' that involved a black hen. Each player would brush the animal against his own body and André Catimba was the last in line.

When his turn came, the hen was too weak and when he touched it, the hen died. It was enough to be sure that the player was taken by some evil spirit. It was a sign: Catimba shouldn't play, but for the relief of the fans, the coach Paulinho de Almeida didn't take the advice. The striker scored the first

beu a negativa do técnico Paulinho de Almeida. Com três minutos de jogo, o atacante marcou o primeiro gol do Vitória. Depois, sofreu um pênalti e ainda deu a assistência para o terceiro gol do time, que venceu o Bahia por 3 a 1.

É verdade que o profissionalismo fez alguns rituais ficarem nos vestiários do passado, mas os baianos ainda enchem as arquibancadas dessa fé como se ela controlasse o pé de cada jogador.

AS BALADAS DE BEIJOCA

Um dos jogadores mais cercados de mitos e contos na história do futebol de Salvador atende pelo apelido de Beijoca. "Minha irmã mais nova tinha uma boneca com esse nome, e os meninos da rua onde eu morava começaram a me chamar assim", explicou.

O ex-atacante do Bahia não era do tipo que gostava de respeitar as regras. Nem as concentrações. Fala-se que ele adorava sair para as "baladas". Por conta da sua fama de que gostava de beber umas a mais, dizem em Salvador que um dia notaram que sempre depois do almoço Beijoca se recostava à sombra de um cajueiro para descansar antes dos treinos. Depois de um tempo, descobriram que ele injetava cachaça no caju.

Lenda, boato ou fofoca, o fato é que todas as vezes que o Bahia precisou de seus gols, ele compareceu e fez a diferença, como na final do Campeonato Baiano de 1976. Mesmo depois de uma noitada que terminou às 4 horas da madrugada, Beijoca entrou em campo e fez o gol que garantiu o título ao Bahia sobre o rival Vitória.

Alguns ex-colegas contam que, certa vez, Beijoca desapareceu da concentração. Um dos jogadores se prontificou a ir buscá-lo. Lá se foi o colega em busca do centroavante em uma praia distante. O acesso à areia era por algumas dunas. Logo abaixo delas estava Beijoca, acompanhado de alguns amigos, muitas mulheres e dezenas de garrafas. "Beijoca, vamos que amanhã tem jogo e você precisa voltar para a concentração!", gritava o escudeiro. Beijoca pediu ao amigo que esperasse terminar sua bebida. "Senta aí e me acompanha", convidou. O colega aceitou e acabou se esbaldando.

Terminada a farra, o artilheiro teve de carregar o amigo sobre os ombros. Chegando lá, derrubou-o aos pés dos integrantes da comissão técnica e bradou, cheio de autoridade: "Da próxima vez, mandem alguém mais resistente me buscar".

goal for Vitória in the beginning of the first half. Then suffered a penalty and still gave assistance to the third goal of the team that won Bahia by 3-1.

It is true that professionalism made some most peculiar rituals remain in the locker rooms of the past, but the fans still fill the stands of Bahia with faith as it would control the feet of each player in the field.

THE BEIJOCA'S PARTIES

One of the former players surrounded by myths and tales in the recent history of football in Salvador has the nickname of Beijoca. "That's because my sister had a doll with that name and the boys of the street I lived started calling me that", he explained.

Former Bahia's striker, he was not the type who liked to respect the rules of preparation. It is said that he liked to go out to party. Because of his fame of a drunk, it is said in Salvador that people noticed that after lunch, Beijoca would quietly sit back in the shade of a cashew tree to rest before training. After a while, they found out that he used to inject 'cachaça' (a typical beverage made of sugar cane) in the cashew tree.

Legend, rumor or gossip, the fact is that every time Bahia needed him to score he would do it and it made the difference in the 1976 State Championship in Bahia. Even after going to a party that ended at 4 am, Beijoca played beautifully and scored the goal that assured the title to Bahia. It was a 1-0 victory over Vitória.

Some former colleagues say that once Beijoca disappeared one night before the game. One of the players offered to go after him. His friend went after the striker in a distant beach. The access was through some sand dunes, and that was where Beijoca was found, accompanied by some friends, many women and many bottles of spirit.

"Beijoca, let's go. There is a game tomorrow and we need to go back!" his friend shouted. Beijoca, who was very confident, begged his friend to wait a little bit until he finished his drink. "Sit down and join me. The bottle is almost finished", invited.

After the party, the striker had to carry his friend on his shoulders, threw him in the car and drove back to the place where players were preparing themselves for the game. Arriving there, he 'threw' his friend at the technical committee's feet and said, full of authority: "Next time send someone tougher after me". The next day, Beijoca played outstandingly, as usual.

Lenda, boato ou fofoca, o fato é que todas as vezes que o Bahia precisou de seus gols, ele compareceu e fez a diferença

Legend, rumor or gossip, the fact is that every time Bahia needed his goals, he made a difference

O futebol na Bahia tem grande destaque entre a população, que não só curte os jogos dos campeonatos oficiais, como também pratica. E pratica muito! Em cada praia ou bairro há uma quadra para o jogo de "baba". Baba é a famosa pelada de fim de tarde, de início da manhã, depois do almoço, ou de noite, de fim de semana, do meio da semana. Para os baianos, sempre é dia de baba. Tem baba infantil, baba adulto, baba dos sexagenários. Na Cidade Baixa de Salvador, grande parte dos bairros possuem praças ou uma quadra de areia e duas traves. Alambrado, nem sempre.

O baba começou na Cidade Baixa, onde ainda existia a Península de Itapagipe. De acordo com um dos maiores entusiastas do futebol de peladas de Salvador, Jorge Teles, que dedica sua vida a pesquisar a história do futebol soteropolitano, o "baba" surgiu entre os funcionários de um dos dois únicos matadouros que existiam na capital baiana, há cerca de 80 anos. Os funcionários do matadouro, chamados magarefes, deixaram de jogar com a bola de meia e passaram a usar uma bola feita a partir do bucho do boi. Eles enchiam essa bolsa com folha de mamona e usavam um cordão para amarrar. Como o gado se alimenta de capim, durante o jogo, com a movimentação e no calor que só a Bahia tem, a "bola" soltava uma espécie de gosma branca, própria da digestão do boi, que se parecia com uma baba. Daí o nome que até hoje os soteropolitanos dão ao jogo de pelada.

Football in Bahia has great prominence among the population, who enjoys the official league matches and the practice too. There is a space to play football in each beach and neighborhood. Bába (a Portuguese word which means drool) is used when people talk about the games played in the afternoon, in the morning, after lunch, at night, weekends, mid-week... Children, adults and elders play Bába. In the lower city of Salvador most neighborhoods have squares or sand courts to play football. Bába began in the lower town, where Itapagipe Peninsula was. According to one of the greatest football enthusiasts in Salvador, Jorge Teles, who devotes his life to research the history of football in Salvador, Bába started among the employees of one of the two slaughterhouses that existed in Salvador, something like 80 years ago. The employees of the slaughterhouse, called butchers, left the traditional ball behind and started to play with a ball made of the "belly" of the ox. They would fill a bag with leaves of castor oil plant and used a cord to tie it up. As cattle feed on grass, with the movement and the warmth, the "ball" would release a kind of white goo, proper of the ox's digestion. That's why people from Bahia call the practice of football Bába.

O AMOR PELA DUPLA BA-VI

O Sport Club Bahiano foi o primeiro clube a ser fundado para a prática do futebol, em setembro de 1903. Isso porque o Club de Cricket Victoria, atual Esporte Clube Vitória, foi criado em maio de 1899 e já havia aderido à novidade em 1902. Outra agremiação que se destacou chama-se Internacional de Cricket, que nasceu para jogar a modalidade inglesa, em 1899. Foi o primeiro campeão baiano, em 1905, mas deixou de existir antes da profissionalização do esporte.

A história de Salvador registra o surgimento de outros clubes, entre eles aqueles que inicialmente se dedicavam aos esportes náuticos ou ao críquete e que acabaram adotando o futebol.

Um exemplo é Club de Natação e Regatas São Salvador, bicampeão baiano em 1906 e 1907. O departamento de futebol já não existe mais e, atualmente, o clube se dedica aos esportes aquáticos. Houve ainda o Sport Club São Paulo-Bahia (1903), o Sport Club Santos Dumont (1904) e o Sport Club Ypiranga (1906), o terceiro clube com mais títulos baianos, depois do Bahia e do Vitória, com dez conquistas.

O Ypiranga ganhou a simpatia de um filho ilustre da Bahia, Jorge Amado. Em sua homenagem, o clube confeccionou a camisa com a inscrição "100 Amado Jorge", em comemoração ao centenário de nascimento do escritor. Com sua obra consagrada em diversos países, ele escolheu o Ypiranga por se tratar de um clube que nasceu na população mais pobre da cidade, formada por trabalhadores e pelos menos abastados de Salvador. Quando se referia ao time do coração, ele dizia: "Outros clubes podem ser mais ricos, prósperos e badalados pela imprensa, donos até de maior torcida e de maior número de títulos. Mas nenhum tem a gloriosa tradição do Ypiranga". Até o surgimento do Sport Clube Bahia, na década de 1930, o Ypiranga era a equipe de maior torcida e o recordista de conquistas estaduais.

A DEEP LOVE FOR 'BA-VI'

Sport Club Bahiano was the first club to be founded exclusively for the practice of football in September 1903. Club de Cricket Vitória, currently Esporte Clube Vitória, was created in May 1899 and adopted the novelty brought by Charles Miller in 1902. Another club that stood out in the scenario of football in Bahia was Internacional de Cricket that was founded to play the English sport in 1899. It was the first champion in Bahia in 1905, but the club was extinguished before the professionalization of the sport.

Besides them, the history of Salvador registers the emergence of several other clubs, including those which were initially engaged in other sports such as boating or cricket.

An example was Club de Natação e Regatas São Salvador, two times champion in 1906 and 1907. The football department doesn't exist anymore and now the club is dedicated to aquatic activities. There was also Sport Club São Paulo (1903), Sport Club Santos Dumond (1904) and Sport Club Ypiranga (1906), the third club with more titles in Bahia only after Bahia and Vitória, both of them with ten titles.

Ypiranga won the sympathy of one of the most illustrious sons of Bahia, Jorge Amado. In his honor, the club made a shirt with the inscription '100 Amado Jorge' in the year of the centenary of the writer's birth. Consecrated in several countries for his work, Jorge Amado chose Ypiranga because it was a club created for and by the poor people of the city.

When referring to his team, he would say: "Other clubs may be richer, trendier and more prosperous. They can even have a bigger fan club and more titles. But none have the glorious tradition of Ypiranga". Until the emergence of Sport Clube Bahia, in the 1930s, Ypiranga had the biggest fan club and was the record holder in state titles.

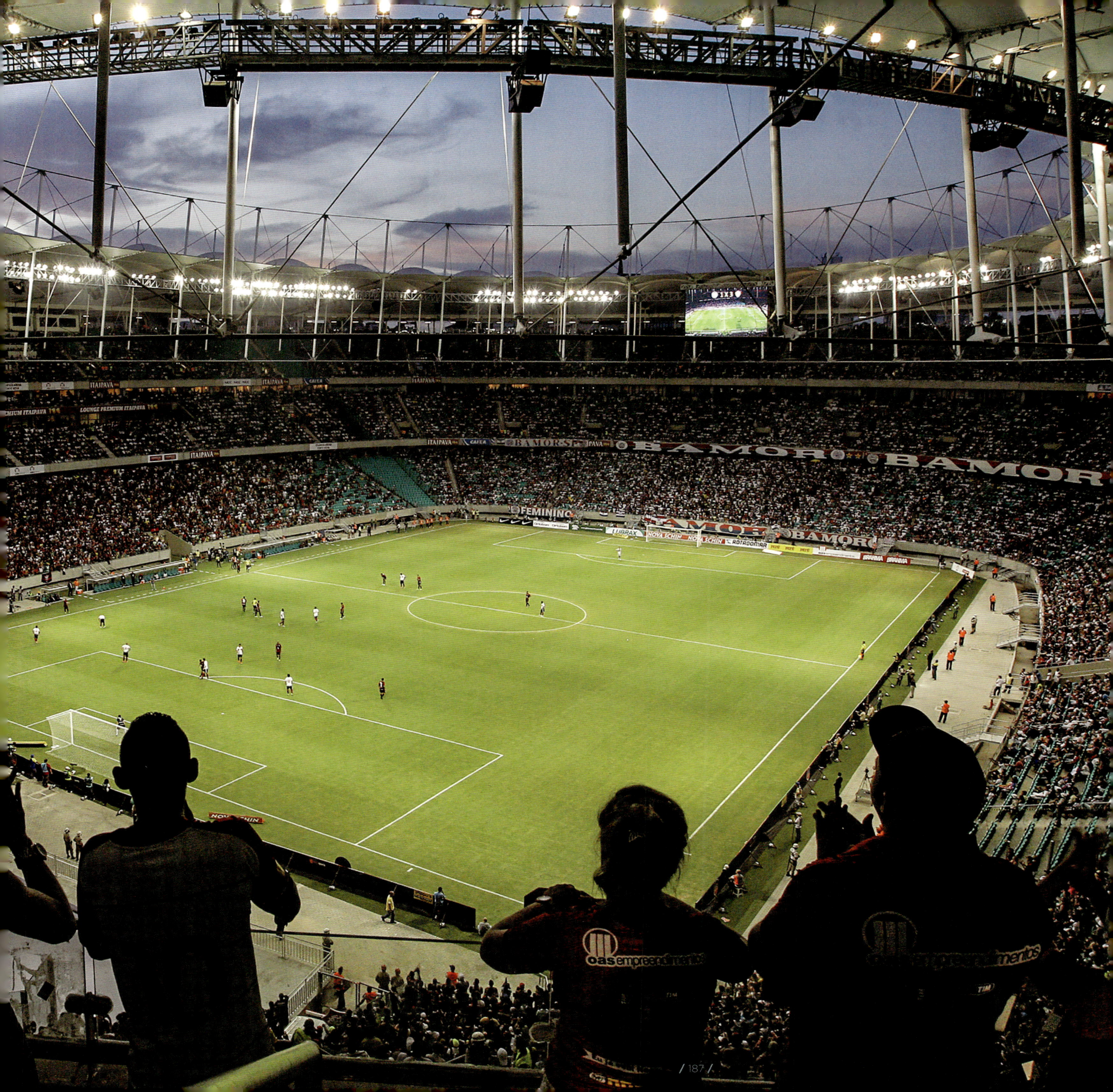
BAMOR
BAMOR
FEMININO
NOVA SCHIN
oas empreendimentos

LEMBRE-SE
ESPORTE É FAZER
*IGOS E NÃO INIMIGOS
 NÃO A VIOLÊNCIA
E SIM A PAZ
.:PEDRO PAZ

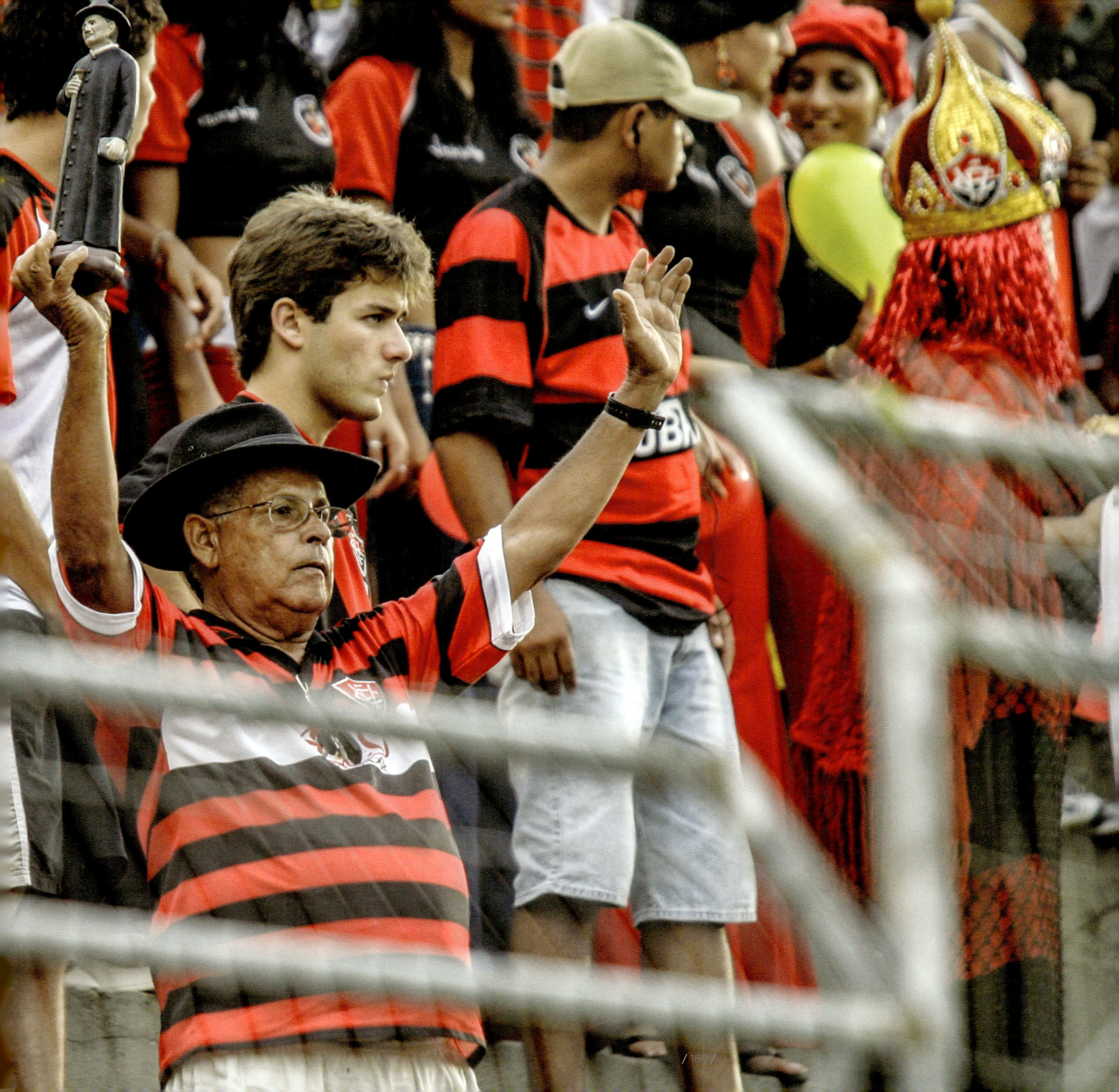

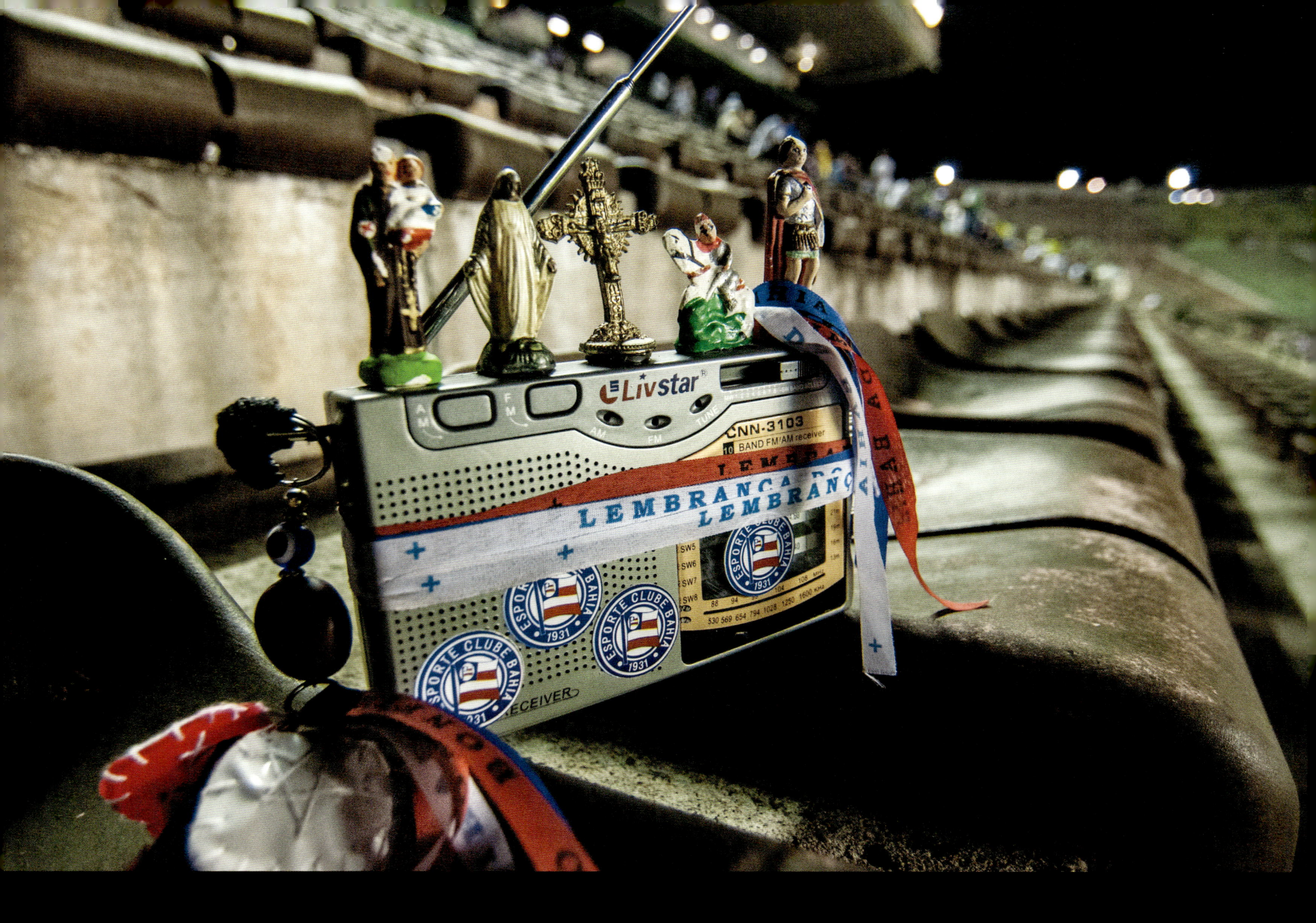

SINCRETISMO RELIGIOSO E FUTEBOL

A trajetória do futebol baiano não é formada apenas por dados históricos, pesquisas e registros de teses de doutorado. A cultura e a religião acabaram definindo o caráter e o perfil do esporte na Bahia, cheio de magia.

Por conta da história escravocrata do Brasil, os primeiros negros vindos da África para a região trouxeram o culto ao candomblé e seus orixás. Em contrapartida ao catolicismo dos portugueses, que também se arraigou na cultura brasileira, o povo baiano geralmente apela para os dois lados.

Um exemplo é Rogério, torcedor apaixonado do Bahia e famoso por levar um radinho de pilha decorado em todas as partidas do time do coração. Ele é devoto de Santo Antônio do Bonfim, que, segundo afirma "xerifa" a tropa: Santo Antônio, Santo Expedito, Nossa Senhora e os patuás de Mamãe Oxum e Pai Oxalá, além da fitinha do Senhor do Bonfim amarrando o olho de boi. "É para espantar a urucubaca", justifica.

Não menos devoto, Belmiro Alves de Brito carrega sua imagem de Nossa Senhora para todos os jogos que acompanha. Conhecido como "Miro da Santa", ela leva a imagem de madeira coberta com um manto de crochê confeccionado nas cores da bandeira do clube do coração

RELIGIOUS SYNCRETISM AND FOOTBALL

The trajectory of football in Bahia is not only formed by historical data, surveys and records of doctoral theses. The culture and religion came to define the character and the profile of the sport in Bahia, full of magic.

Because of the history of slavery in Brazil, the first Africans brought the cult of Candomblé and its deities to the country, which was a contrast to Catholicism. Both religions got a place in the Brazilian culture and people from Bahia usually appeals to both sides.

An example is Rogério, a passionate supporter of Bahia and famous for taking a decorated radio to all matches. He is very devoted to Santo Antônio do Bonfim, which it is said to be the 'chief' of the saints: Santo Antônio, Santo Expedito, Nossa Senhora and the patuás of Mãe Oxum and Pai Oxalá, and the Senhor do Bonfim strip tying the eye of the bull. "It's to get rid of bad luck", he says.

Belmiro Alves de Brito is devoted to Nossa Senhora and he always carries a wooden statue of Nossa Senhora covered with a blanket made of crochet with the colors of his team to all games. He is known as "Miro da Santa".

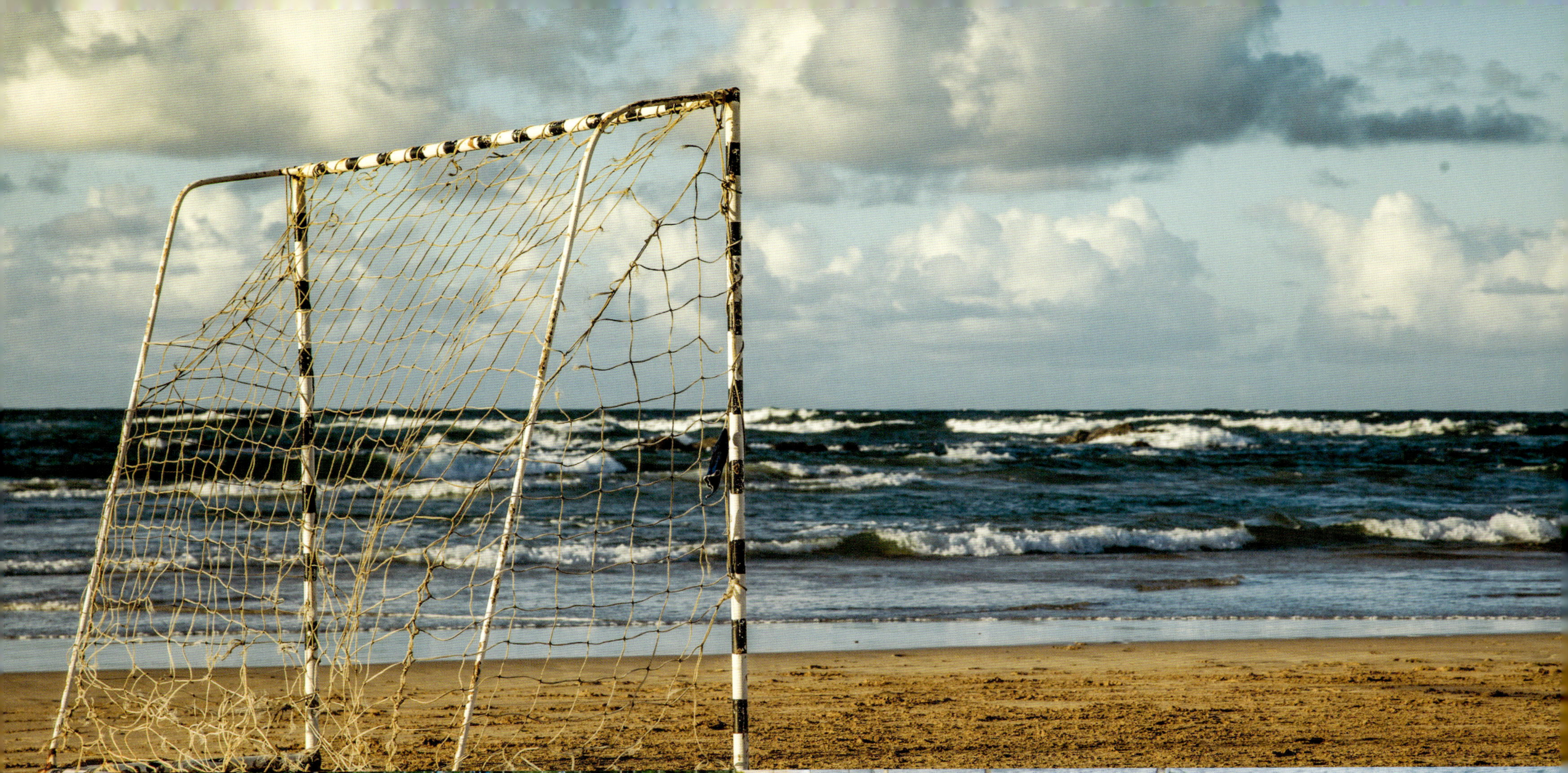

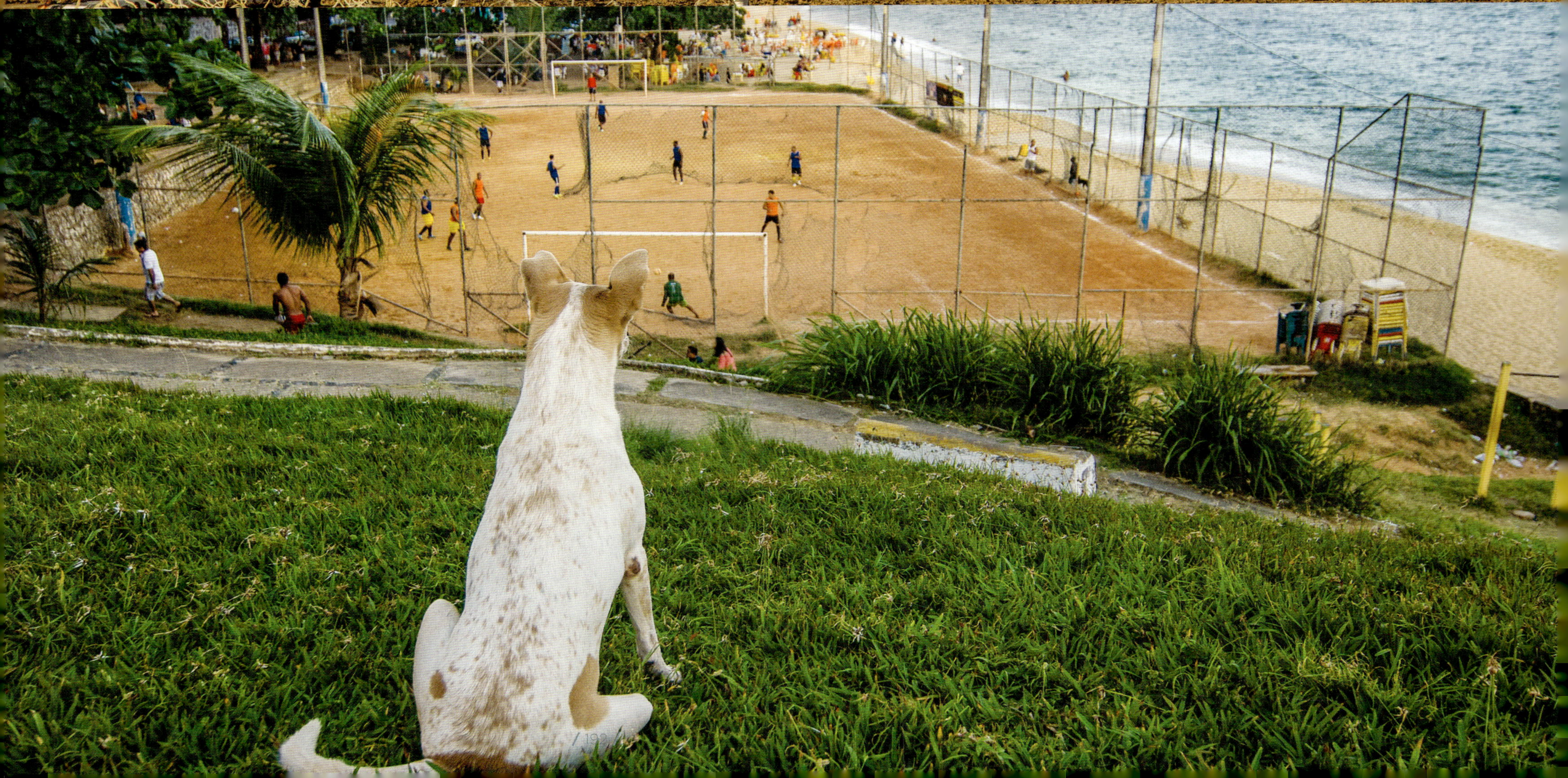

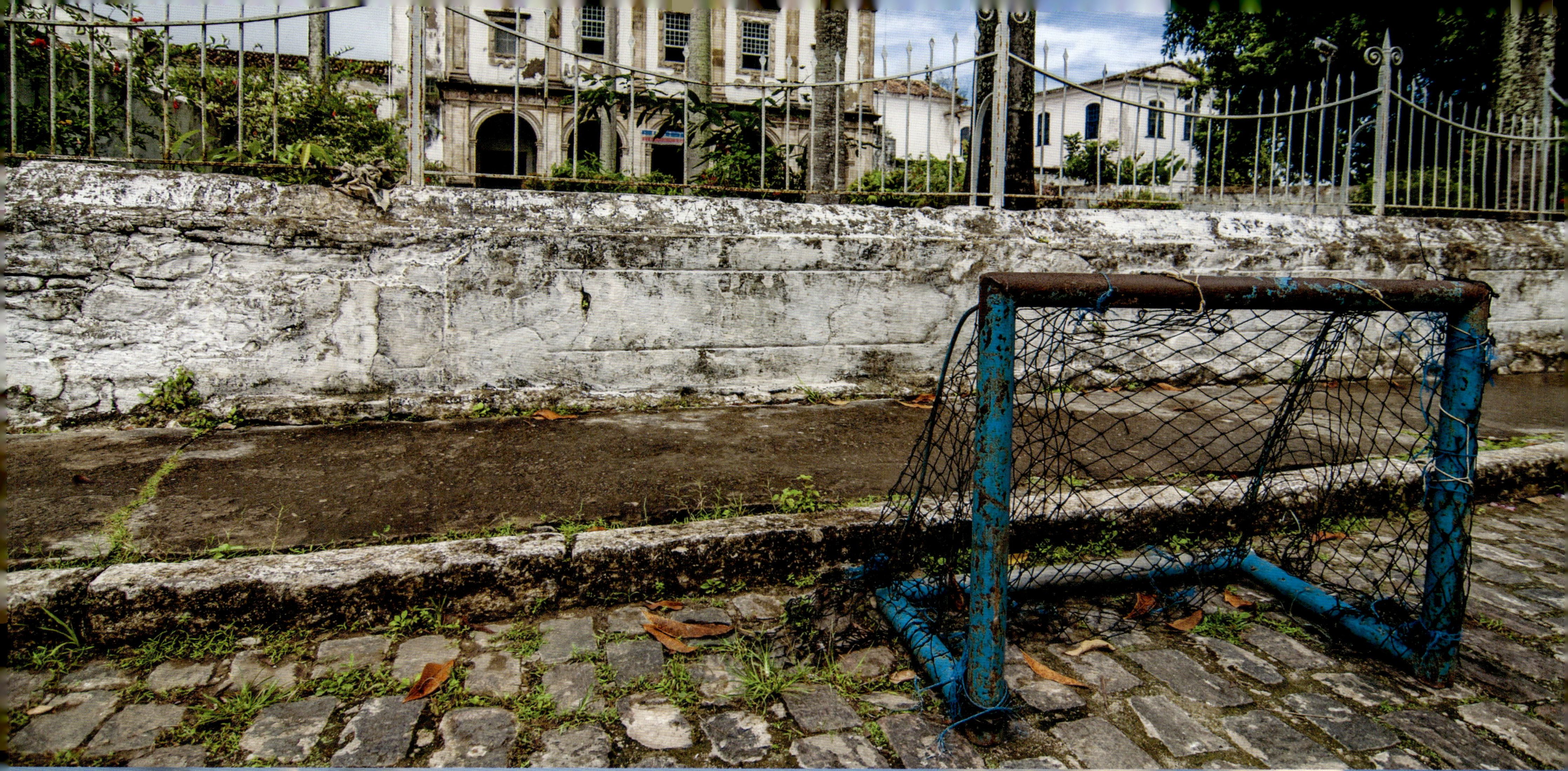

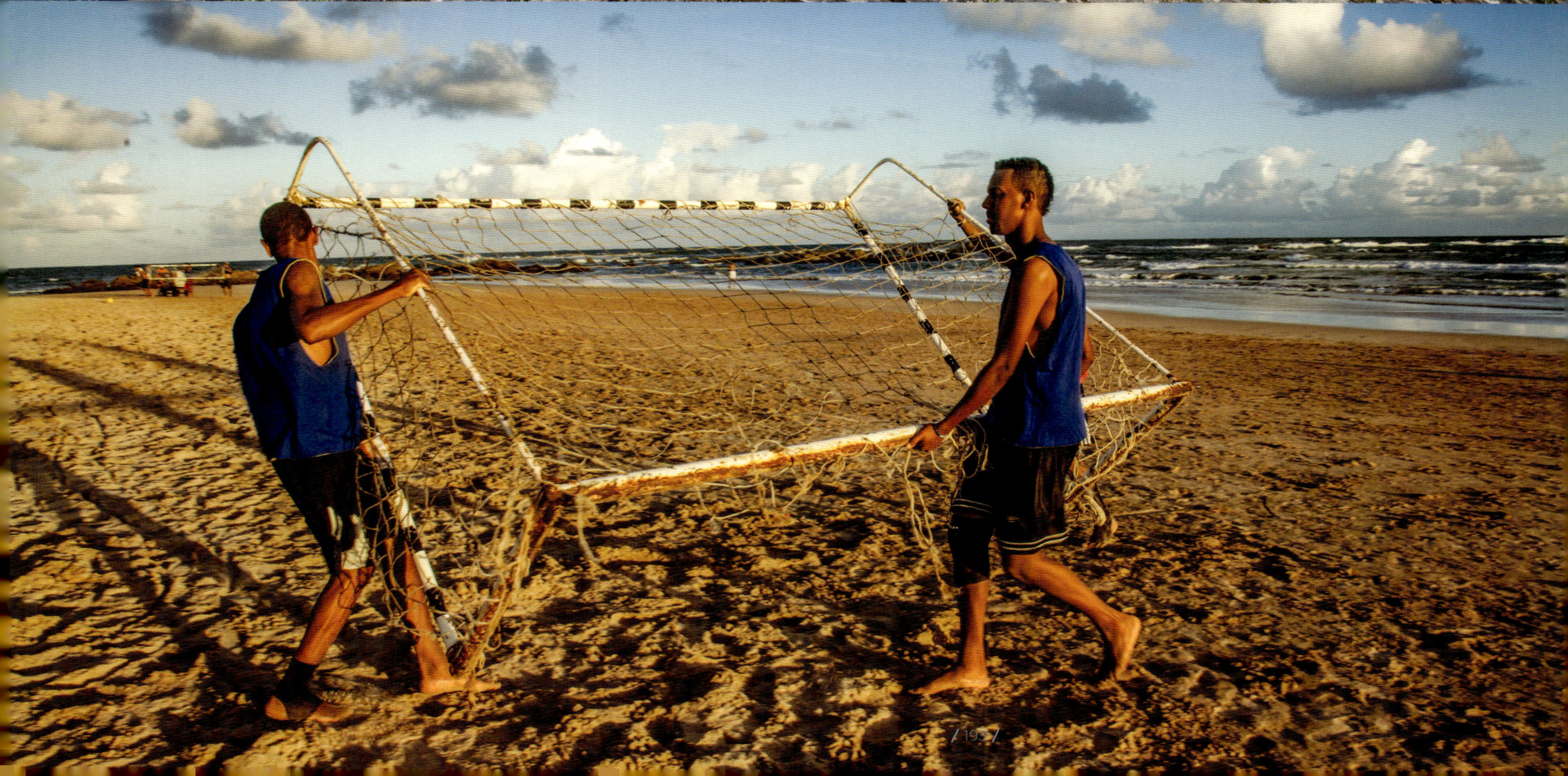

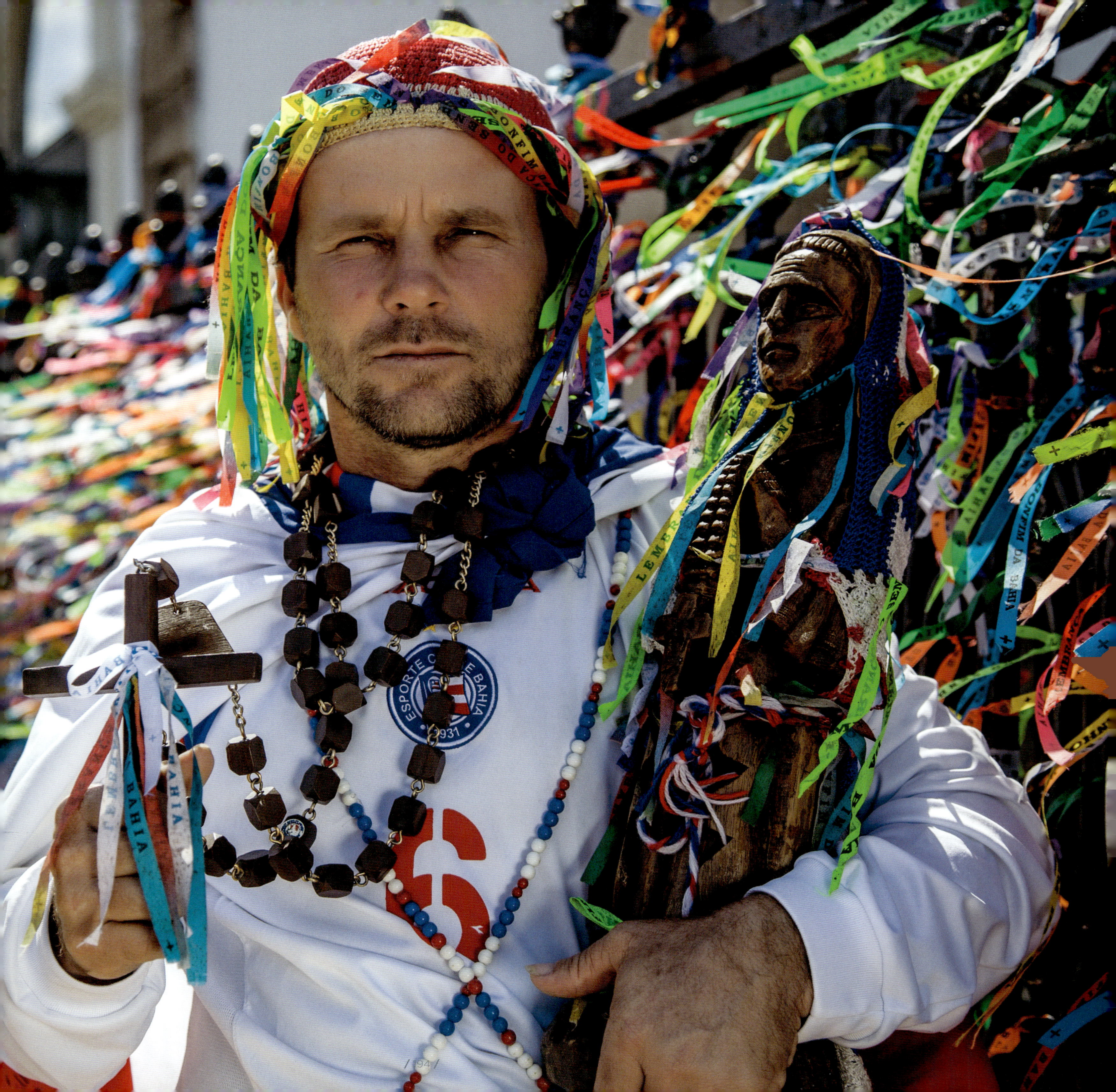
ESPORTE CLUBE BAHIA
1931

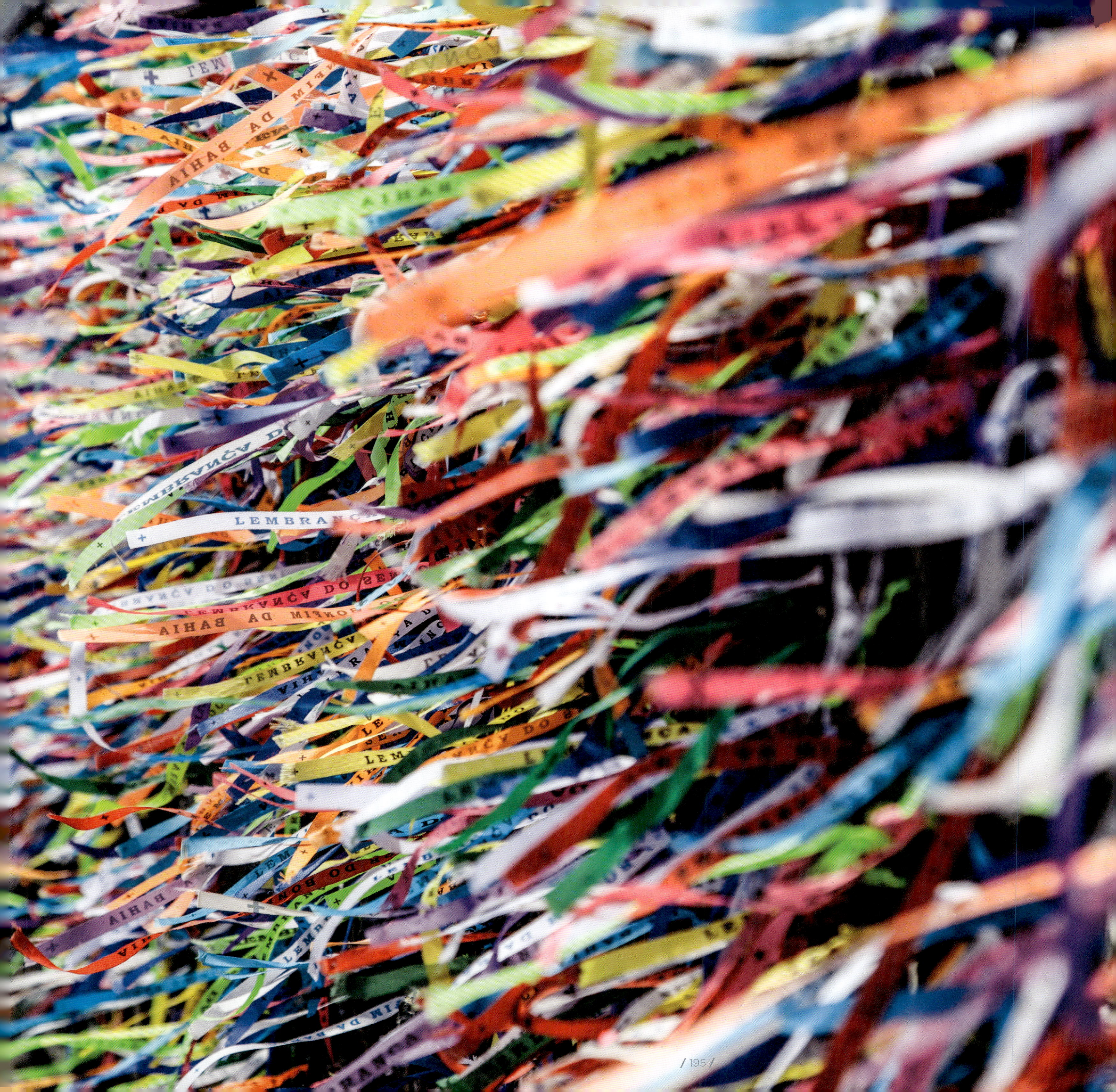
LEMBRANÇA DO SE
DA BAHIA

Campo na Baixa do Petróleo, no bairro do Uruguai - Cidade Baixa de Salvador. Espremido entre as casas, o único acesso é por um estreito corredor, de cerca de 50 centímetros de largura.

A field in Baixa do Petróleo, in the neighborhood of Uruguai - lower part of Salvador. Squeezed between houses, the only access is through a 50-cm-wide alley

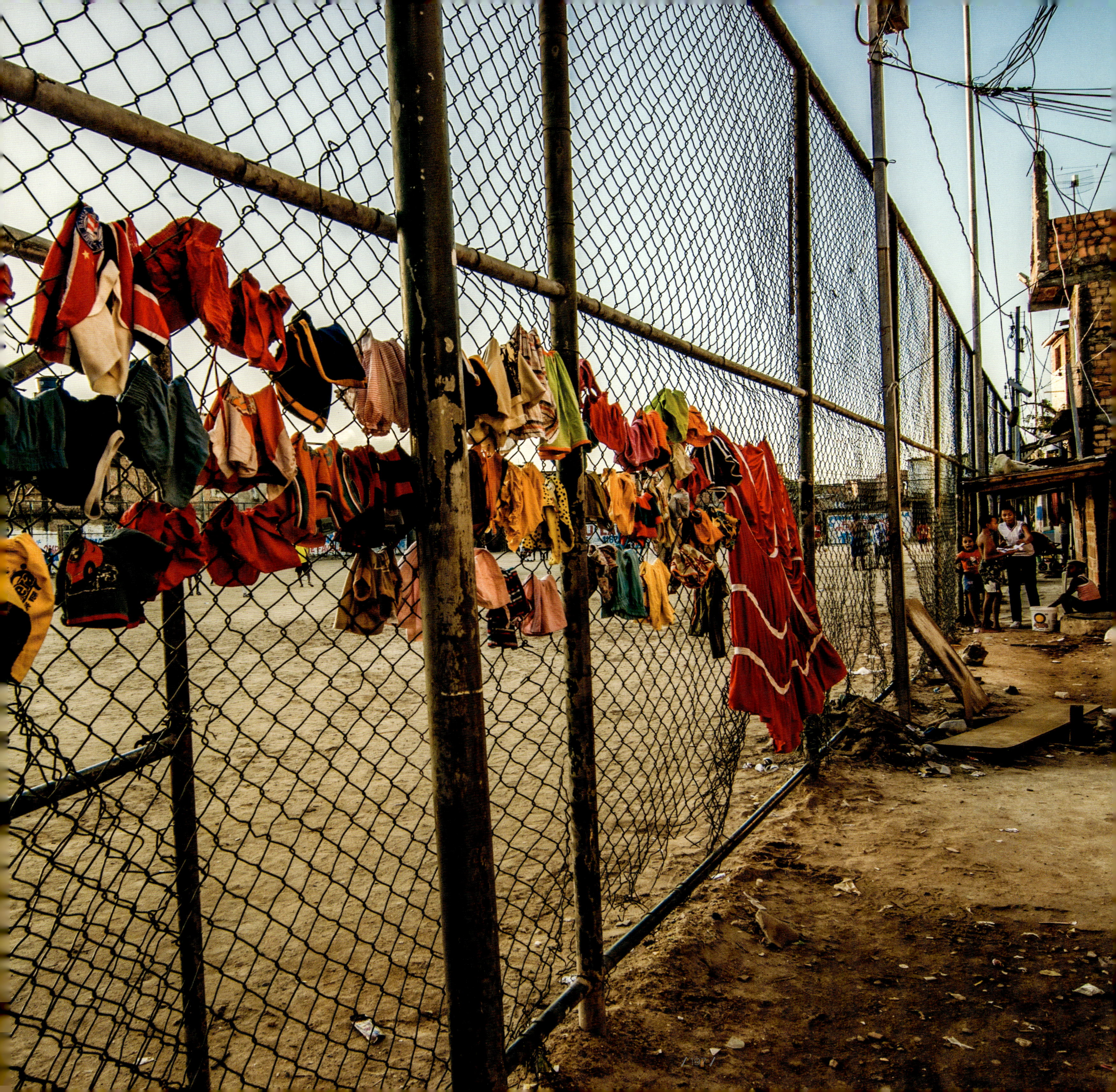

12

RIO DE JANEIRO
ESTÁDIO MARACANÃ

Pág. / 199

EMOÇÃO NA CIDADE MARAVILHOSA
EMOTION IN THE MARVELOUS CITY

A INSERÇÃO DOS JOGADORES NEGROS
THE INCLUSION OF BLACK PLAYERS

Para muitos historiadores, Bangu, bairro da Zona Oeste do Rio de Janeiro, foi palco das primeiras partidas de futebol no Brasil, em 1894. Thomas Donohoe, empregado de uma empresa têxtil, teria apresentado o jogo aos outros funcionários. Essa corrente defende ainda que a primeira bola foi trazida ao Brasil por ele, e não por Charles Miller, que leva a fama de pai do futebol brasileiro.

O Bangu foi concebido logo na sequência e teve como pano de fundo uma fábrica têxtil que contava com jogadores e funcionários ingleses. Como tinha empregados negros e pobres, fatia da população que o esporte bretão não aceitava na época, o Bangu teve importância na inserção social, algo que o Vasco da Gama fortaleceu e adotou de forma significativa anos depois.

For many historians, Bangu, a district in the west of Rio de Janeiro, was the scene of the first soccer game in Brazil in 1894. Thomas Donohoe, employee of a textile company, would have introduced the game to other employees. This current advocates that the first ball was brought to Brazil by him and not by Charles Miller, who has the fame for being the father of football in Brazil.

The team Bangu was founded soon after that and was composed of the British employees who worked for the textile factory. As the company also had black and poor employees, which was part of the population that was not accepted by the British sport at the time, made Bangu have an important role in the social scenario, something that Vasco adopted and strengthened some years later.

ROOTS

Os ingleses tinham seus representantes no futebol carioca, como o Rio Cricket. A nobreza do esporte pode ser traduzida pelo time do Flamengo que foi campeão estadual em 1914. Tinha uma equipe formada na sua maioria por estudantes de medicina, conforme relata o livro "O Negro no Futebol Brasileiro", de Mário Filho.

A história do futebol do Rio de Janeiro também é escrita em capítulos inusitados, como a maior goleada do futebol brasileiro. Em 1909, o Botafogo fez 24 a 0 no Mangueira, em duelo válido pelo Campeonato do Estado. A partida teve o atacante Gilbert Hime como artilheiro. Ele balançou as redes nove vezes. Seu companheiro Flávio Ramos fez sete. O público pagante foi de 224 torcedores.

O mais curioso se deu no segundo turno, quando o Mangueira mandou uma carta ao Botafogo para informar que não disputaria a partida. "Tenho a comunicar-vos a impossibilidade de ir os nossos teams no dia 20 do corrente jogar com os vossos valorosos teams. Rogamos aceitar com as nossas desculpas os protestos da nossa estima e consideração."

The British had their representatives in the football of Rio de Janeiro, as Cricket Rio. The nobility of the sport can be exemplified by Flamengo, the champion team in Rio in 1914. The team was formed mostly by medical students, as reported by the book "The African Americans in Brazilian football," by Mário Filho.

The history of football in Rio is also written by unusual chapters. One of them was the most amazing game of Brazilian football. In 1909, Botafogo won Mangueira by 24-0, in a game for the Carioca Championship. The striker Gilbert Hime was the top scorer of the game. He scored nine goals and Flávio Ramos seven. But only 224 people attended the game.

The most curious thing happened a little before the second game between the teams, when Mangueira sent a letter to Botafogo to inform that they would not play the match. "We inform that it will be impossible for our team to play the game on the 20th. Accept our apologies with our esteem and consideration".

O PALCO DA GRANDE FINAL

O Maracanã leva o nome de Mário Filho, grande jornalista que foi um dos entusiastas do esporte na década de 1940. As obras começaram em 1948 e foram até 1950, ano da inauguração, com a partida entre as seleções do Rio de Janeiro e São Paulo. Didi, meia que oito anos mais tarde seria campeão mundial, marcou o primeiro gol do estádio. A seleção paulista venceu por 3 a 1. Construído para a Copa do Mundo de 1950, aquele monumento de concreto foi o palco da maior tristeza do futebol brasileiro, com a derrota de 2 a 1 para o Uruguai na final da competição.

Considerado por muitos anos o maior estádio do mundo, o Maracanã teve seu tamanho reduzido com o passar do tempo, seja por reformas diversas ou por questões de segurança. Não há números oficiais, mas estima-se que na decisão da Copa de 1950 mais de 200 mil torcedores estavam lá. O Maracanã ganhou forte identificação dos brasileiros, a ponto de o Santos mandar várias partidas no estádio, incluindo finais de torneios mundiais nos anos 1960.

Foram inúmeras reformas importantes. Em 2005, ficou fechado para as obras dos Jogos Pan-Americanos de 2007. A famosa geral, local onde os torcedores assistiam às partidas de pé, foi abolida. Nessa etapa, o estádio teve sua capacidade diminuída para 87 mil lugares.

A reforma mais significativa e cara ocorreu de 2010 a 2013, consumindo mais de 1 bilhão de reais para introduzir todas as exigências da Fifa para a Copa do Mundo. A arquibancada virou uma só, juntando-se às cadeiras inferiores, e as dimensões do campo foram reduzidas. Agora, a capacidade é de 78 mil pessoas.

A história do Maracanã se confunde com a trajetória do futebol brasileiro. O estádio sediou o milésimo gol de Pelé, Jogos Pan-Americanos, Copa do Mundo, Copa América e Copa das Confederações. Será o palco da final da Copa de 2014.

PAIXÃO DIVIDIDA EM QUATRO FORÇAS

O Rio de Janeiro é a única cidade brasileira que conta com quatro times considerados grandes. Não é exagero dizer que o esporte está na alma do carioca.

Depois de começar sua trajetória em outro esporte, o remo, o Flamengo iniciou a prática do futebol em 1912, com jogadores dissidentes do Fluminense, até então o maior vencedor do esporte na cidade.

Empurrado por figuras de destaque, como Leônidas da Silva, na década de 1940, o clube ganhou popularidade. A expansão do amor rubro-negro se deu por meio de grande número de excursões do time e também do alcance da Rádio Nacional, que alavancou a divulgação do futebol carioca pelo país.

THE STAGE OF THE GRAND FINALE

Maracanã is named after Mário Filho, great journalist who was one of the sport enthusiasts in the 1940s. The construction started in 1948 and ended in 1950, with an opening match between the teams of Rio de Janeiro and São Paulo. Didi, the midfielder, who would be world champion 8 years later, scored the first goal in the stadium. The team from São Paulo won 3-1. Built for the 1950 World Cup, that concrete monument staged the main sorrow of Brazilian football, with a 2-1 defeat to Uruguay in the final.

Having been considered for many years the world's largest stadium, Maracanã has been reduced in size over time, either because of several reforms or security issues. There are no official figures, but it is estimated that the decision of the 1950 World Cup was watched by over 200 thousand fans. The Brazilians identified with Maracanã and that's why Santos played several matches in the stadium, including the finals of many championships in the 1960s.

There were many important reforms in the stadium. In 2005, it was closed to be refurbished for the 2007 Pan American Games. The famous 'geral', where fans watched the games standing, was abolished. At this stage, the stadium's capacity dropped to 87 thousand seats.

The most significant and expensive reform occurred from 2010 to 2013, in order to prepare the stadium for the 2014 World Cup, following FIFA's requirements. More than R$ 1 billion were spent. The standings became one by joining the lower and the upper seats and the field dimensions were reduced. Now, the capacity is of 78 thousand people.

The history of Maracanã is intertwined with the history of Brazilian football. The stadium has hosted the thousandth goal of Pelé, the Pan American Games, a World Cup, Copa América and the Confederation Cup. It will be the venue of the 2014 World Cup final.

A PASSION DIVIDED INTO FOUR FORCES

Rio de Janeiro is the only Brazilian city that has four big teams. It is not an exaggeration to say that the sport is in the soul of Rio.

After starting its career in another sport, rowing, Flamengo became a football team in 1912 with players from Fluminense, which was the main winner of the sport in the city.

Pushed by prominent figures like Leonidas da Silva, the club gained popularity in 1940. The passion for Flamengo was due to the large number of tours and also because of Rádio Nacional, which promoted football in Rio de Janeiro and in the entire country by broadcasting the games.

Flamengo won the state championship 32 times and the Brasileiro 6 times. The main achievements, however,

MITO
MYTH

O Flamengo conquistou 32 vezes o Campeonato Estadual e seis o Brasileiro. Os principais troféus, no entanto, são a Libertadores e o Mundial Interclubes, ambos de 1981.

O Vasco da Gama tem uma bela história ligada à luta conta o racismo na década de 1920, quando o futebol ainda era um esporte de elite. O clube conseguiu inscrever sua equipe de negros e pobres no Campeonato do Rio de Janeiro, conquistando o título em 1924. O Vasco também ficou conhecido pela dedicação dos torcedores portugueses na construção de São Januário, por muitos anos o maior estádio do Brasil. É tetracampeão brasileiro e campeão da Taça Libertadores da América em 1998.

Igualmente quatro vezes campeão nacional é o Fluminense. O Tricolor foi importante para o nascimento da seleção brasileira, emprestando o seu estádio, no bairro das Laranjeiras, para os primeiros jogos e torneios do escrete. O Fluminense venceu 31 vezes o Campeonato Estadual.

O Botafogo tem o orgulho de ser o maior fornecedor de jogadores para a seleção brasileira em Copas do Mundo. No estádio da Rua General Severiano surgiu Garrincha, que ganhou o mundo vestindo a camisa amarelinha e o uniforme alvinegro. O Botafogo foi campeão brasileiro de 1995.

VOVÓ TRICOLOR E O GALO FRED

A casa de dona Lourdes é toda decorada com as cores do Fluminense. Tem toalha, bandeira, retratos e outros penduricalhos alusivos ao clube das Laranjeiras. Todos os dias ela amanhece Fluminense, porque está sempre vestindo grená, verde e branco dos pés à cabeça. O amor pelo clube é tão forte que dona Lourdes não hesitou em batizar seu bicho de estimação com o nome de um craque: Fred.

O galo tem 10 anos, mas Fred está no Flu há quatro. Houve, então, um novo batismo? Ela explica que o mascote teve, sim, outros nomes, como Romário, Roger e Rafael He Man. Mas, assim que eles deixavam o clube, Lourdes tratava de alterar o "RG" da ave. Agora ela garante que Fred ficará para sempre. "Antigamente, trocava-se garrafa por pintinhos. Certa vez fiquei com 26 e só escapou um, o Romário. Era todo branco e, na Copa do Mundo de 1994, pintei ele de verde, amarelo e azul", ressalta.

A paixão de dona Lourdes, hoje com 70 anos, nasceu há aproximadamente quatro décadas, por influência do fanatismo do irmão mais velho. Frequentadora assídua dos estádios, foi acompanhar o Flu em Madureira com a neta, que na época tinha 5 anos. "No fim do primeiro tempo, ela tirou um cochilo no meu colo. Alguém se aproximou para conversar e me chamou de tiazinha. Eu disse que tiazinha não, sou avó e tenho orgulho disso. A galera achou engraçado e, a partir dali, começou a gritar 'Vovó'", relembra. Logo o apelido de "Vovó Tricolor" pegou.

are Libertadores and Interclubs World Championship, both in 1981.

Vasco da Gama has a beautiful story linked to the fight against racism in the 1920s, when football was still a sport for the elite. It played the state championship with a team formed by black and poor players, winning the title in 1924. Vasco was also known for the dedication of its Portuguese fans in the construction of São Januário, which was for many years the largest stadium in Brazil. Vasco was Brazilian champion four times and won Taça Libertadores da América in 1998.

Fluminense was also national champion four times and had an important role in the beginning of the Brazilian national team, lending its stadium in the district of Laranjeiras for the first games of the team. Fluminense won the state championship 31 times.

Botafogo is proud to be the largest source of players for the Brazilian team in World Cups. In the stadium of General Severiano Street, Garrincha emerged. He won the world wearing the shirt and the uniform of Botafogo. The team was Brazilian champion in 1995.

GRANDMA TRICOLOR AND THE ROOSTER FRED

The house of Dona Lourdes is all decorated with the colors of Fluminense. There is a towel, a flag, some portraits and other trinkets representing the club from Laranjeiras. Every day she wakes up Fluminense, because she is always wearing green and white from head to toe. The love for the club is so strong that Dona Lourdes did not hesitate to name her pet after the player Fred.

Her rooster is 10 years old, but Fred has been 'a Fluminense's supporter' for four years. She explains that the mascot had other names such as Romário, Roger and Rafael He Man. But when a player was leaving the club, Lourdes would change the "ID" of the rooster. Now she says it will be Fred forever. "In the past, it was common to change bottles for chicks. One time I had 26 of them and only one escaped, which was Romário. It was all white and in the World Cup, I painted him green, yellow and blue", she says.

The passion of Dona Lourdes, who is 70, for Fluminense was born nearly four decades ago, influenced by the fanaticism of her older brother. Assiduous frequenter of the stadiums, she went once to Madureira with her granddaughter, who was 5 years old at the time. "After the first half of the game, my granddaughter took a nap on my lap. Someone started talking to me and called me aunt. I said: I am no aunt, I am a grandmother and very proud of it. The crowd was amused and started yelling 'grandma'", she remembers. Soon everybody was calling me Grandma tricolor.

A vovó levava a neta aos jogos e também carregava o galo Fred escondido na bolsa. "Eu dizia que era uma bandeira dobrada. Hoje, ele já entra nos estádios sem problema e fica quietinho na cadeira. Houve um jogo em que Fred marcou um gol e no momento da festa o galo cacarejou, como se também quisesse comemorar", diverte-se.

BIRIBA E O INÍCIO DO FAIR PLAY

- O futebol no Rio de Janeiro não é marcado apenas por grandes craques e torcidas apaixonadas. São muitas as curiosidades que cercam o esporte na Cidade Maravilhosa.
- Uma delas é a do famoso cão Biriba, adotado pelo então presidente do Botafogo, Carlito Rocha, que de tão supersticioso mandava dar nó nas cortinas do clube antes dos jogos. Biriba foi um desses pontos de crença na vitória – reza a lenda que o presidente mandava algum funcionário provar a comida do cãozinho antes do próprio bicho. Assim evitava o risco de o mascote ser envenenado.
- Em um clássico Botafogo x Fluminense, um fato chamou atenção. Quando o zagueiro tricolor Pinheiro caiu machucado, o botafoguense Garrincha não teve dúvida de chutar a bola para fora com o objetivo de o adversário ser atendido. O gesto comoveu o público. O jornalista Mário Filho chamou Garrincha de "Gandhi do futebol". A beleza do lance não estava totalmente consolidada. Altair, lateral do Fluminense, fez o arremesso lateral devolvendo a bola ao Botafogo. Estava criado o *fair play*, ou jogo limpo.
- Perácio, do Flamengo, e Geninho e Walter, ambos do Botafogo, serviram na 2ª Guerra Mundial, em 1944. Os clubes tentaram de tudo para evitar a ida dos atletas para a Itália, mas não adiantou e eles só regressaram no ano seguinte, cheios de histórias para contar.
- Outro grande personagem do futebol carioca foi Castilho, goleiro do Fluminense e da seleção brasileira. Na década de 1950, Castilho teve uma lesão no dedo mínimo da mão esquerda que exigiria muito tempo de recuperação. Numa prova de amor ao clube, ele resolveu abreviar o sofrimento e amputar o dedo. Assim, a recuperação seria muito mais rápida. Os médicos foram contra, mas a queda de braço foi vencida por Castilho.

A DISPUTA NAS ARQUIBANCADAS

As torcidas são um espetáculo à parte no Rio de Janeiro. Por estar numa região mais central da cidade, o Maracanã oferece grande facilidade de acesso por trem e metrô. Não é exagero dizer que, no Maracanã, o espetáculo começa muito antes do apito inicial. A chegada dos torcedores forma uma grande festa, seja pelos trens ou ônibus lotados.

The grandma kept on taking her granddaughter to the games and also carried the rooster Fred hidden in her bag. "I used to say that it was a folded flag. Today, Fred enters the stadium without any problem and sits down peacefully in a chair. There was a game in which Fred scored a goal and when the crowd started celebrating, the rooster clucked as it also wanted to celebrate".

BIRIBA AND THE BEGINNING OF THE FAIR PLAY

- Football in Rio de Janeiro is not only marked by great players and passionate supporters. There are many curiosities surrounding the sport in the 'Marvelous City'.

One of these stories is about a famous dog called Biriba, adopted by the president of Botafogo, Carlito Rocha, who was so superstitious that he used to tie the curtains of the club before the matches. It was believed that Biriba had everything to do with the victory of the games and people say that the president would ask someone to taste the dog's food before him. So there was no risk for the pet to be poisoned.

- In a Botafogo x Fluminense classic, something curious happened. When the defender tricolor Pinheiro was injured, Garrincha had no doubt in kicking the ball out of the field, so the opponent could be assisted. The gesture touched. The journalist Mário Filho called Garrincha the "Gandhi of football." The beauty of that was not fully completed. Altair, Fluminense's full back, threw the ball back to Botafogo. The fair play was created.

- Perácio, Flamengo's player, and Geninho and Walter, both Botafogo's players, served in World War II, in 1944. The clubs tried everything to avoid the departure of athletes to Italy, but of no avail, and they only returned the following year, full of stories to tell.

- Another great character was Castilho, Fluminense's and and the Brazilian national team's goalkeeper . In 1950, Castilho had an injury on the little finger of his left hand that would require a lot of time to recover. As a proof of his love for the club, he shortened the suffering and decided to amputate the finger. Thus, the recovery was much faster. The doctors were against it, but Castilho's wish prevailed.

THE DISPUTE IN THE STANDS

Fan clubs are a sideshow in Rio de Janeiro. As Maracanã is located in a central area of the city, it is easy to get there by train and subway. It is not too much to say that, in Maracanã, the show begins before the kickoff. The arrival of the fans is a big party.

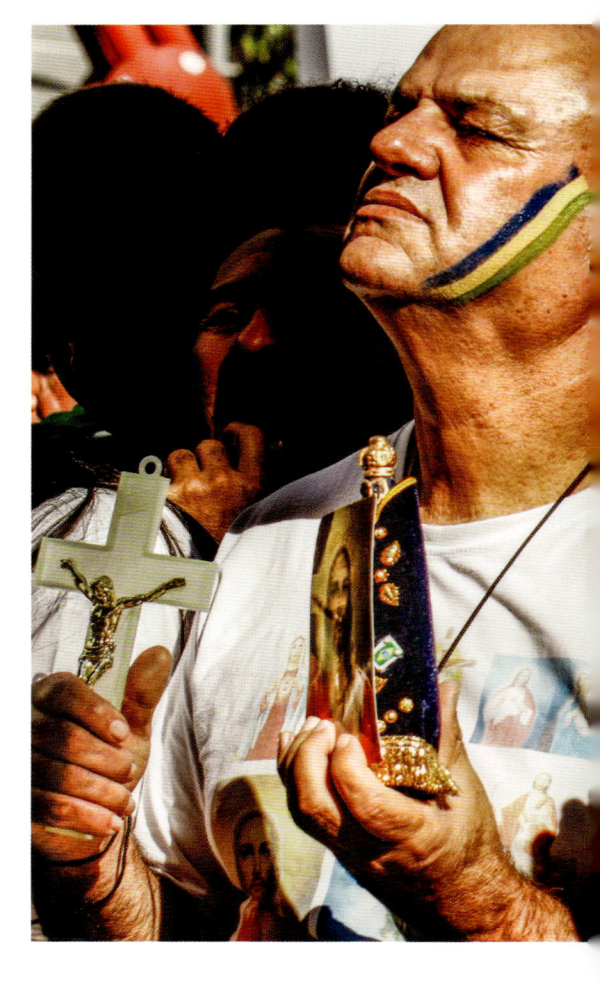

As bandinhas de antigamente, as chamadas charangas, animavam o público com suas músicas ritmadas por tambores e cornetas. Na sequência chegaram as torcidas organizadas, que no início se preocupavam em promover a festa, ficando depois com a imagem mais atrelada à violência.

São muitas as paródias feitas sob medida para as arquibancadas, principalmente de sambas das escolas do Rio e de funks. São rimas fáceis que ganham força na voz de milhares de torcedores. Tanto que o trecho "Ah, eu tô maluco", hit de sucesso nos bailes da cidade nos anos 1990, ganhou espaço no estádio principalmente com a torcida do Vasco, que entoava "Ah, é Edmundo", saudação ao seu maior ídolo na época.

É do famoso sambista Neguinho da Beija-Flor a música de maior sucesso cantada nos estádios cariocas. "Domingo eu vou ao Maracanã" virou marca registrada de um povo que sua a camisa durante a semana para extravasar seu amor gritando Nense, Fogo, Mengo ou Vasco.

A torcida carioca é exigente. Ter testemunhado a derrota na final da Copa do Mundo de 1950 parece ter forjado um jeito mais apaixonado de torcer, para o bem e para o mal. Em 1959, ocorreu o que muitos consideram a maior vaia da história do futebol brasileiro. No jogo Brasil x Inglaterra, a torcida, inconformada com o fato de que a camisa 7 seria usada pelo paulista Julinho, e não por Garrincha, não perdoou o ponta-direita. Mas Julinho foi o melhor do jogo, mudou o comportamento do público e saiu de campo aplaudido.

A EXPLOSÃO DE TRÊS FENÔMENOS

O Rio de Janeiro já viu um verdadeiro desfile de craques – e Garrincha é um dos maiores nomes dessa casta. O Anjo das Pernas Tortas desafiou os médicos que não acreditavam que ele poderia se tornar jogador de futebol. Virou uma estrela bicampeã do mundo e o principal nome na conquista de 1962.

Garrincha fez testes em alguns clubes e foi reprovado, até que teve uma chance no Botafogo, que não só o acolheu como o levou a construir uma bela carreira. Ele só não venceu a difícil luta contra o alcoolismo, que acabou lhe tirando a vida em 1983.

Principais nomes das conquistas das Copas de 1994 e 2002, respectivamente, Romário e Ronaldo também tiveram suas bases futebolísticas no Rio. Romário começou nas escolinhas da comunidade do Jacarezinho, na Zona Norte. Dono de grande habilidade, o Baixinho foi levado para reforçar as divisões inferiores do Olaria. Lá, despertou a atenção do Vasco. Subiu para o time profissional, ajudou na conquista do Campeonato Estadual de 1988 e acabou vendido para o PSV, da Holanda.

In the past, some bands called Charangas would cheer the audience by playing the drums and trumpets. After the fan clubs were formed and, in the beginning, were more concerned about promoting a party. Nowadays their image is of violence.

There are many parodies tailored to the stands, especially of 'sambas' from the schools of Rio and funk. Rhymes are easy to gain strength in the voice of thousands of fans. The words 'Oh, I'm crazy', part of a song that was a hit in the 1990s, gained ground in the stadiums among the fans of Vasco, who would sing "Oh, It's Edmund," greeting their main idol at the time.

The most successful song sung in stadiums in Rio is written by the famous composer Neguinho da Beija-Flor. 'Sunday I go to Maracanã' has become a trademark of the people who work hard during the week to vent their love on weekends by screaming the names of players like Nense, Fogo, Mengo or Vasco.

The fan clubs in Rio are demanding. The fact of having witnessed the defeat in the 1950 World Cup's final seemed to have forged a way to cheer more passionately, for the good or the bad. In 1959, there was what many consider the loudest boo in the history of Brazilian football. In the beginning of the game Brazil x England, the right winger Julinho from São Paulo was booed by the fans for wearing the number 7 shirt, that should have been used by Garrincha. But because Julinho was the best in the field, the audience changed its behavior and he left the field applauded.

THE EXPLOSION OF THREE PHENOMENA

Rio de Janeiro has seen a veritable parade of super players and Garrincha is one of the biggest names. The Anjo de Pernas Tortas (Angel of Bent Legs) challenged doctors who did not believe he could become a football player. He became a star, twice world champion and the main name of the 1962 Championship.

Garrincha applied for some clubs, but was not contracted, until he had a chance in Botafogo, which not only welcomed him but helped him build a great career. The only battle he couldn't win was the one against alcoholism, which would eventually cause his death in 1983.

Top names of the 1994 and 2002 World Cups, respectively, were Romário and Ronaldo, who also began their careers in Rio de Janeiro. Romário started playing in football schools in the community of Jacarezinho, in the north area of Rio. Having great skill, Romário was contracted to help the lower divisions of Olaria. It was there that he caught the attention of Vasco. He started playing for the professional team, helped the team win the state

No último jogo das Eliminatórias, no Maracanã, o Brasil dependia de uma vitória sobre o Uruguai para ir ao Mundial de 1994. Romário teve uma das maiores exibições individuais da história da seleção: fez dois gols, levou o Brasil à classificação e foi o principal jogador na conquista do Mundial dos Estados Unidos.

A trajetória de Ronaldo também começou nas ruas cariocas até chegar ao São Cristóvão, mas não despertou a cobiça dos grandes clubes da cidade. Negociado para o Cruzeiro, mostrou talento e uma bagagem que pareciam lhe conferir anos de experiência, apesar dos 17 de idade.

A explosão do craque o levou a ser convocado para a Copa do Mundo de 1994. Oito anos depois, marcou oito gols na Copa da Coreia do Sul e do Japão, tornando-se a maior estrela do time brasileiro. Ronaldo é o maior artilheiro da história das Copas, com 15 gols.

JOGADORES QUE ENTRARAM PARA O FOLCLORE

São muitos os personagens inusitados no futebol do Rio. Em 1969, Dé Aranha, do Bangu, pegou uma pedra de gelo do massagista e a arremessou na bola para desviar sua trajetória e fazer um gol contra o Flamengo. Em outra oportunidade, balançou a rede após jogar areia nos olhos do goleiro adversário.

Anos depois, como técnico do Olaria, Dé deixou o gramado e todos acharam que havia sido expulso. Mas ele disse que estava se "autoexpulsando" porque não queria ver mais a péssima arbitragem a favor do Vasco.

O futebol carioca tem também em Nunes, ex-Flamengo, outro personagem. Certa vez, o atacante respondeu à pergunta sobre sua expectativa para determinado jogo: "Prognóstico, só depois da partida". Em um momento de reflexão, Nunes disparou: "Tanto na minha vida futebolística como na minha vida ser humana...".

O folclore do futebol guarda um capítulo curioso graças a Carlito Rocha, ex-presidente do Botafogo. Depois de ser campeão em 1935, o Botafogo só conseguiu erguer a taça novamente em 1948. Algumas superstições de Carlito aparecem como a base do sucesso, como conta o livro "Nunca Houve um Homem como Heleno", de Marcos Eduardo Neves. "Numa época em que os jogadores se esbaldavam de cachaça, Carlito fez com que todos ficassem pianinho: 'Eu só digo uma vez. Manga com cachaça mata!'. Como a fruta era obrigatória na concentração, muitos pararam de beber."

Outra "figuraça" foi Túlio Maravilha. Exímio provocador de adversários, sempre conseguiu promover os jogos em que atuava. Em 1996, o Botafogo bateu o Universidad Católica pela Taça Libertadores e Túlio Maravilha aprontou uma das suas. Antes de fazer um gol, o atacante parou em cima da linha, levantou a bola e tocou de calcanhar.

championship in 1988 and eventually was sold to PSV, a team from the Netherlands.

In Maracanã, Brazil depended on a victory over Uruguay to go to the 1994 World Cup. Romário was one of the greatest players in the history of a selection: scored two goals, led Brazil to the classification, apart from being the main player in the conquest of the Mundial in the United States.

Ronaldo's career also began in the streets of Rio and then in São Cristovão. But the big teams in Rio were not interested in him. When he started in Cruzeiro, he showed talent and experience, despite the fact that he was only 17 years old.

The recognition of his talent led him to be called up for the 1994 World Cup. Eight years later, he scored eight goals in the World Cup in South Korea and Japan, becoming the biggest star of the Brazilian national team. Ronaldo is the top scorer in the World Cup history with 15 goals.

PLAYERS WHO ARE PART OF THE FOLKLORE

There are many unusual characters in the football of Rio de Janeiro. In 1969, Dé Aranha of Bangu, picked up an ice cube from the masseur and threw it on the ball to deflect its trajectory and score a goal against Flamengo. On another occasion, he scored a goal after throwing sand in the eyes of the goalkeeper.

Years later, as Olaria's coach, Dé left the field when everyone thought he had been given the red card. But he said he was 'self-expelled' because he didn't want to see the referee blowing his whistle in favor of Vasco anymore.

Football of Rio has Nunes, a former Flamengo's player, as another character. Once, the attacker answered the question about the expectations for the game by saying: "Prognosis only after the match." In a moment of reflection, Nunes said: "Both in my professional and personal life ...".

A curious chapter of the football folklore is about Carlito Rocha, former president of Botafogo. After being champion in 1935, Botafogo could lift a trophy again only in 1948. Some of Carlito's superstitions were considered the reason of success, as it is written in the book "There was never a man like Heleno", by Marcos Eduardo Neves. "At that time the players used to get drunk, but Carlito would make everyone behave well: 'I'll only say once: mango and cachaça kill!' As the fruit was mandatory in preparation, many stopped drinking."

Another 'real character' was Túlio Maravilha. He was so provocative that he would promote the games. In 1996, Botafogo won Copa Libertadores against Universidad Católica with Túlio scoring an incredible goal. The attacker stopped on the line, lifted the ball and kicked it

"Foi um gol do futebol-arte", disse. Os chilenos entenderam como humilhação e prometeram vingança no jogo de volta. Mas, com medo de ser alvo dos zagueiros, Túlio nem viajou. Entrou para o folclore.

O ANJO DAS PERNAS TORTAS

Dos jogadores que entraram para o folclore do futebol nacional, com certeza um dos maiores exemplos foi Garrincha. Ganhou o apelido de Anjo das Pernas Tortas, já que podia fazer misérias em campo, mesmo tendo um diagnóstico que previa justamente o contrário.

Manuel Francisco dos Santos ganhou o apelido do passarinho garrincha, comum em Pau Grande (RJ), onde nasceu, dado pela irmã Rose.

As pernas foram um capítulo à parte na história de Garrincha – tinha o joelho direito virado para dentro e o esquerdo, para fora. A perna esquerda era 6 centímetros mais curta que a direita e, além disso, ele apresentava um deslocamento na bacia. Mesmo assim, contrariou as previsões mais pessimistas de que não conseguiria jogar futebol.

Ainda bem que as especulações não se confirmaram e Garrincha se tornou um dos maiores heróis do futebol brasileiro. Brilhou entre 1957 e 1966, principalmente na Copa do Mundo de 1962, quando uma lesão afastou a principal estrela da seleção brasileira: Pelé. Foi a deixa para Garrincha. O Brasil trouxe a taça, e ele detém até hoje a impressionante marca de ter perdido apenas uma das 60 partidas que fez com a camisa canarinho.

O início no futebol, em um clube amador do interior do Rio de Janeiro, despertou a atenção do ex-jogador do Botafogo Arati, que o convenceu a fazer um teste no clube. A contratação fez Garricha ganhar os gramados do Brasil e do mundo. Ficou no Botafogo até 1966.

Mas a vida de Garrincha foi permeada pela bebida. E pelas mulheres. Foram três casamentos e 13 filhos. Um deles na Suécia, concebido em uma das excursões do Botafogo à Europa, em 1959. A carreira de sucesso e de muitas vitórias acabou com uma cirrose hepática que o levaria à morte aos 49 anos – os últimos de vida, sem glamour.

O FUTEBOL COMO FERRAMENTA SOCIAL

O Bangu foi o primeiro clube a aceitar a presença de negros em um esporte então praticado por pessoas de "boa família". Em 14 de maio de 1905, no amistoso contra o Fluminense, o Bangu escalou um time formado por estrangeiros da Itália, Inglaterra e Portugal. O único brasileiro era Francisco Carregal. Trata-se do primeiro registro de um jogador negro em uma partida no Rio de Janeiro.

back-heel. Chileans understood that as a humiliation and promised revenge in the second match. But Túlio didn't even travel. He didn't want to be the target of the defenders. He didn't play, but became part of the folklore.

THE ANGEL OF BENT LEGS

The greatest example of players who are part of the folklore of the national football, is surely Garrincha. He got that nickname, the Angel of Bent Legs, because he could do anything he wanted in the field, although a diagnosis predicted exactly the opposite.

Manuel Francisco dos Santos got the nickname Garrincha after a very common bird in Pau Grande (RJ), where he was born. The nickname was given by his sister Rose.

His legs were a chapter in the history of Garrincha - his right leg bent inwards and the left one was curved outwards and six centimeters shorter. Moreover, his spine was deformed. Thankfully medical prognosis was not confirmed and Garrincha became one of the greatest heroes of Brazilian football between 1957 and 1966, mainly in the 1962 World Cup when Pelé, the main star of the Brazilian team, was injured and couldn't play. It was the cue for Garrincha. The Brazilian team brought the cup and Garrincha still owns an impressive mark of having lost just one of the 60 games played with the Brazilian shirt.

The beginning in football, in an amateur club in the interior of Rio de Janeiro, attracted the attention of a former Botafogo's player - Arati, who invited him for a trial at the club. After that opportunity, Garricha became famous in the fields of Brazil and the world. He played for Botafogo until 1966.

But his life was surrounded by drinking and women. He got married three times and had 13 children, one of them in Sweden, conceived in one of Botafogo's tours to Europe in 1959. A successful career and many victories were over because of cirrhosis, that led him to death at the age of 49. The last years of his life were without any glamour.

FOOTBALL AS A SOCIAL TOOL

Bangu was the first club to accept the presence of black in a sport then practiced by people of 'good family'. On May 14th, 1905, in a friendly game against Fluminense, Bangu was a team of foreigners from Italy, England and Portugal. The only Brazilian player was Francisco Carregal. This is the first record of a black player in a match in Rio

Em abril de 1924, foi a vez do Vasco, que rechaçou a exigência da Associação Metropolitana de Esportes Atléticos de disputar o Campeonato Estadual sem 12 atletas negros, mulatos ou nordestinos. Com essa atitude, o Vasco ajudou a acabar com o preconceito no esporte e, em boa parte, na sociedade.

O futebol do Rio de Janeiro se espalhou Brasil afora graças às transmissões da Rádio Nacional, emissora que levava as notícias da então capital da República para todos os cantos do país. Por tabela, os clubes ficaram conhecidos e conquistaram a paixão de legiões de fãs fora do Rio.

Qualquer tendência lançada na Cidade Maravilhosa era copiada em outros locais. Uma das grandes rupturas teve Afonso Celso Garcia Reis como idealizador. Afonsinho, como era conhecido, foi um dos primeiros jogadores a se rebelar contra a situação do atleta, considerado um escravo de dirigentes e empresários por não ser dono do próprio passe. Assim, começou a reivindicar passe livre para a categoria.

A gota d'água para a revolta aconteceu em 1971, no auge da repressão do regime militar no Brasil. A combinação de barba e cabelos compridos foi considerada como "subversiva" por seu clube, o Botafogo, que o afastou. Afonsinho resolveu ir à Justiça e conquistou o passe livre, tornando-se um emblema de liberdade.

O PROFETA TRICOLOR

Torcedor do Fluminense, Nelson Rodrigues contribuiu para a história do futebol ao "imortalizá-lo" em suas crônicas. Conhecido pelos textos apimentados, o Anjo Pornográfico se transformava em profeta quando o assunto era futebol. A pena mudava de rumo para que Nelson perpetuasse contos e crônicas sobre o esporte que aprendeu a amar. "Sou tricolor, sempre fui tricolor. Eu diria que já era Fluminense em águas passadas, antes, muito antes da presente encarnação. Posso identificar um tricolor entre milhares, entre milhões, ele se distingue dos demais por uma irradiação específica e deslumbradora."

Nelson produziu centenas de textos sobre futebol com a mesma riqueza com que escrevia sobre a vida. Em "À Sombra das Chuteiras Imortais", as crônicas destacam o cotidiano da vida carioca e os anjos escalados para ajudar seu time de devoção.

Com dificuldades para enxergar de longe, nunca acompanhava os jogos sozinho. Sempre tinha alguém soprando os lances em seu ouvido. Parece que a pouca visão só fazia aumentar o encantamento do futebol em suas crônicas.

"Naquele tempo tudo era diferente. Por exemplo: a torcida tinha uma ênfase, uma grandiloquência de ópera. E acontecia esta coisa sublime: quando havia um gol, as mulheres rolavam em ataques. Eis o que empobrece liricamente o futebol atual: a inexistência do histerismo feminino.

In April 1924, it was the turn of Vasco, which rejected the requirement of the Metropolitan Association of Athletic Sports to compete in Campeonato Estadual without 12 athletes, because they were either black, mulattoes or from the northeast part of the country. With this attitude, Vasco helped end the prejudice in sport and in part, in society.

The teams from Rio de Janeiro became famous in the whole country thanks to Rádio Nacional's broadcasts, carrying the news of the Republic's capital to every corner of the country. So, the clubs became known and gained the passion of legions of fans from all over the country.

Any trend in the 'Marvelous City' was copied elsewhere. One of the great breakthroughs had Afonso Celso Garcia Reis as its idealizer. Afonsinho, as he was known, was one of the first players to rebel against the status of the athletes, considered by agents and entrepreneurs as slaves. They couldn't decide their transfers. Thus, he began to claim the power for the athletes to decide about their professional lives.

The final straw for the uprising occurred in 1971, together with the height of the military regime's repression in Brazil. The combination of beard and long hair was considered "subversive" by Botafogo, and he had to resign. Afonsinho decided to go to court and became a free agent player, becoming an emblem of freedom.

THE TRICOLOR PROPHET

Nelson Rodrigues was a 'Fluminense's supporter' and contributed to the history of football by "immortalizing" the sport in his chronicles. Known for spicy texts, the 'pornographic angel' would turn into a prophet when talking about football. The pen would change course to perpetuate tales and chronicles about the sport he loved. "I'm tricolor, I've always been. I'd even say I was Fluminense in bygone lives. I can identify a tricolor's supporter among thousands, among millions, because tricolor supporters are different from the others. They irradiate something specific and especial".

Nelson produced hundreds of texts about football with the same brightness he wrote about life. In "In the shadow of the immortal cleats", the chronicles highlights the everyday life in Rio de Janeiro and the angels called up to help the team of his heart.

Being not able to see far, he was never alone at the games. He always had someone narrating the game to him. It seems that his low vision has only increased the enchantment of football in his chronicles.

"At that time everything was different. The crowd had an emphasis and going to the stadiums would be compare to going to an opera. And then something sublime would happen: when there was a goal, the women would scream and go crazy. And now that's what lyrically impoverishes football: the absence of that female hysteria. It's difficult, very difficult to

Difícil, muito difícil, achar-se uma torcedora histérica. Por sua vez, os homens torciam como espanhóis de anedota. E os jogadores? Ah, os jogadores! A bola tinha uma importância relativa ou nula. Quantas vezes o craque esquecia a pelota e saía em frente, ceifando, dizimando, assassinando canelas, rins, tórax e baços adversários? Hoje, o homem está muito desvirilizado e já não aceita a ferocidade dos velhos tempos. Mas raciocinemos: em 1911, ninguém bebia um copo d'água sem paixão." (Trecho da crônica "Flamengo sessentão", publicada na *Manchete Esportiva* em 26/11/1955 e compilada no livro "À Sombra das Chuteiras Imortais – Crônicas de futebol").

find a hysterical supporter nowadays. On the other hand, men cheered like Spaniards in an anecdote. And what about the players? Ah, the players! The ball had a relative importance or even null. Many times the player would forget the ball behind and would go forward, 'murdering' ankles, kidneys, spleens and chests of opponents. Today, everyone is invirile and no longer accepts the ferocity of the old days. But let's reason: in 1911, no one drank a glass of water without passion". (Excerpt from the chronicles "Flamengo Sessentão", published in Manchete Esportiva on November, 26th, 1955 and compiled in the book "In the Shadow of the immortal cleats - soccer chronicles"). Imortais – Crônicas de Futebol").

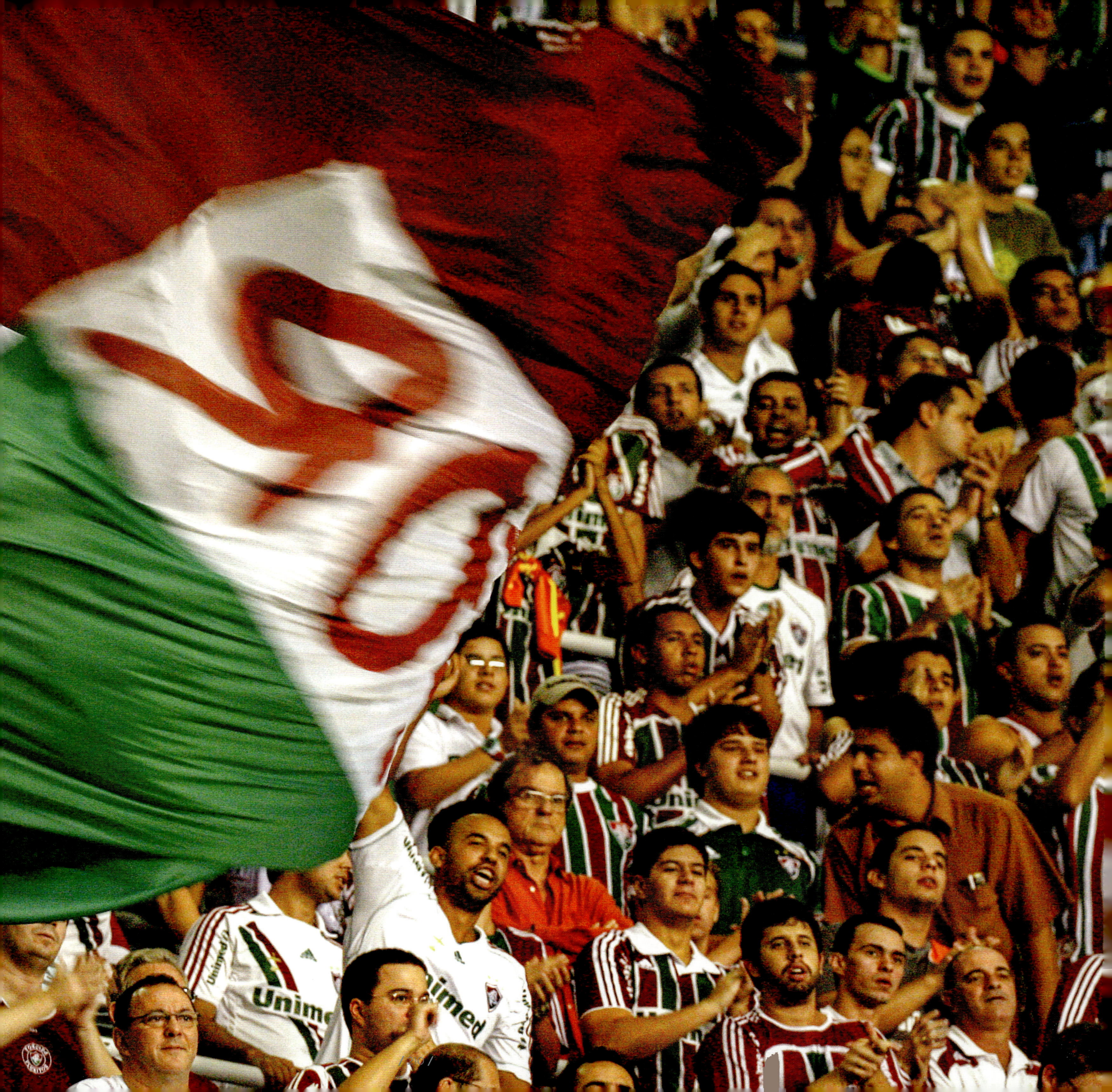
Unimed

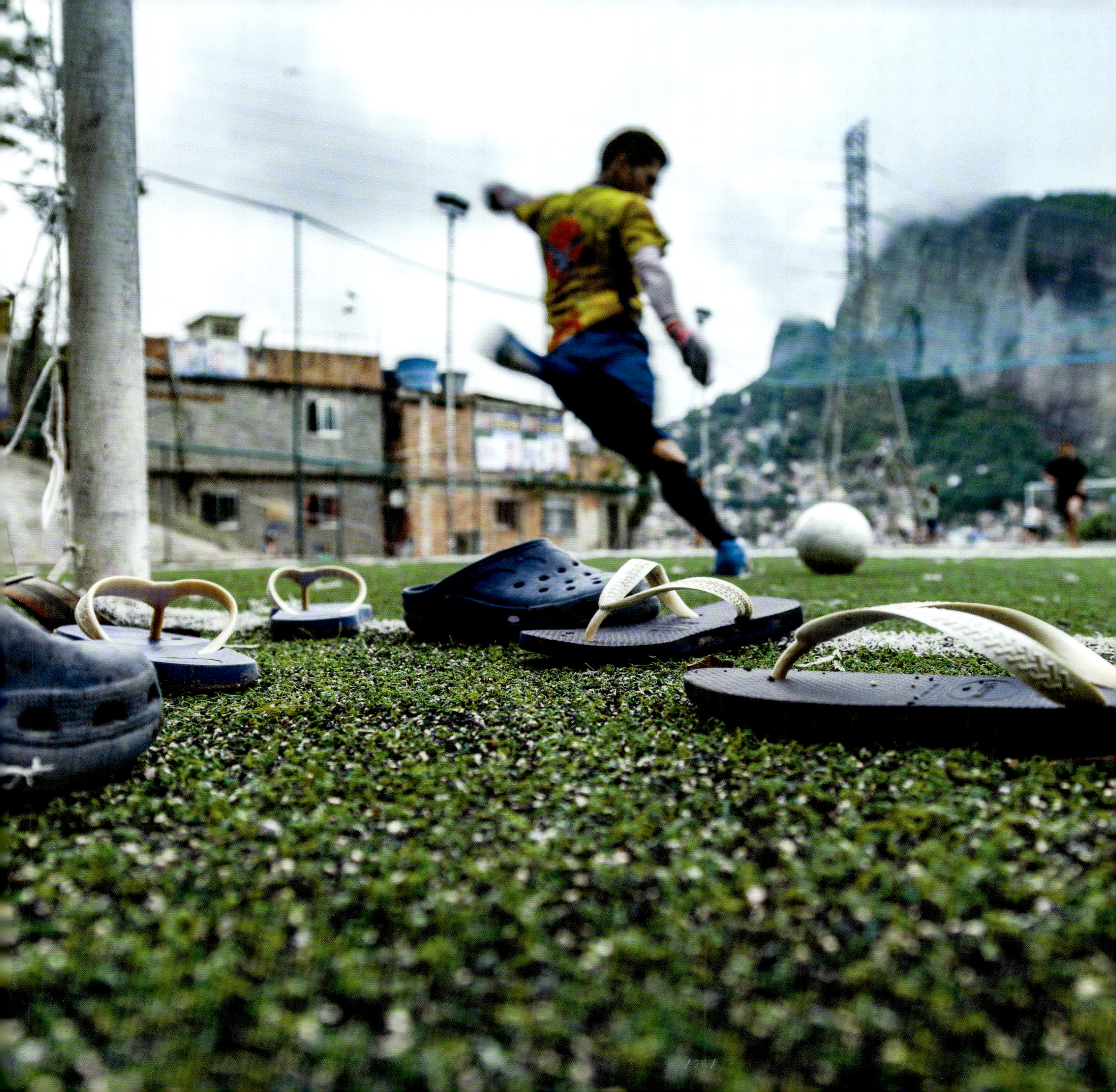

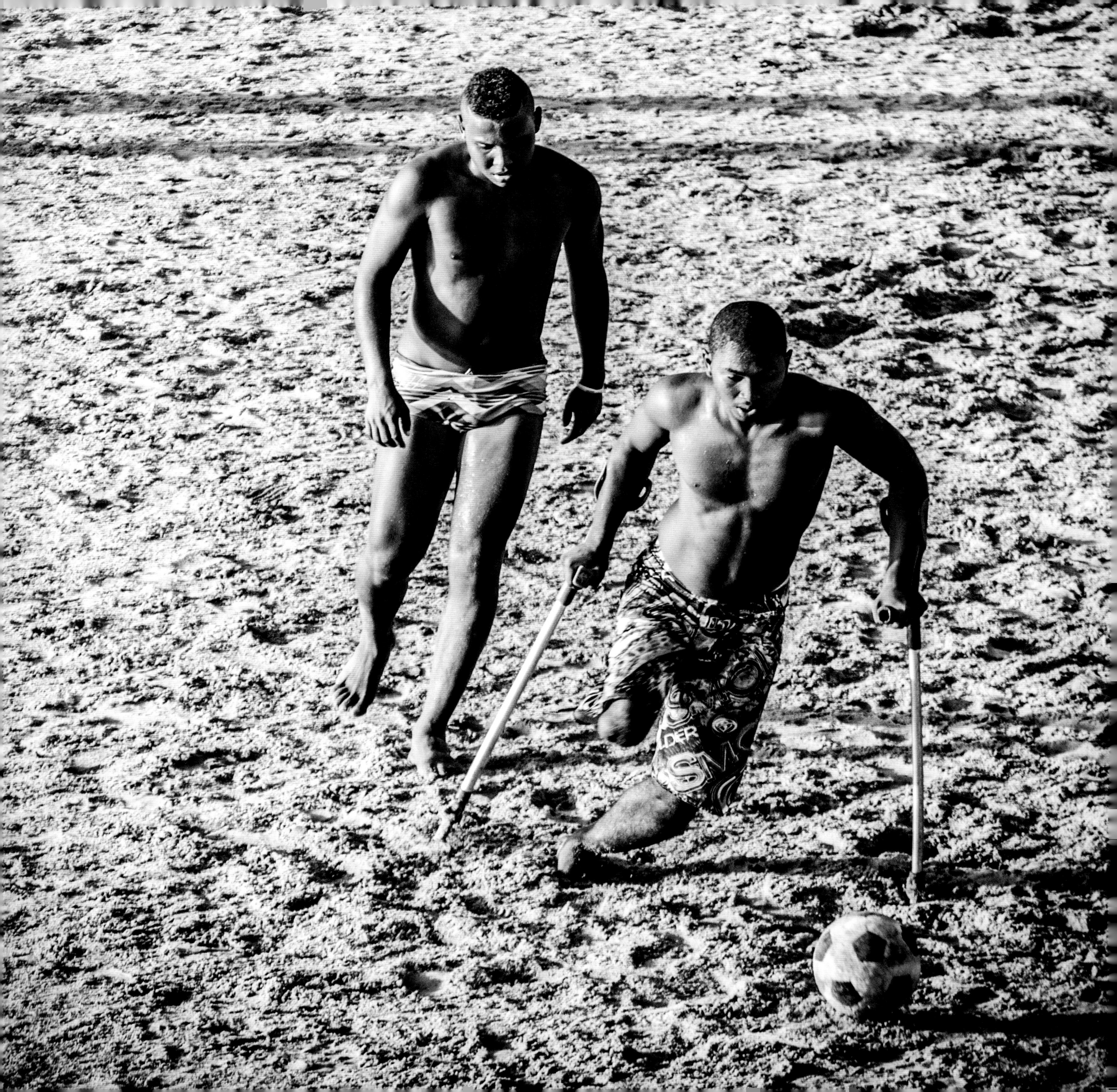

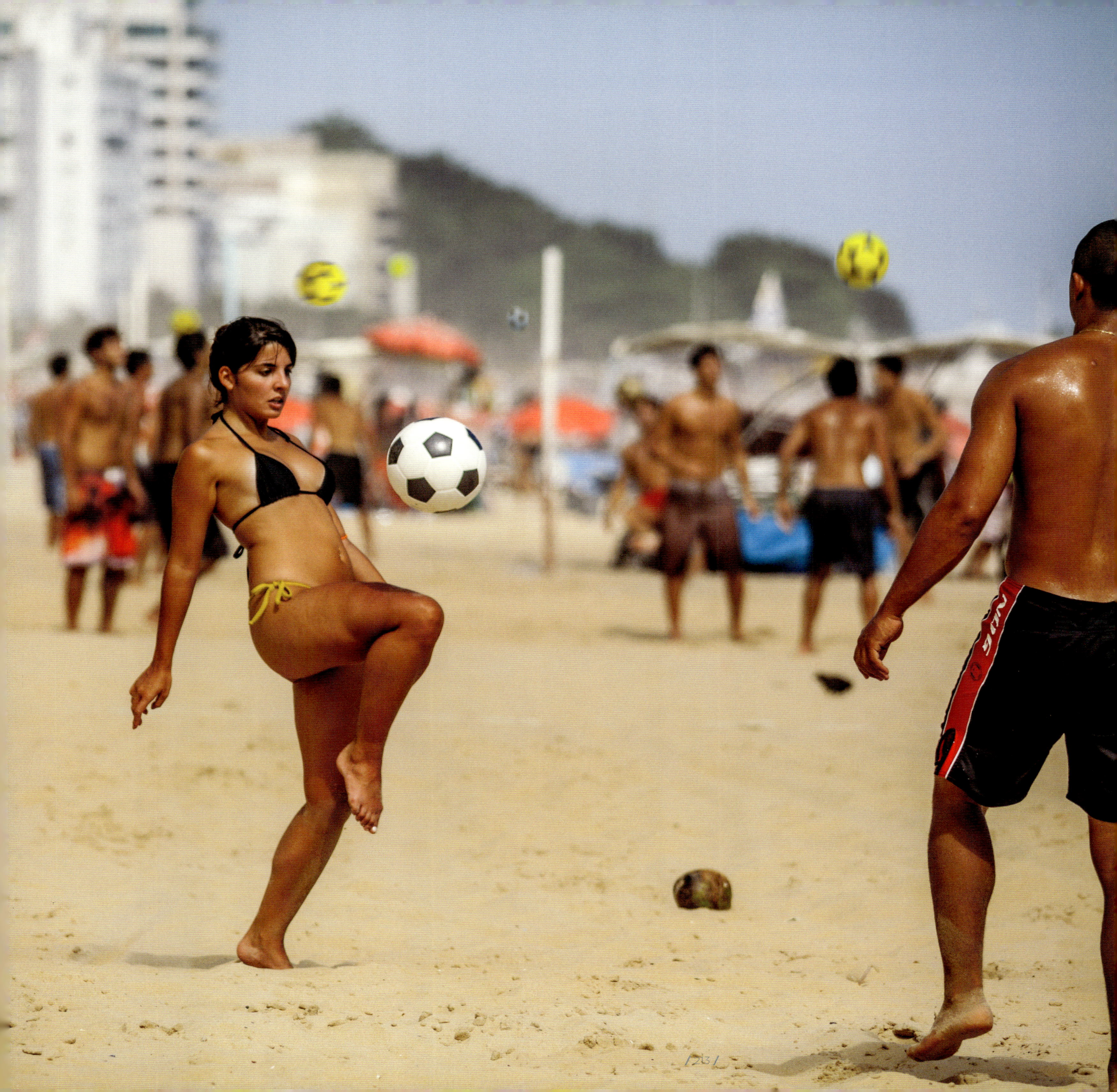

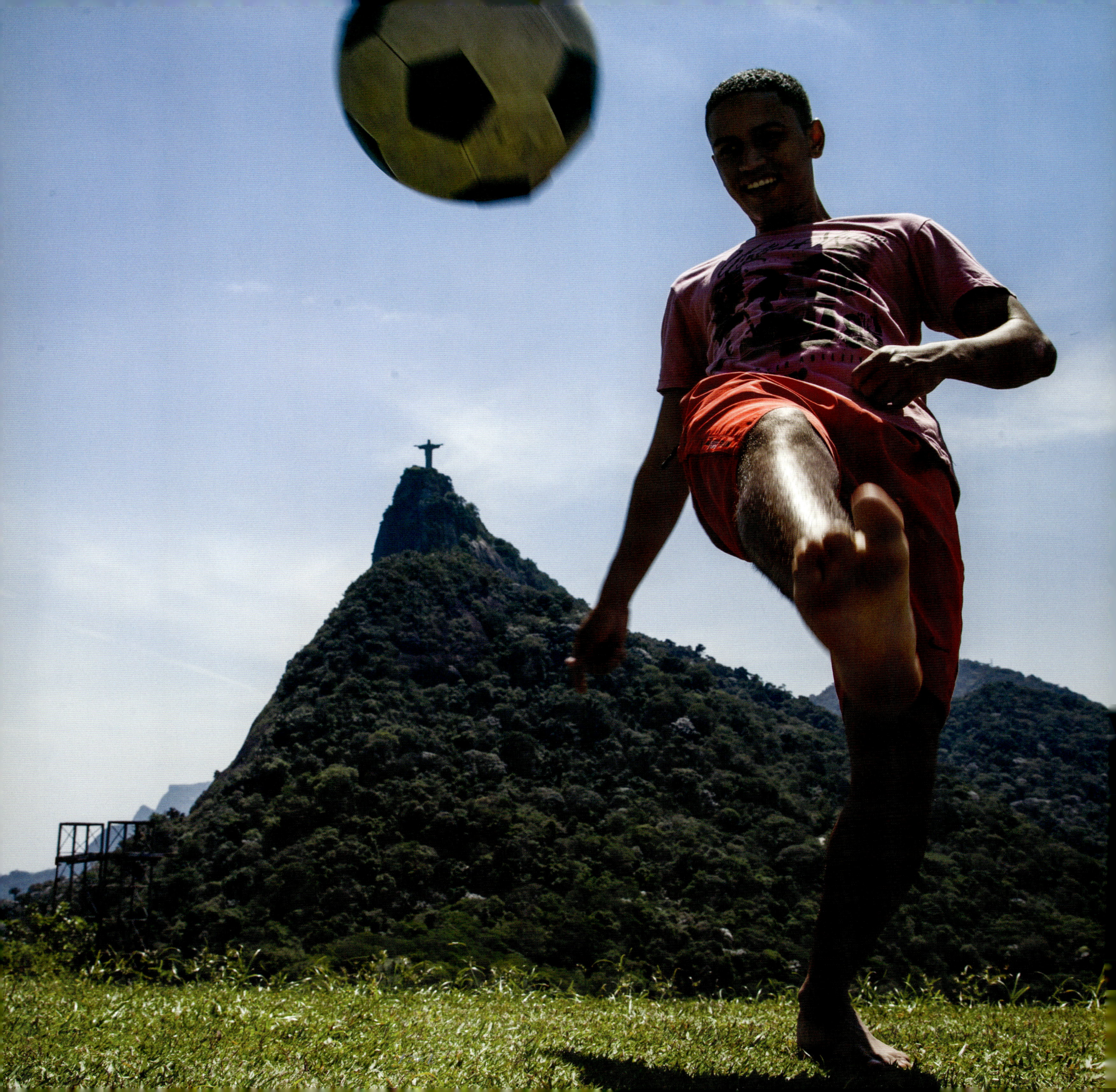

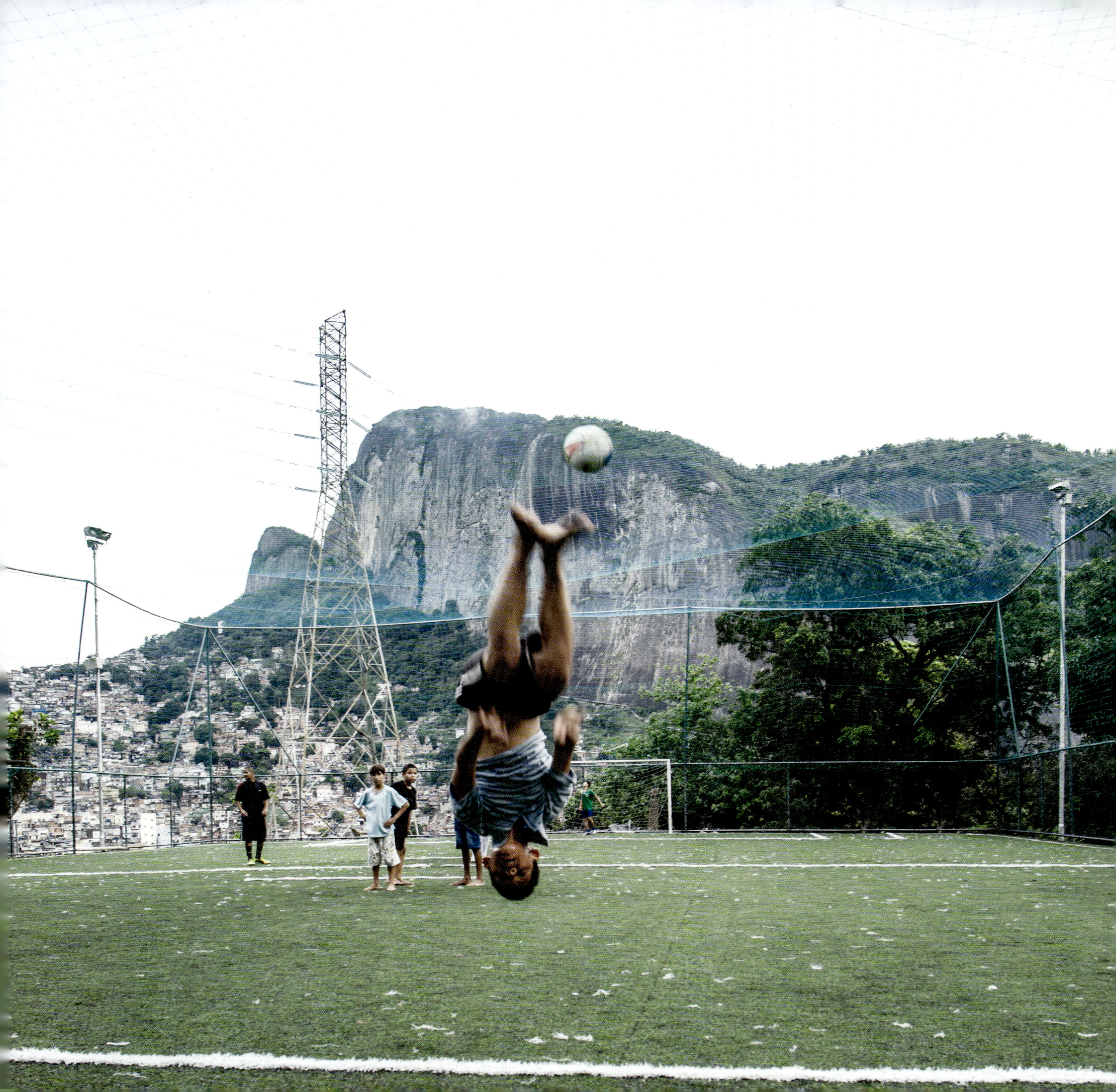

AGRADECIMENTOS SPECIAL THANKS

São Paulo
3 Apitos Esporte + Cultura / Alberto Francisco de Oliveira Junior, "Alemão dos Santos" – torcedor / Anderson Cheni – jornalista / Bruno Flávio de Azevedo – torcedor / Cida Araújo – ass. impr. / Escola de Samba Gaviões da Fiel / Depto. de Acervo Histórico e Memória da Sociedade Esportiva Palmeiras / Edson Porto – jornalista / Fábio Malagoli – Sauer Comunicação / Fiat / Gabriel Corulli – J. Leiva Comunicações / Geraldo Tite Simões – jornalista / Haroldo Josef Pedrozo – Sauer Comunicação / Itamar Mariano – IttaWeb / J. Leiva Comunicações / Jacir dos Santos – Photoestudio Pro / João Antonio Ramos – Photoestudio Pro / João Araújo, "Didi" – cabeleireiro masculino / John R. Mills – historiador do Clube Atlético São Paulo – Spac / José Macia, "Pepe" – ex-jogador / José Ricardo Custódio – ass. Jurídico José Roberto Christianini – diretor do acervo histórico da S.E. Palmeiras / Junshi Nishimura – gerente do Clube Atlético São Paulo – Spac / Leandro Canônico / Nike do Brasil / Sandro Abreu – Sauer Comunicação

Rio Grande do Sul
Atílio Ancheta – ex-jogador / Alex Rocha – Arfoc-RS / Carlos Gabriel – historiador organizador do acervo do Memorial da Conquista / Fagner Dorneles de Souza – Equipe Museu do Inter / Francisco Luz, "Chico Luz", jornalista / Hostel Boutique Porto Alegre / Itamar Aguiar – Arfoc – RS / Juliano Franczak – torcedor / Kalil Saehbe – secretário estadual de Esportes e coordenador-geral do Comitê Geral da Copa / Luis Fernando Verissimo – escritor / Luiz Borges – músico / João Paulo – assessor de futebol do Grêmio Foot-Ball Porto Alegrense / Nathália Ely – ass. impr. Fund. Esporte e Lazer / Nesy Oliveira Farias – torcedor / Nilson Mendes, "Marrom" – Futebol de Bombacha / Noé Melo Fernandes – torcedor / Roger – ex-jogador / Vitor Rodrigues – assessor do Grêmio Foot-Ball Porto Alegrense

Distrito Federal
Carlos Macedo – ex-presidente da Sociedade Esportiva do Gama / Cassius – jogador / Equipe infantil do Brasília F.C. / Equipe infantil do Ceilândia / Gilmar Miranda – morador do D.F. / José dos Santos Cavalcanti, palhaço "Pirulito" / Noel Soares da Silva – ex-goleiro do Gama / Wagner Marques – ex-presidente da Sociedade Esportiva do Gama / Welder Alves da Silva – goleiro do Brasiliense F.C.

Minas Gerais
Assessoria de Imprensa do Cruzeiro Esporte Clube Belmiro de Oliveira – massagista do Atlético Mineiro / Equipe da Biblioteca Pública Estadual Luiz de Bessa / Cassio Arreguy – Assessoria do Atlético Mineiro / Centro de Memória CAM / Dario José dos Santos, "Dadá Maravilha" – ex-jogador / Emmerson Maurílio – Equipe do Memorial do CAM / Equipe do Baixo Bahia Futebol Social / Equipe do Futebol Barragem Santa Lúcia e professores Roberto, Evaristo, Ade Mendes Campelo e Hulk / Equipe do Memorial do Cruzeiro E.C. / Juliana Silviano Brandão – jornalista / Maria Salomé da Silva – torcedora / Sandra Barroca – FSB Comunicações

Pernambuco
Bruno Marinho – Comunicação Corporativa Exclusiva BR / Cristiano Henrique de Barros e Silva, "Mister N" – torcedor / Equipe do Clube Náutico Capibaribe / Equipe do Santa Cruz Futebol Clube / Equipe do Sport Club do Recife / Geraldo Roberto Epifanio – torcedor / Ivaldo Firmino dos Santos, "Zé do Rádio" – torcedor / Luiz Antônio da Silva – mestre de arte em barro / Mauro Teixeira Thorpe, "Mauro Shampoo" – ex-jogador / Pedro Renan de Oliveira Luna, "Jesus Tricolor" – torcedor / Silvio Botelho – artista plástico e mestre bonequeiro / Silvio Luiz Borba da Silva, "Kuki" – auxiliar técnico / Vitor Bastos – jornalista

Rio Grande do Norte
Equipe do ABC Futebol Clube / Equipe do Alecrim Futebol Clube / Equipe do América Futebol Clube / Elói Simplício de Souza – treinador e professor de futebol / Erinaldo Rafael da Silva, "Baé" – torcedor / Everaldo Lopes – jornalista e pesquisador / Guibson Fernandes da Silva – guia-mirim / José Jamilson Martins – fundador do Museu do Esporte / José Normando Bezerra – torcedor / José Ribamar Cavalcante – radialista / João Bernardo da Silva "Joca" – roupeiro / João Vicente – radialista / Lidiane Lins – ass. imp. da Secopa-RN / Líneker Trajano dos Santos / Secretaria Estadual de Assuntos da Copa do Mundo 2014

Ceará
CAssessoria da Arena Castelão / Assessoria do Estádio Presidente Vargas / Antônio Vieira da Silva – torcedor / Beatriz Lima – coord. de Mobilização e Eventos da Secopa / Carolina Veras – coord. de Mobilização da Secopa / Daniel Pereira de Oliveira Filho – Freestyle / Dimas Figueiras Filho – ex-jogador / Elenilson Dantas da Silva – torcedor / Equipe da Sociedade Esportiva e Cultural Terra e Mar Clube / Francisco Ernadi Lima da Silva, "Mirandinha" – ex-jogador / Iago dos Santos Silva – Freestyle / J. Girao e Ivanildo dos Santos – Campo Presidente Kenedy / João Fernandes de Oliveira Filho – Freestyle / José Bananeira de Carvalho – Funerária Caminho do Céu / Luís Carlos de Abreu Freitas – torcedor / Moradores do bairro Presidente Kenedy / Patrício Trajano Rocha – torcedor / Samuel Azevedo Oliveira / Secretaria Estadual de Assuntos da Copa do Mundo 2014

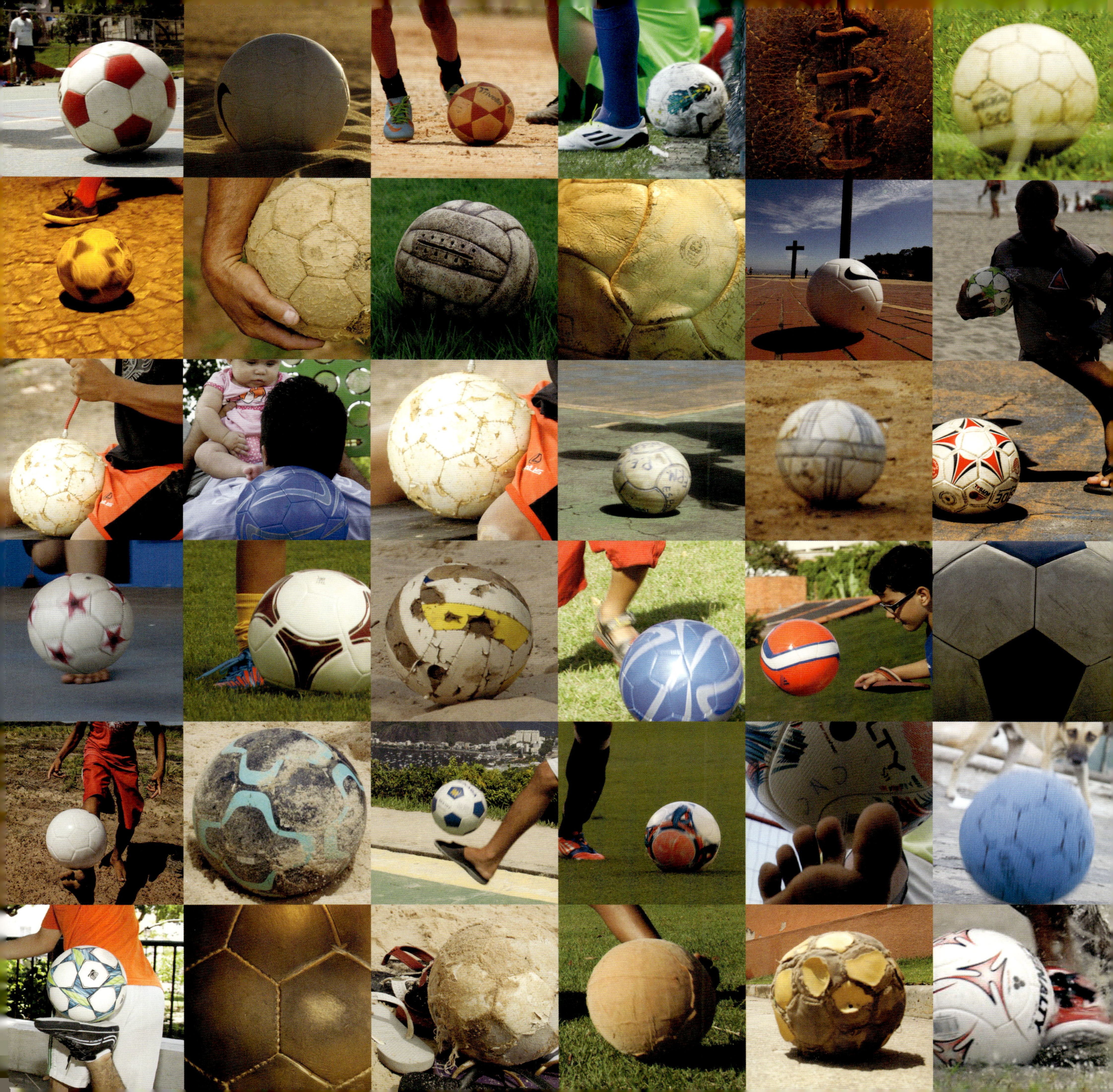

Amazonas
Abrahim Baze – historiador / Amadeu Teixeira – fundador do América Futebol Clube / Antonio Lima e família – fotógrafo / Bartolomeu Lima – presidente do Unidos da Alvorada F.C. / Bruna Alves Parente – presidente do América Futebol Clube / Cacique Domingues e índios da tribo dessana / Eymar Gondim Pereira – presidente do Sport Clube Rio Negro / Jofre Santos – gerente-geral do Atlético Rio Negro Clube / Kid Mahall – jornalista

Bahia
André "Catimba" – ex-jogador / Belmiro Alves de Brito, "Miro da Santa" – torcedor / Brasilino Almeida dos Santos – pedreiro / D. Nice / Élcio Nogueira da Silva, "Sapatão" – ex-jogador e treinador / Equipe da Fundação Casa de Jorge Amado / Equipe do Hotel Village Novo Beach Suites / Gabriel Moreira – ex-jogador / Hugo Aparecido – ex jogador / Jogadores e comissão técnica do clube amador São Francisco do Conde / Jorge Augusto Ferreira Aragão, "Beijoca" – ex-jogador / Jorge Teles / Joseemison P. dos Santos – jogador / José Rogério Silva Oliveira, "Rogério do Radinho" – torcedor / Marcio Cavalcanti – diretor / Niltinho Sacramento – treinador de baba infantil / Rafael Veloso – Agência de Textos / Secretaria Estadual para Assuntos da Copa do Mundo 2014

Rio de Janeiro
Dr. Arturo Vaz – torcedor e colaborador do Museu Clube de Regatas Flamengo / Bernardo Pombo / Bruno – historiador Clube de Regatas Flamengo / Celso L. Roberto – diretor social do São Cristóvão de Futebol e Regatas / José Marcos da Silva – Fut. Praia Força e Saúde / Maria de Lourdes Pereira da Silva, "Vovó Tricolor" – torcedora / Equipe de Patrimônio Histórico do Fluminense Football Club / Equipe de Patrimônio Histórico do Club de Regatas Vasco da Gama / Equipe de Patrimônio Histórico do Botafogo de Futebol e Regatas / Futebol dos anões: Cesar Araujo, Daniel Guimarães Cavalcante, Gabriel de Souza Rio, Eliu de Oliveira e Yuri d'Almeida / Jorge Luiz Andrade da Silva – ex-jogador / José Severino de Oliveira – colecionador de camisetas / Organizadores e participantes da Copa Acempa 2012 / Raymundo Quadros – historiador do São Cristóvão de Futebol e Regatas / Rogério Nascimento – membro da Associação de Moradores da Rocinha

CRÉDITO FOTÓGRAFOS PHOTOGRAPHERS CREDITS

Acervo Memorial Esporte Clube Vitória (Página 189)
Acervo Museu do Sport Club Internacional (Página 23)
Acervo blog Verminosos por Futebol (Página 123)
Acervo Espaço Cultural do Castelão (Página 128)
Alexandre Urch (Páginas 12/13; 17; 204/205)
Antonio Lima (Páginas 167; 173; 175)
Aparecida Fátima de Souza (Páginas 18; 19)
Divulgação.com/CearáSC.com (Páginas 124)
Esquadrão de Demonstração Aérea (Página 201)
Haroldo Abrantes/Govba (Página 186)
Henrique Manreza (Páginas 159; 168 superior)
Isabela Fernandes (Páginas 88/89)
Iano Andrade/ CB/ D.A. Press (Página 50)
Jorge Diehl (Páginas 45; 71)
Marcus Oliveira (Página 212)
Miguel Schincariol (Página 15)
Nelson Perez/ Ascom FFC (Página 210)
Rafael Bandeira: (Páginas 92/93)
Raul Golinelli/Govba: (Página 180/181)
Ribamar Cavalcante acervo pessoal – (Páginas 108 alto; 206 / 207)

www.raizesdomito.wordpress.com
www.facebook.com/raizesdomito
www.livrodefutebol.com.br

Coordenação e fotografia
Coordination and Photography
Daniel Rosa

Textos
Text
Isabela Fernandes Rosa

Edição de textos
Text Edition
Mário Sérgio Venditti

Projeto gráfico e direção de arte
Graphic Design and Art Direction
Gabriela Vianna // gritto design

Jornalistas colaboradores
Journalists
Adair Santos // Porto Alegre
Clara Albuquerque // Salvador
Eduardo Santana // Brasília
Frederico Alberti // Belo Horizonte
Manoel Cirilo da Silva // Natal
Marcos Leandro Cunha // Recife
Rafael Luis Azevedo // Fortaleza
Rodrigo Vessoni // São Paulo
Tiago Dupim // Curitiba

Revisão de textos
Text Revision
João Hélio de Moraes

Tradução
Translation
Rikê Duprat

Tratamento de imagem
Image Editing
João Antonio Ramos

Estagiária
Intern
Karolina Celeghin

Assessoria jurídica
Legal Counsel
José Ricardo Custódio

Assessoria contábil
Accounting Advisory
Sônia Odila

Impressão
Printing
Pancrom

Editora
Publisher
Weizz Brand

Dados Internacionais de Catalogação na Publicação (CIP)
(Câmara Brasileira do Livro, SP, Brasil)

Rosa, Daniel
  Raízes do mito = Roots of the myth / [coordenação e fotografia] Daniel Rosa, [textos] Isabela Fernandes ; [tradução Rikê Duprat]. -- São Paulo : Weizz Brand, 2013.

  Vários jornalistas colaboradores.
  Edição bilíngue: português/inglês
  ISBN 978-85-67455-00-6

  1. Brasil - Fotografias 2. Brasil - Obras ilustradas 3. Estádios - Futebol - Fotografias 4. Futebol - Brasil - História 5. Futebol - Fotografias I. Fernandes, Isabela. II. Título. III. Título: Roots of the myth.

13-11887 CDD-779.97963340981

Índices para catálogo sistemático:

1. Fotografias : Futebol brasileiro
        779.97963340981
2. Futebol brasileiro : Fotografias
        779.97963340981